广告文案写作理论与实务

Igao Wenan Xiezuo lilun Yu Shiwu

主编 张 冰

副主编 陈 卓 吕 晖

编审 王红霞

参编 徐春娟 刘砚议 苏 畅

重庆大学出版社

图书在版编目(CIP)数据

广告文案写作理论与实务/张冰主编.—重庆:
重庆大学出版社,2016.4(2017.7 重印)
影视传媒专业系列教材
ISBN 978-7-5624-9704-2

Ⅰ.①广… Ⅱ.①张… Ⅲ.①广告—写作—高等学校
—教材 Ⅳ.①F713.8

中国版本图书馆 CIP 数据核字(2016)第 047504 号

广告文案写作理论与实务

主 编 张 冰
副主编 陈 卓 吕 晖
策划编辑:雷少波 向文平 陈 曦 唐启秀
责任编辑:李桂英 版式设计:陈 曦
责任校对:张红梅 责任印制:赵 晟

*

重庆大学出版社出版发行
出版人:易树平
社址:重庆市沙坪坝区大学城西路 21 号
邮编:401331
电话:(023) 88617190 88617185(中小学)
传真:(023) 88617186 88617166
网址:http://www.cqup.com.cn
邮箱:fxk@cqup.com.cn(营销中心)
全国新华书店经销
重庆紫石东南印务有限公司印刷

*

开本:787mm×1092mm 1/16 印张:14.75 字数:256 千
2016 年 5 月第 1 版 2017 年 7 月第 2 次印刷
ISBN 978-7-5624-9704-2 定价:32.00 元

编写委员会

总主编	刘翼
总主审	刘迅
编 委	杜仕勇　田　力　陈　卓　王　萍
	文劲松　吕　南　沈　丹　冉　冉
	曾　珍　赵　岚　吕　晖　林　林
	林　强　文　杰　张　冰　陈卓威
	李观慧

前　言

广告文案在业界一般有两种含义：一是广告中的语言文字；二是广告公司中专门创作广告文字的工作者，简称文案。本教材所说"广告文案"或"文案"，均指前者。

在现代广告的早期，广播、电视等电子媒体还未诞生，广告主要以报刊等印刷媒体作为传播载体。这就决定了当时的广告以文字为主，广告的创作就是撰写文案，文案在广告中起着主导和决定作用。随着电子媒体的出现与发展，特别是网络媒体的问世以及受众阅读习惯的改变，广告作品中图画的地位迅速超越了文案，文案沦为了广告的配角。但是，语言文字无可替代的表情达意的准确性，使其在广告中仍然是一个重要元素。同时，在广告公司中，一则广告的创作多是由文案与美术指导共同完成，写好广告文案，仍然是广告创作人员的一项重要任务。而很多广告公司在叹息：优秀的广告文案写手一将难求！这说明广告文案仍是广告的重要构成部分，擅长广告文案写作的人才仍是广告行业的刚需！

广告文案写作作为广告学及相关专业的专业课程，正是要培养和提高学生的广告文案写作能力。通过该课程的教学，学生将全面掌握广告文案写作的基本原理与具体写作方法，具备相应的写作能力，能够胜任广告文案的写作工作。

在长期的广告文案写作的教学工作中，我们深感一本好的教材对于教师与学生的重要性，同时也想把在教学中获得的经验和体会与同行及学生分享，由此萌生了编撰一本教材的想法。在编撰过程中，我们注重概念的严谨性、理论的全面性、材料的丰富性、方法的可操作性以及语言的流畅性，力图为广大师生提供一本实用的教材。

全书对广告文案写作的理论和方法作了全面的阐述，同时列举和分析了大量经典案例，使学生能从理论和实践两方面掌握广告文案写作的基本原理与方法技巧。全书共十章，包括广告文案的概念、广告文案写作的语言与修辞、广告文案标题的写作、广告文案正文及附文的写作、广告口号的写作、平面广告文案的写作、广播广告文案的写作、电视广告文案的写作、网络广告文案的写作、软文广告文案的写作等。每章开篇提出本章要点与学习目标，使学生明了学习重点与要求，还给出了建议学时，教师可根据情况酌情增减；每章末都有思考题和实训题，以帮助学生在实践中运用写作知识，提高写作能力。

目　录

▼

第1章

广告文案写作概述

本章要点:

1.广告文案的基本概念、构成要素以及写作的过程。

2.广告文案写作的特点。

3.广告文案写作者应具备的素质。

学习目标:

通过本章的学习,一方面使学生对广告文案的内涵、特征及发展历史有一个基本的了解,建立关于广告文案的初步印象;另一方面,使学生对广告文案的结构、写作过程以及对写作者的要求有一个清晰的认识,为后面学习广告文案的写作打下基础。

建议课时:6学时

广告文案是广告的重要组成部分,也是广告作品制作的底本,在广告活动中有着举足轻重的作用和不可取代的地位。对于广告类专业的学生来说,必须了解有关广告文案的基本知识与理论,不断提高自己的知识素养和写作能力,掌握广告文案的构成、写作特点与写作方法,懂得广告文案测试的方法,能够写作各类广告文案。

第一节　广告文案的概念与作用

古人说："名不正则言不顺，言不顺则事不成。"学习广告文案写作，必须首先弄清广告文案的概念，这是整个课程的基础和核心。在本节，我们将通过对广告文案这一术语产生发展的历史的追溯和梳理来说明它的来源与含义。

一、什么是广告文案

广告文案这个现代广告学中的术语是英文词组"Advertising Copy"的中译，但是关于它的内涵与外延在广告界却有不同的看法。总结起来大致有以下四种：

（1）认为广告文案就是广告正文。这种看法较为片面，广告正文虽然是广告文案的主体部分，但并不是广告文案的全部。一般来说，除了广告正文，广告文案往往还有标题、广告口号、附文。

（2）将广告文案等同于广告作品。这种看法认为广告文案就是广告作品，毋庸置疑，这太过简单。除了全由语言文字构成的广告作品，还有由画面和语言文字组成的广告作品，甚至没有语言文字的广告作品。

（3）把为广告撰写的所有文字材料都称为广告文案，包括广告调查报告、广告策划书、广告预算书、广告媒体计划书等。这种看法无疑又太过宽泛了。"Advertising Copy"中的"Copy"意为稿件、准备排印的书面材料，可见，"Advertising Copy"的原意仅仅指要付印（制作）的稿子，并不包括与之相关的其他文字材料。

（4）广告文案指的是已完成的广告作品的全部语言文字部分。[①]

综上所述，我们认为第四种说法是与"Advertising Copy"最相吻合的解释，是最准确的定义。其含义主要包括两个方面：

一方面，广告文案仅指广告作品中的"语言"与"文字"部分。语言指诉诸听觉的有声语言，主要出现在电子广告中；文字指诉诸视觉的书面形式的语言，如平面广告的广告文案。虽然在已定稿但还未制作发布的广告作品中，广告文案都表现为文字，但在已制作发布的广告中，广告文案则可能表现为文字或语言。如在平面广告中，广告文案表现为文字；在电子广告中，广告文案则表现为有声

---

① 高志宏,徐智明.广告文案写作[M].北京:中国物价出版社,1997:4.

语言和字幕。

另一方面，广告文案只存在于已经完成的广告作品中。这就从两个方面对广告文案作了限定，一是只有已完成的广告作品中的语言、文字才是广告文案；二是非广告作品中的文字材料都不属于广告文案。

二、广告文案的产生与概念的确立

（一）报纸产生之前的广告文案

广告文案是随着广告的产生而产生的，与广告的历史一样悠久。历史上最早的广告是叫卖广告，这种口头传播的广告使用的就是语言。

文字诞生后，就出现了手写广告。现藏于大英博物馆，迄今发现的世界上最早的手写广告文案是公元前 3000 年埃及一个店主写在底比斯草纸上的悬赏缉拿逃奴的广告。大致内容是：

> 奴仆谢姆从织布店主人哈布处逃走，坦诚善良的市民们，请协助按布告所说将其带回。他身高五尺二寸，面红目褐，有告知其下落者，奉送金环一只，将其带回店者，愿奉送金环一副。——能按照您的愿望织出最好布料的织布师哈布

印刷术发明之后，印刷广告就出现了。现存世界上最早的印刷广告是印在我国唐代印刷的《陀罗尼经》上的"成都府成都县口龙池坊卞家纸马铺发售"这句广告词。现存上海博物馆的北宋"济南刘家功夫针铺"广告模板，则是我国已发现的最早、最完整的印刷广告。此广告文案全文为："济南刘家功夫针铺，认门前白兔儿为记，收买上等钢条，造功夫细针，不误宅院使用；客转为贩，别有加饶，请记白。"（图1-1）

图1-1　济南刘家功夫针铺雕版

西方最早的印刷广告是 1473 年英国第一位印刷家威廉·坎克斯印制、推销宗教书籍的广告，当时被贴在伦敦教会的门上：

> 需要购买这种字体印刷而成的美丽无误的灵魂符咒的二三个礼拜规则的僧侣或其他人，请到维斯特敏斯特施舍分配所挂有红竖线招牌的店

铺里,就能便宜地买到。希望不要揭掉。威廉·坎克斯。

(二)现代广告文案的诞生

随着报纸媒体的出现,现代意义的广告文案才真正诞生。受当时印刷技术与印刷材料的限制,无法印制清晰的图像,因此报纸与报纸广告都以文字为主,广告文案由此进入了飞速发展的时期。

世界上第一则报纸广告是1625年2月1日英国《新闻周报》上的一则新书介绍广告。1666年《伦敦报》首开广告专栏,之后欧美各报纷纷效仿。19世纪后期广告文案(Advertising Copy)一词在美国已经有人使用。早期报纸广告文案的撰写由报社编辑或广告代理商完成。随着报纸广告的兴盛,广告数量的剧增,就出现了职业广告文案撰稿人(Copywriter)。1880年,"Advertising Copy"已经在美国广告界使用,美国第一位专业文案撰稿人也在这年出现了,他就是约翰·鲍尔斯。

(三)我国广告文案概念的确立

1840年鸦片战争前后,外国人开始在中国创办报纸,这些报刊都登过大量广告;1862年创刊的《上海新报》是中文报纸广告的第一家。20世纪初,随着报纸广告数量的急骤增加,我国也出现了专业的广告文案撰稿人,但"广告文案"这一术语却并未见使用。

从19世纪到20世纪90年代,广告文案这一事物伴随着广告在我国起起伏伏地发展,但"广告文案"这一术语却几经演变,才确立下来。

随着20世纪70年代末我国广告业的逐步复苏,相关理论研究也增多,80年代一些广告学著作相继面世,但这些书籍并未使用"广告文案"来命名广告作品中的语言文字部分。如1981年唐忠朴、贾斌编著的《实用广告学》称之为"广告稿";1985年傅汉章、邝铁军编著的《广告学》称之为"广告文",将"Advertising Copy"直译为"广告复制"。此后出版的广告著作,大都用"广告文稿"之名。

1991年,中国友谊出版公司出版了唐忠朴主编的《现代广告学名著丛书》,这套丛书全部是国外广告学名著的中译本,书中将"Advertising Copy"和"Copywriter"统一译为"广告文案"和"广告文案撰稿人"。由于这套丛书在国内广告业界影响很大,"广告文案"的概念才得以普及和被接受。

三、广告文案的作用

美国广告大师大卫·奥格威说:"广告是文字性的行业。"

美国广告人士 H.史戴平斯曾说："文案是广告的核心。"

曾任美国广告协会主席的保罗·B.威斯特也认为："广告的生命在于广告文。"

广告文案是广告作品的基本要素，对于已定稿但还未制作发布的广告作品来说，其文字就表现为广告文案；已制作发布的广告，广告文案则是广告的一个重要组成部分。没有画面的广告很常见，而没有语言或文字的广告却鲜有看到。调查表明，广告效果的 50%～75% 来自文案。

（一）对于已定稿但还未制作发布的广告作品，广告文案的作用

1. 表现广告主题

广告作品要在广告主题的指导下创作，并且要体现广告主题，作为广告的重要组成部分的广告文案，也必须围绕并体现广告主题。语言文字是目前表达最为准确的交际工具，所以在广告中文案是最能清楚明了地体现广告主题的部分。也只有清晰地体现了广告主题，才有可能实现广告的目的。

2. 体现广告创意

广告创意的地位非常重要，是广告的中心、广告的灵魂，甚至是广告的生命，更是广告制胜的利器。信息的最大化传递、营销的增长、品牌形象的建立，都离不开优秀的广告创意。而广告创意是视听形象和各种符号背后的思想，必须借助各种形象和符号来表现。广告文案正是广告创意的外显形式之一。广告文案只有充分表达了广告创意，才能实现预期的效果。

3. 广告制作的蓝本

广告文案在广告制作发布前，只是广告的文字形式，还不是广告作品。但广告作品的制作完成离不了它，无论是制作平面广告还是电子广告，都必须以它为蓝本。特别是对于电子广告来说，广告文案就是其工作指南，经费预算、录拍、剪辑等制作的每一环节都要以广告文案为依据和指导。

（二）对于已发布的广告，广告文案的作用

1. 引起受众对广告的注意和兴趣

注意是人类的一种对外界信息的选择机制，现代社会中受众每天接触到的信息数不胜数，受生理条件和客观环境的制约，只有少量的信息能被注意到。而受众注意率的高低决定了广告传播效果的好坏，所以广告的首要功能是要抓住和吸引消费者的注意。只有赢得和保持消费者对产品与品牌的注意，才能争取产品、

品牌被消费者选择。

2. 准确传递广告信息

语言文字是人类历史上迄今为止传情达意最准确的一种交际工具，其他如图画、影像等只能作为辅助性交际工具使用。离开了语言文字，表意的准确性就会大打折扣。在广告作品中，广告文案在信息的传递方面具有不可替代的作用。它可以借助丰富的艺术表现手法进行信息传播，把信息准确有效地传递给受众。

3. 诱发消费者采取行动

广告文案详细阐述消费者所关心商品的特点和利益点，加深受众对商品的了解和好感，从而使广告诉求产生效果。诱发消费者的兴趣和需求，起到诱导消费者行动的作用，从而促进销售。

4. 塑造品牌形象

市场的激烈竞争使品牌塑造日趋重要，对消费者而言，产品都只是一种物品，而品牌则包含着他对产品的情感和态度。知名品牌不仅代表着质量好、信誉高的产品与服务，同时也创造着象征价值，满足消费者的心理需求，因而能够赢得消费者信任和忠诚。广告文案能够有效地塑造品牌形象，实现品牌的增值，为产品的长期销售奠定基础。

第二节　广告文案的构成要素

广告文案的结构是指广告文案内部的构成要素及其组织方式。一则完整的广告文案包括标题、正文、附文、广告口号四个部分，各个部分分别传达不同的信息，发挥不同的作用。

一、广告标题

（一）广告标题的概念

广告标题是广告文案的题目，它将广告中最重要的、最核心的信息言简意赅并有创意地表现出来，以吸引受众对广告的注意，并促使他们继续关注正文。如奥尔巴克百货公司的这条广告标题：

> 慷慨的旧货换新
> ——带你的太太来，只要几块钱，我们将给你一位新的女人。

广告标题巧妙而直接地表现了该商店的特点——物美价廉，只花几块钱就能将太太变成一位美丽的新女人。

（二）标题的作用

大卫·奥格威曾说过："标题是大多数平面广告最重要的部分。它是读者是否读正文的关键所在。读标题的人平均为读正文的人的 5 倍。换句话说，标题代表着为一则广告所花费用的 80%……在我们的行业中最大的错误莫过于推出一则没有标题的广告。"可见，广告效果很大程度上取决于标题。

1. 突出最核心的广告信息

一般标题都以高度概括的语言突出最核心的广告信息，表现广告的宗旨，使受众通过标题就能了解广告的主要信息。如一则咖啡广告"绝不会影响你的睡眠"这个标题就传递了该产品最大的特点，也是最核心的信息。提到咖啡，人们首先想到的就是它可以提神醒脑，但人们有时候并不是为了提神才喝咖啡，这使得他们在享受咖啡的美味时，又担心影响睡眠。而这款咖啡正是为这类消费者开发的，其"绝不会影响你的睡眠"开门见山地说明了产品的特点，即使不看正文，受众也了解了此咖啡的独特之处。

2. 诱导受众阅读正文

一个真正好的标题不仅能吸引受众的注意，还能诱导受众阅读正文。因此很多广告标题以新颖独特的形式和内容来引起广告受众的好奇，对他们产生非看不可的诱惑力，达到引导其阅读正文的目的。如一则油漆广告，其标题是"墙面泛黄了怎么办？"，通过一个问句来引起有此种烦恼的受众的注意，这正是他们需要解决的问题，所以这样一个标题一定会吸引有需求的消费者去关注正文。

3. 促销作用

有的广告标题本身就非常有鼓动性或直接切中了受众的心理，满足了其需要；有的直接促使受众采取购买行动，从而起到促销的作用。例如"有了草珊瑚，牙病可以除"，该广告标题开门见山地说明产品的用途，向受众承诺其带来的利益和好处，直接满足了目标受众的需求，起到了促销的作用。

二、正文

（一）正文的概念

正文是广告文案的中心和主体。广告口号和标题只是在一定程度上使受众对广告产生瞩目和兴趣，而最终促使他们对商品产生认知、关心从而产生购买欲望和购买行为的主要是正文。正文对广告内容进行详细的阐释和说明，使受众进一步了解广告信息，甚至被说服，采取购买行动。

（二）正文的作用

1. 全面介绍广告信息

正文对广告标题展开解释或阐述广告主题，将在广告标题中引出的广告信息进行较详细的介绍，对目标消费者展开细部诉求，完成对受众实现心理说服的作用。

2. 促使受众采取具体行动

受众在正文的阅读中了解到各种希望了解的信息，建立起对产品的兴趣，信任该产品并产生购买欲望。正文从而促进了购买行为的产生。如下面这则广告文案，标题和正文就各自承担着不同的作用。

隆重介绍"城市双子星"两用手提电话

全新"城市双子星"，一部可以完美兼任汽车电话的手提电话，成就前所未有！

它可透过汽车插座作汽车电话使用，更可以发挥免提听筒通话功能：配合机背式键盘设计，操作方便，让阁下专注驾驶之余，亦畅谈无阻。作为手提电话使用，"城市双子星"令人爱不释手，它连电池仅重18.8盎司，配备伸缩天线，轻巧美观，更易携带。机身纤细，然而功能竟多不胜数，包括30位字母/数字液晶体显示屏、长寿电池（100分钟通话或13.75小时备用状态）、40段姓名及电话号码记忆、英文索引查阅、开机自动密码锁及功能索引、操作提示等。

"城市双子星"由松下通信创制，质素特佳，接收力特强；配合最先进广阔的和记电话网络传递信息，效果相得益彰，值得信赖。

"城市双子星"和记传讯独家提供；欢迎垂询，请亲临下列和记传讯中心，或赐电3—856111和记传讯直接营业部洽。

该广告文案的标题，用非常直接的表现方式推出了产品的品牌名称，且明确地将广告主的意图告知了受众。标题在这里起到了分离目标受众的作用，且用"隆重介绍"来表明正文的内容，使得目标受众能自然而然地通过标题的提示，将阅读转向广告正文。

正文首段承接标题，开门见山地将产品的最大利益点用十分赞赏的口吻进行说明。正文的第2—5自然段，对应了目标受众的兴趣和渴望，将产品的功能、优点进行了详细的介绍。 这样就运用正文的大部分段落说服消费者，使得他们产生购买的冲动。 正文后的附文又为其提供了购买的途径和地点。

三、附文

（一）附文的定义

附文是在广告正文之后向受众传达企业名称、地址、购买商品或服务的方法与途径的附加性文字，是对正文的有效补充。 作为附加性文字，它在广告文案中的位置一般是在正文之后，因此，也被称为随文、尾文。

这些必要的、有关消费的常规性内容无法在广告正文中表现，就用广告附文的形式作一个必要的交代，以方便消费者进一步了解或购买产品（服务）。

（二）附文的内容

附文的具体内容有以下几个部分：

（1）品牌名称、企业名称、企业标志或品牌标志。

（2）企业地址、网址、电话、邮编、联系人。

（3）购买商品或获得服务的途径和方式。

（4）权威机构的证明标志。

（5）特殊信息：消费奖励（奖励的品种、数量、起止时间），赠送说明（品种、数量和方法）等。

此外，还可以通过创意增设附加内容来激励受众积极参与广告活动，为实现与受众的反馈与互动起到积极作用。

（三）附文写作的原则

1. 内容的可操作性

因为附文是有关购买行为的直接信息，对消费者有直接的指南作用，因此写作时一定要清晰明了、通俗易懂，让消费者能够方便操作。 附文一般采用直接列明的形式，也有用委婉的附言形式。

2. 语言的准确性

如果说广告文案的其他三个部分还可以用一些模糊性的文学语言，而广告附文则完全不允许出现这种不准确的语言。 要求用语正确、准确、清晰，没有歧义。

3. 表现的创意性

由于广告附文内容的客观规定性，有的广告文案写作者认为广告附文的写作是程式化的，不管什么样的广告，只要将附文的内容列出来就行了。其实这是一种误解。虽然广告附文的内容较为固定，但表现形式却可以多种多样。写作时可以在有限的条件下，做一些创意。

4. 媒介的适应性

在已制作发布的广告文案中，广告附文在印刷广告媒介和电子广告媒介中的表现是不一样的。在印刷媒介中，广告附文用文字表现；在电子媒介中，广告附文既可用语言表现，也可用文字表现，还有的是语言和文字一起表现。因此，对于电子广告来说，广告附文就有媒介适应性的问题。在电子广告中，广告附文如果是以语言的形式来表现，就一定要注意避免口头传播可能带来的误听误读。

四、广告口号

（一）广告口号的定义

广告口号是为了加强受众对企业、商品或服务的印象，在广告中长期反复使用的一种简明扼要的句子。

（二）广告口号的作用

1. 传达观念

广告口号因为要长期使用并易于口头传播，所以一般都要用简洁的语言表达企业或产品最基本的诉求，而传达观念就不失为一种非常有效的选择。广告主可以借助广告口号建立一个独特的观念，以有利于品牌形象的塑造或是促进销售。可以传播企业或品牌的观念，使消费者了解企业或品牌并产生好感，提高企业或品牌以及产品的知名度与美誉度，从而促进销售。例如，飞利浦公司的广告口号"让我们做得更好"，向受众传达的是企业不断努力，向消费者提供最好的产品的观念，并以此塑造自身谦虚奋斗的形象。

另外，广告口号还可以传播生活观念与消费观念。广告口号，特别是新产品的广告口号，如果包含新的生活观念与消费观念，它长期、反复地作用于受众，就会对受众的消费观念产生潜移默化的影响，以此促进消费者对产品的了解和购买。

20世纪90年代，世界最大的钻石生产商戴比尔斯在进军中国市场时，打出的广告口号"钻石恒久远，一颗永流传"就改变了中国消费者的消费观念。在此之前，中国的传统是以黄金和玉石作为永恒爱情与婚姻的象征。随着"钻石恒久远，一颗永流传"的传播，中国的消费者接受了以钻石象征永恒爱情的观念。新人们不再钟情于黄金首饰，转而购买钻石饰品，甚至形成了新的婚俗。

2.统一形象

广告口号不仅可以运用在广告文案中，还可以用到任何一个营销及广告活动中，这样广告主在各种广告中能统一形式，各种场合有统一形象。广告口号贯穿整个广告运动的始终，使同一企业、品牌、商品或服务在不同时期、为了不同目的的广告活动呈现出连贯性和一致性。同时，广告口号成为企业 CI 战略的一个重要组成部分，有利于品牌形象的建设。

3.长期传播

文案是一次性的，而且无论广告播多少次，受众一般都记不住全部的广告文案，口号却是言简意赅、易于传播与记忆的。口号的长期传播、反复提醒，不断加深受众对品牌和产品的印象与记忆。所以广告对受众的提醒作用主要是由其中最容易记忆、理解和复述的广告口号来完成。

20 世纪 80 年代中期，雀巢咖啡进入中国市场，推出了广告口号"味道好极了！"此后几十年的时间，雀巢广告口号一直没变，已成为品牌重要的标志性符号。

如上所述，完整的广告文案一般由标题、广告语、正文、附文四部分构成，但广告文案的结构具有灵活多样的特点，并不是所有的广告文案都具有上述的完整结构。在不同类型的广告中，有的广告文案没有正文；有的没有附文；有的无标题也无附文；有的只有一条广告口号；有的甚至只有一个品牌名称。一般来说，广告文案的结构受刊播媒介的影响较大。平面广告文案的结构比较完整，广播广告文案与电视广告文案则通常采用省略的结构。广告文案采用何种结构要受具体的广告目标、产品所处生命周期、广告信息及广告创意等多种因素的影响。

第三节　广告文案写作的特点

广告文案写作虽然本质上也是一种写作，但由于其特定的用途和写作目的，它与一般的写作又有显著的区别，显现出一些自身的特点与要求。初学者尤其要掌握广告文案写作的特点，把它与一般写作、文学写作和新闻写作区别开来。

一、广告文案写作的特点

广告文案写作就是关于广告作品中全部语言文字的写作。是写作者在广告创意指导下，进行广告作品的主题提炼、材料选择、结构安排、文案与画面配合的过程；是写作者采用不同的文字组合、不同表现方式来表达广告主题、传达广告信息、达到广告目的的写作活动。

广告文案写作本质上是一种写作，所以它具有一般写作的共性，都需要提炼主题、选择材料、组织结构、确定表达方式和语言风格等。但由于写作目的的特殊性，它又与其他文本的写作具有显著的差别。

（一）目的功利

广告的最终目的是为企业和产品服务，促进形象塑造和产品销售，其功利性显而易见。广告文案是为广告服务的，要能够使消费者了解产品或服务给予自己的利益，有效地塑造品牌形象和企业形象，进而促进产品的销售。因此广告文案的写作必须考虑如何实现广告的销售效果，而不是只注重文笔。

（二）内容易懂

广告大多数都是面向普通大众的，因而文案应遵循简明易懂的原则。文字清楚简洁、用字通俗，内容具体、容易阅读，使受过普通教育的人都能接受。广告文案内容不宜过多，文案段落最好不要超过5个；尤其要避免生僻字词、专业词语以及容易产生歧义的字词。如雀巢咖啡广告口号"味道好极了"，浅显易懂又十分生活化，因而流传甚广。

（三）形式多样

广告文案的写作虽然有诸多限制，但其表现形式却是没有任何限制的"自留地"。无论是文案的结构，还是表现手法以及风格，只要是最有利于传递广告信息、实现广告目的的形式，都可以采用。也就是说广告文案的形式十分多样，可任由写作者创意发挥。

（四）写作受限

广告文案的形式虽然可以自由选择和创造，但这绝不意味着广告文案的写作就完全是写作者的"自由活动"了。广告文案的写作必须遵循广告策略以及广告创意的要求，要受到广告主、广告受众，甚至广告媒体的制约，所以广告文案的写作自始至终都有诸多限制。

（五）创意为先

在文学创作中，美国等西方国家一直提倡创意写作。所谓创意写作是一个于任何时间、构成任何种类的写作，主要应用于对特定经历保存记录、与其他有兴趣的人分享经历以及对个人身心健康有所贡献的自由表达①。 广告文案的创作作为一种写作活动，虽然具有极强的功利性目的，对广告主的品牌、商品、服务以及理念的传达是其根本目的，但是广告文案更是广告创意文字符号的艺术化表现形式。 创意的过程必然涉及广告创意人的经历分享，是广告创意人源于对消费者的愿望、爱好以及生活方式的经验体验从而契合于广告目的的自由表达，因此广告文案写作更应该是一种创意写作。 创意是一种创造性的思维活动，具体而言就是要超越界限，跳离现有框架，重新定义事物和事物之间的关系。 也就是找出事物之间的相关性或是相反特质，将既有的元素打破、拆解、增删后，重新组合，以呈现新的风貌、功能或是意图。 这一特质必然反映在以语言符号形式呈现出来的广告文案中。

二、广告文案写作与文学写作的比较

（一）写作目的不同

文学写作的目的是作者通过对生活的审美体验，运用艺术加工的方法创作文学作品，给读者以审美的艺术享受。 因此文学写作是一种个人化、个性化的创作活动，强调作者的个人风格，作者有着充分的创作自由，可以自由地选择写作的内容、作品的主题、表现的风格等。

而广告文案写作的目的是传达广告信息、促进销售或塑造形象，它强调功能第一。 因此，与文学写作相比，广告文案写作是"戴着镣铐跳舞"，写作的自由度大打折扣。 其写作必须受广告策略以及广告创意的制约，强调的不是写作者个人的才情，而是如何处理信息。 当然，为增强文案的吸引力与说服力，广告文案写作中往往会运用文学的表现手法。 优秀的广告文案往往形式上也是优秀的文学作品，如英国作家萧伯纳为英国一家航空公司撰写的宣传爱尔兰航线的广告文案：

> 没有一个地方像爱尔兰那样美妙，
> 没有一处天空像爱尔兰那样明朗，
> 在爱尔兰的空气中逗留，
> 将使一颗晦涩的心变得活泼。
> 欢迎您到爱尔兰游览！

---

① Marksberry, Mary Lee. Foundation of Creativity. Harper's Series on Teaching [M]. New York；London：Harper & Row, 1963：39.

这条广告采用了诗歌的形式，语言也非常文学化，形象地描绘了爱尔兰的宜人宜心，值得人们到此一游。

另一方面，有的优秀的文学作品则被直接借用来作为广告文案，如某品牌的广告就直接引用了现代诗人冯至的诗歌《默》的一部分：

> 风也沉默，水也沉默——
>
> 没有沉默的
>
> 是那万尺的情丝
>
> 同我们全身的脉络
>
> 情丝荡荡地沾惹着湖面
>
> 脉络轻轻地叩我们心房——
>
> 在这万里无声的湖边
>
> 我悄悄地
>
> 叫你一声！

（二）创作过程不同

广告文案写作与文学写作的过程也不相同。如前所述，文学写作完全是个人行为，整个写作过程完全由自己掌控，无须征求或遵循他人的意见或要求，除非作者自愿。而广告文案写作则与之相反，整个写作过程都要受到外部的种种制约。广告主的要求、创意的要求、受众的需求、媒体的要求等，方方面面都要受限，都要满足。初稿完成后，还要接受广告公司内部的审核，往往反复修改多次后才能通过；之后是广告主的审核，如其不满意则要一直修改到其满意为止。

（三）创作成果不同

广告文案写作与文学写作的成果也不相同。文学写作的成果最终表现为文学作品，无论是小说、诗歌、剧本还是其他任何体裁，无论是言简意赅的几个字还是洋洋洒洒的几百万字，当它发表或出版时，就直接呈现在读者眼前，并且都会署上作者姓名。文学作品一旦成功，作者的大名也会家喻户晓。但广告文案写作的成果却并不直接与受众见面，广告文案只是广告制作的蓝本，受众直接接触的是广告，在已发布的广告中文案只是其中一部分。并且文案作者不能在广告中署名，永远是隐身人。受众会对一则成功的广告和其宣传的产品（品牌）津津乐道，但却不会知道广告文案写作者的名字。

三、广告文案写作与新闻写作的比较

（一）写作角度不同

新闻写作的客观性强。新闻是对国内外新近发生的具有一定社会价值的事实的报道，反映的是社会生活中的客观事实。因此其写作必须客观，不能有记者任何主观的臆测和添油加醋。与新闻写作相比，广告文案写作有较强的主观性。在信息真实的基础上，广告文案的表现形式、对商品（品牌）或服务的宣传都可以带有广告主与广告人的主观意志、认识与评价。

（二）真实性要求不同

广告文案与新闻写作都要求真实，但程度不同。真实是对新闻最基本、最重要的要求，新闻要准确地反映所报道的客观事物，符合事实的本来面目。新闻事实不仅要完全准确无误，还要全面，新闻的观点、认识也都要切合实际情况。

广告文案写作的真实只要求信息内容的真实，在表现方法上，则允许虚构。人物、时间、情节、事件等都可以虚构，允许艺术手法的创造性运用。

（三）时效性不同

新闻追求最强的时效性，时效性是新闻的生命。新闻必须是刚刚发生的事，而且报道得越快越好。新闻发布的时间距离新闻事实发生的时间越短，新闻的社会价值就越大。一条有时效的新闻，价值连城；一条过了时的新闻，就成了旧闻。所以，新闻媒介都追求对新闻事件报道的"第一时间"。再者，新闻报道是一次性的，同样的内容一般不需要也不可能做二次报道。

广告也有时效性，但与新闻相比，其时效性很弱。除了季节性、时节性很强的产品，广告文案写作对时效性没有特殊要求，甚至可以穿越古今，将广告故事设立在任何一个时代。另外，与新闻的"一次性"报道不同，广告文案的广告信息可以在同一媒介或多种媒介上长时间地反复刊播。

（四）传播媒介不同

新闻主要依靠大众传媒来传播，如今主要是五大媒介——报纸、杂志、广播、电视、网络，在传播媒介的种类、数量上都远远少于广告；广告，不仅可以运用五大大众媒介传播，还可以利用法律允许的一切可以负载广告信息的事物作为广告媒介，如墙体、车身，甚至人体等。

（五）诉求对象不同

新闻的受众是社会上最广泛的公众群体，每家新闻媒体都追求最大的覆盖

面。广告的受众如今则已经从单纯地追求最广泛的受众，演变为针对目标受众——其特定的诉求对象，趋向于小众化了。

第四节　广告文案写作的过程

广告文案写作的过程，从表面上来看，与一般的写作相同，都要经过准备、构思、写作、修改、定稿等几个阶段。但实际上，在每一个阶段都有着特定的内容与方法，而且它还比一般写作多一个测试阶段。

一、前期准备

俗话说"巧妇难为无米之炊"，广告文案写作同其他任何一种写作一样，在动笔前都需要大量材料的收集与选择。通过这个准备过程，了解市场、企业与产品的详情，熟悉广告战略与策略，把握广告目的与广告创意，确立广告文案的主题与风格，为文案的实际写作打下坚实的基础。

（一）了解广告战略与广告策略

广告战略是在全面的市场调查研究的基础上，以市场营销战略为核心，从战略的眼光出发，为企业或产品（品牌）制定的长远的、全局的规划，对广告活动的各个环节都有指导性，起着纲领性的作用。广告策略是实现和实施广告战略的各种具体手段与方法，是广告战略的细分与措施。常见的广告策略有产品策略、市场策略、媒介策略和广告实施策略四类。广告策略是一切广告活动的指南，它规定了广告活动和广告创作的方向。文案创作人员要了解客户的总体广告战略，根据广告策略来确立广告文案的主题，创作出符合广告主要求的广告作品。

（二）熟悉市场及产品（品牌）

广告文案创作者必须对市场和广告产品有比较透彻的了解和认识，才能写出行之有效的广告文案。通过研究广告主提供的原始资料和市场调查材料，了解产品的特点与功能，明确产品的市场定位和产品所处的生命周期，熟悉目标受众的特点与需求，了解竞争对手的情况。

（三）理解广告创意

在广告作品的创作中，广告创意在先，文案写作在后，它们是两个各自独立又密切相关的环节。创意是文案写作的根本依据，文案是创意的表现、深化和发展。广告文案的写作必须在广告创意的指导下进行，广告文案的主题、形象、表现方式和风格都要根据广告创意来确定并能表现广告创意。

二、构思

（一）构思的内容

1.提炼文案主题

广告主题就是广告所要表达的核心思想，它是广告作品的统帅和灵魂。一则广告作品如果缺乏明确的主题，就如同一盘散沙，其诉求力要大大减低。

2.确定写作风格

构思阶段还有一个重要内容，就是根据广告策略和广告创意确定广告文案的风格。广告文案的风格，指的是广告作品中所体现出来的、具有某种审美特征的整体风貌。广告文案的风格可根据广告目的与受众人口情况来决定。可以朴实，可以含蓄，也可以幽默，还可以豪放，不一而足。

3.确定文案结构与内容

在广告文案的构思阶段，还应该解决标题的拟定、正文的内容与结构如何安排、附文写什么内容等。

以印刷广告文案为例，写一个富有吸引力的标题是其首要任务，因为它可以帮助广告"抓住"受众。有的人习惯先写标题，后写正文和其他部分；有的人习惯先写正文，后写标题。对于初学者，在写作广告文案时，最好还是先写标题。

对于广告正文，首先需要确定正文需要传达哪些信息以及各个信息之间的关系，以此决定各信息在正文中出现的先后顺序及详略。其次，根据对信息传达次序和篇幅的大致安排，决定正文需要的段落以及段落之间的联系、段落的表现形式，如是否需要小标题。

4.确定体裁和表达方式

文章体裁分为散文、小说、诗歌和戏剧四种，广告文案都适用。四种体裁各有不同的特点和作用，广告文案写作时应根据广告目的、受众特点、商品个性和媒介特点来选择，以达到最佳的表达效果。

写作上表达方式有叙述、抒情、描写、议论和说明，不同的表达方式产生不同的表达效果，广告文案写作时要根据文案的体裁及表达需要来选择。

（二）构思文案的方法

如何构思文案，没有一定之规，每个写作者都可以有自己的方法和习惯。但对于初学者来说也有一些方法可以学习和借鉴。其中，掌握一些思维方法尤其重要。 对文案的构思离不开思维方法，思维方法是人们思维过程中所凭借的途径、手段和办法。 在广告文案的构思中，除了离不开形象思维与逻辑思维这两种基本的思维方式外，更需要创造性思维方式。 创造性思维是创造性成果产生的必要前提和条件。

创造性思维方式是在一般思维的基础上发展起来的，是人类思维的最高形式，它以新的方式解决问题，具有开拓性、突破性、新颖性和独特性的特点。 抽象思维和形象思维是创造性思维的基本形式，除此之外，还包括扩散思维、侧向思维、逆向思维、分合思维、联想思维等。

1. 扩散思维

对给出的材料、信息、问题，从不同角度、向不同方向、用不同方法或途径进行分析和探索，寻求不同的解决办法，从而找到最圆满的解决之道。 其往往突破常规，以求创新，譬如砖除了作建筑材料，还有什么用途呢？

2. 逆向思维

逆向思维又称反向思维，是有意识地脱离习惯的思维轨道，向相反的方向探索，以开拓新的思路。 运用反向思维来构思广告文案，可以打破消费者的心理定势，取得出人意料的效果。

3. 侧向思维

侧向思维就是避开正面，从侧面迂回地解决问题的一种思维方式，分为侧向移入、侧向转换和侧向移出三种。 它往往利用事物间的关联性，经由常人始料不及的思路达到预定的目标。

4. 分离思维

分离思维是一种把思考对象在思想中加以分解，使研究对象的本质属性和发展规律从复杂的现象中暴露出来，以获得新思路或新成果的思维方法。 分离往往可以"化腐朽为神奇"，对人们开展创造活动具有特别的指导意义。

5. 联想思维

联想思维是由所感知或所思的事物、概念或现象，自然而然地想到其他与之有关的事物，由此想到彼，并发现它们共同的或类似的规律的思维方式。 联想思维使两个看去不相关联的事物建立联系，从而产生创新设想和成果。

在文案构思的过程中，可以采用接近联想、相似联想、对比联想等方法进行联想。 有了丰富和合理的联想，能够拓宽思路，使文案丰富生动、意趣盎然、意境开阔，给读者更强的感染力。 但要注意，通过联想而写进文案的意象，一定要与广告信息有明确的、易于理解的联系，千万不要 "天马行空"，让其"风马牛不相及"，使受众读起来不知所云。

三、写作

构思好之后，就可以进入写作阶段。

在写作时，一般是按照广告文案标题、正文、附文的顺序来进行的。 即从标题开始，根据构思阶段的思考与结果，逐一写作标题、正文和附文。 当然，这也不是定则，也可以根据自己的习惯或写作的具体情况，先写作广告文案构成要素的任何一个部分。

此步骤是本书的重点，且各构成要素的写作特质与要求各不相同，将在后面相关章节详细讲解。

四、修改

广告文案的优劣，直接影响着广告效果。 因此，广告文案的写作必须精益求精，初稿完成之后还要反复修改，并经过测试检验，才能最后定稿。 优秀的广告文案很少是一蹴而就的，大都经过集体反复讨论修改。

（一）对文案进行自我检查

广告文案的修改，首先是文案写作者的自我检查修改。 在文案初稿完成后，作者应仔细地阅读，甚至朗诵一遍，检查在以下几个方面是否有问题：

1. 文案的内容方面

（1）是否准确地传达了广告信息？

（2）信息的主次是否恰当？

（3）有没有遗漏重要的信息？

（4）有没有写入不必要的信息？

2. 文案的结构方面

（1）结构是否符合广告的要求？

（2）标题是否起到了相应的作用？ 标题与正文是否相承接？

（3）正文的结构是否恰当？ 是否实现了广告信息的最准确传达？

（4）有附文的话，附文是否必须？ 结构是否合理？

（5）有广告口号的话，其位置是否恰当？

3. 文案的篇幅方面

（1）平面广告文案，篇幅是否与计划的广告版面相符？ 是否过长或过短？

（2）广播广告文案，篇幅是否符合计划的广告时间长度？ 是否过长或过短？

（3）电视广告文案，篇幅是否符合计划的广告时间长度？ 是否过长或过短？

4. 文案与媒介特性的配合方面

（1）文案是否与媒介的特性相符？

（2）广播广告文案是否考虑了文案与音乐、音响的配合？ 语言是否适合广播媒介的传播特点与受众的收听习惯？

（3）电视广告文案是否考虑了文案与音乐、音响、画面的配合？ 语言是否适合电视媒介的传播特性与受众的收视习惯？

5. 语言文字方面

（1）词语和句子是否准确地表达了广告信息？

（2）有没有用词不当或词不达意？

（3）有没有病句？ 句子间的承接是否自然？

（4）断句与标点符号是否正确？

6. 文案的风格方面

（1）文案的风格是否适合广告产品？ 是否适合广告目的？

（2）文案的风格是否适合目标受众？

（3）文案的风格是否符合媒介？

（二）请相关人员提出修改意见

在文案写作者自己对广告文案进行检查、修改之后，还要请公司内部相关人员和其他方面的专业人员来协助修改。 如项目主管、创意总监、创意者、美术指导等，都可以参与检测，提出修改意见。 电视广告文案、广播广告文案，还可以请广告录制或拍摄的导演、制作人员来协助修改，在专业技术方面提出意见。

五、定稿

经过写作者和相关人员的反复检查与修改，广告文案可以初步定稿。

六、广告文案的测试

广告文案定稿后，并不表示文案的写作就结束了，还需要对广告文案进行测试，以检查广告文案的实际效果。 如果效果不佳，还必须对文案进行修改。

对广告文案的测试分为广告主和广告公司的内部检测和针对受众的检测。 对象不同，测试方法也不同。

（一）广告主和广告公司内部的广告文案测试

1.使用内部检核表

检核表是事先制成的相关内容要求的一览表，检测时可以对照该表，对每个项目逐一进行检查，以避免对问题的遗漏。

内部检核表主要由公司内的高层创意人员根据公司积累的经验和公司内部的评价标准制作，列明需要检查评价的项目，然后将完成的文案稿对照检核表进行检查。

检核表可以针对文案、画面和广告的整体表现详细列出多个项目，几乎包括一切可以对广告进行评价的标准。对文案可列"是否表现创意""标题是否有吸引力""正文和标题是否有密切联系""语气是否适当""用词是否准确""产品、服务的主要销售特色是否都包括在内""文案中使用了什么样的人称代词、使用了多少次""广告文案中如何出现品牌的名称、出现了多少次"等。

检核表测试方法看起来有些机械，但能够对广告做全面检查，确定有没有明显的错误存在。

各广告公司都可以制订自己的广告文案内部检核表，也可使用其他知名广告公司或广告人制订的检核表。如樊志育的文案检核表[①]：

（1）是否充分了解商品及其哲学？

（2）是否明白竞争商品正在做的是什么广告？

（3）是否彻底了解广告商品的分配状况及其销售方法等市场营销情况？

（4）在战术方面使用热烈的调子或是用柔和的手法？

（5）是否充分了解广告主题？

（6）是否考虑了消费者的利益问题？

（7）是否考虑了广告目的？

（8）标题是否有吸引受众的注意的力量？

（9）标题是否有引入正文的力量？

（10）引人注意的文句是否使受众能够在顷刻之间了解？

（11）引人注意的文句与画面之间有无矛盾？

（12）字数是否过多？

---

① 樊志育.最新实用广告[M].北京:中国友谊出版公司,1995:87.

（13）句逗点正确吗？

（14）另起一行不难念吗？

（15）第一行有引起受众关心的力量吗？

（16）是否有加副标题的必要？

（17）是否使用直接的现代时态？

（18）是否使用受众的语汇？

（19）是否简洁、自然、亲切？

（20）从头到尾流畅吗？

（21）有未删除的冗赘的文字吗？

2. 广告文案评分量尺

这是一种量化的检测方法，也可以结合检核表使用。如果需要在多个作品中作出选择，采用评分量尺得出的量化结果可以提供重要的参考。

具体做法是，针对被测试的作品提出多个具体的、有评价意味的问题，如"第一段有没有承上启下，并引导广告正文""品牌名称在广告中是否引人注目"等，每一个问题后都附有一个包括五个选择的评分量尺，"很好／好／一般／不好／很不好"，由参加测试的每个受众自己作出选择，最后进行综合的分析比较。

3. 可读性测试

这主要是针对印刷广告文案的可读性的测试，现在较为通用的是弗莱齐公式。该公式通过对以下几方面的数据进行计算来判定印刷广告文案的可读性：

（1）文案中所有语句的平均长度。

（2）文案中所用词语的音节的平均长度。

（3）文案中使用的涉及人称的文字占文案中所有文字的百分比。

（4）在100字长的文案中涉及人称的语句占语句总数的百分比。

弗莱齐公式指出：最易读的广告文案为每句有14个字，每100字有140个音节，10个涉及人称的文字，总计有43％涉及人称的语句的文案。

（二）广告受众参与的文案测试

1. 评定等级测试法

评定等级测试法也称"优点排序法"，用以评定几则备选作品的优劣，从中选择可能产生最好效果的作品。具体做法是请受众阅读、收听或观看几则广告，然后请他们按照事先给定的标准对广告进行排序。

评定优劣的标准可以覆盖认知、回忆、态度、行动、品牌忠诚等各个方面，比如"哪一个广告最容易理解，哪一个最不容易理解？""你最喜欢哪一个？ 最不喜欢哪一个？""哪一个最可信？ 哪一个最不可信？""在报纸上看到广告时，哪一则最可能被你阅读？ 最不可能阅读哪一个？""哪一个标题会使你继续读下去？ 哪一个最不吸引你？"等等。

2. 混杂测试法

让受众同时接触被测试广告和一些非被测广告，这种方法可以测试作品与其他广告相比竞争力如何。 其可以用来测试一个作品，也可以用来测试多个作品。具体做法是将被测广告和非被测广告混杂在一起，让受众阅读或者收听、观看。然后请调查对象回忆他们所看到的广告，并回答问题，如能回忆起哪些广告？ 对能够回忆起的广告记住了哪些内容？ 喜欢哪些广告？ 为什么喜欢？ 等等。 以此来判断被测试的广告中，哪些最能引起诉求对象的兴趣，哪些最容易被记住，容易被记住的是否是广告中最重要的信息。

3. 语意差异测试法

这是一种更方便量化分析测试结果的方法。 根据预先设定的测试标准设计一个评分量尺，在评分量尺中给出意义相反的多个形容词，由受众对被测广告自主打分。 常用来测定受众阅读、收听、收看广告后对企业、产品或服务的印象。例如：

在阅读此广告后，你会说某品牌是

	非常	相当	稍有	稍有	相当	非常	
	-3	-2	-1	+1	+2	+3	
难以使用	___	___	___	___	___	___	易于使用
低品质	___	___	___	___	___	___	高品质
不愉快	___	___	___	___	___	___	愉快

4. 模拟发行测试法

这种方法主要用于报纸、杂志广告的测试。 具体做法是在发行之前，把被测试广告插入报纸、杂志的正常广告版位，然后分发给事先选定作为测试对象的固有订户或读者，一段时间之后再用"评定等级""语意差异"等方法测试广告的效果。

这种方法较为复杂，费用也较高，但因为是让读者在正常的阅读状态中接触广告，所以测试结果的可信度更高。

5. 投射测试法

这种方法通常用来测试广告的某一部分，如标题、图片。 具体做法是向受众提供一个不完整的广告和一些用于完成这个广告的素材，如标题或者图片，由他们自主选择素材，完成广告。 其中被选择次数最多的素材会被认为最有效。

6. 直邮测试法

这是测试直邮广告效果的一种有效方法。 具体做法是在广告预备正式发送的对象中选择一部分作为测试对象，向他们寄发印制好的被测广告，一段时间以后，再以通信或电话形式询问他们对广告的看法或者反应。

第五节 广告文案撰稿人应具备的素质

一个优秀的广告文案撰稿人应当具备的知识、能力和品质，虽然广告行业与学界至今还没有统一的规定和解释，但也有一些约定俗成的认识和看法。

一、丰富的知识

（一）高精的专业知识

广告文案撰稿人必须具备完整而精深的专业知识。 广告文案写作属于广告学专业的范畴，应该掌握的专业知识有广告策划、广告写作、广告经营与管理、广告心理学、广告法规等。 所有这些专业知识都有助于文案写作者以专业的眼光及素养去分析问题、解决问题，创作出优秀的文案。 此外，他们还必须具有广告文案写作的专门知识，如掌握广告文案写作的原则与要求，熟悉广告文案写作的流程和步骤。

（二）相关的学科知识

一则成功的广告文案不仅仅依赖于好的文字功底，更为重要的是它离不开好的创意，离不开对消费者心理的准确把握，离不开对市场的科学分析，离不开对传播规律的了解。 所以对于广告文案撰稿人来说，除了具备专业知识外，还应掌握市场营销和传播学等方面的知识。

（三）广博的基础知识

对于一个优秀的广告文案撰稿人来说，具有丰富的专业知识与相关知识是远远不够的。 广告学是一门综合性的学科,广告是科学与艺术的结合体,其内容又是五花八门的,因此在广告文案写作中所涉及的知识与文化是非常广泛的。 可见,要对这包罗万象的广告游刃有余,还必须具有广泛的人文科学知识、自然科学知识以及深厚的文化底蕴。

二、专业的能力

(一)洞察能力

洞察能力是在观察的基础上,对事物和问题进行分析和判断的能力,即透过现象看本质的能力。 广告文案创作中必须在纷繁复杂的信息中抓住最有价值的信息,能够判断广告商品的什么特点对于消费者来说最能引起其兴趣。 对消费者心理有深刻的理解,才能精准地进行市场诉求,打动消费者。 只有具备了这种洞察力,才能保证广告的针对性,广告创作的有效性。

(二)创造能力

创造能力是产生新思想、发现和创造新事物的能力,与想象力密切相关,它是广告创作者最重要的能力。 广告业是特别需要创造能力和想象力的行业,广告创作的精髓就是创造能力的结晶——创意。 所以,创造能力就成了衡量一个广告人及其作品是否优秀的最重要标准。 而对于文案撰稿人来说,其创造能力就体现在创作性地表现创意——以创造能力寻求最有效的信息传达方式。 只有创造才能出新,才能吸引受众的注意并给他们留下深刻的印象。

(三)写作能力

广告文案写作最终结果为文本形式,所以洞察能力、创造能力最后必须借助写作能力来体现。 写作能力就是运用语言文字的能力,是谋篇布局的能力,是选词造句的能力。 语言文字是文案写作者最基本的工具,文案撰稿人不仅要了解汉语语音、词汇、语法、修辞、语体方面的基本知识,更要能运用语言文字来准确生动地表现广告创意与主题,以与广告作品的其他构成要素一道达成广告目标。

?

思考题

1.简述广告文案的写作过程。

2.广告文案的构成要素有哪些?

3.广告文案写作构思的方法有哪些?

4.广告文案的检测方法有哪些?

5.广告文案写作者应具备哪些素质?

实　训

1.思维训练: 关于二十六个字母的畅想。

2.分别收集 10 个广告口号以及与之配套的广告标题, 体会和分析二者的差别。

3.小组讨论: 阅读《一个广告人的自白》一书, 交流感想与认识。

▼

第2章

广告文案写作的语言技巧

本章要点：

1.广告文案写作的语言文字的特征和广告语言的类型。

2.广告文案写作中修辞的内容及其运用的技巧。

学习目标：

本章主要通过汉语言、文字在广告文案中运用的基本要求和广告文案写作中常用的修辞技法的讲解,使学生掌握广告文案写作的语言文字运用方法和修辞技巧。

建议课时:6 学时

如前所述,广告文案是由语言文字构成的,要写好广告文案必须具备较强的语言文字运用能力,掌握运用语言文字传递广告信息的方法和技巧。

第一节　广告文案语言概述

对于使用汉语的人来说,写作能力就是运用现代汉语的能力。而要培养和提高自己运用现代汉语的能力,首先必须了解现代汉语的特征和规律。具体来说,就是要掌握规范的汉字并能正确使用汉字;掌握丰富的词汇并运用自如;具有分析句子、分辨句子对错的能力;能选词炼句,恰当地运用修辞,语言运用准确、鲜明、精练。

一、现代汉语的特征

汉语历史悠久,远古时期的情况由于没有文字记录,今天无法知晓汉语到底诞生于何时,但专家粗略估计至少也应在 1 万年前。世界上也有一些历史比较悠久的语言,如古埃及、巴比伦、腓尼基等语言,不过它们早已消失。现在世界上正使用着的各种语言的历史一般都不超过 1 000 年,大部分只有几百年,有的时间还要更短。记录汉语的汉字起源于 6 000 年以前,有了文字,汉语突破了语言所受的时空限制,扩大了语言的交际范围以及记录和表达功能。经过数千年的发展演变,现代汉语形成了鲜明的特征。在这里,我们仅谈谈与广告文案写作密切相关的几点。

(一)汉字具有象形性和表意性

汉字最初是以象形的方式产生的,即按照事物的样子把它描绘出来。在象形的基础上,逐步发展出会意、指事、形声等造字法,它们以象形字为基础,拼合、减省或增加象征性符号而构成新字。如此,汉字发展成为表意文字——用笔画构成的大量表意符号来表示汉语的语素,而不是用符号或字母表示汉语的音位或音节。正是汉字的象形性和表意性特点,为广告文案写作者提供了可以创造性发挥运用的天地。利用汉字的象形性和表意性,可以用最简洁的文字表达丰富的意蕴,也可以将文字图形化,更直接、生动地表现广告信息。

(二)多音字、同音字(词)多

现代汉语的字数达数万个,但是音节却只有 400 多个。即使再加上声调和轻声,也只能调配出 1 300 多个音节,因此多音字、同音字(词)很多。多音字和同音字的存在,可以形成双关,达到含蓄、幽默的修辞效果;另外,押韵更是离不开同音字。

(三)多义词丰富

多义词是指有两个或两个以上的意义的词。多义词的意义中通常有一个最基本的、常用的核心意义——基本义,然后从基本义直接或间接地发展转化来一些新的意义——被称为转义。转义主要是通过引申和比喻的方式产生的,在基本义的基础上推演发展而来的意义是引申义,借用一个词的基本义来比喻另一种事物,所产生的新的意义是比喻义。如"跑":"两只脚或四条腿迅速前进"(基本义),引申义"为某种事务而奔走"(跑新闻),引申义"物体离开了应该在的位置"(跑油)。又如"帽子"的基本义是"戴在头上保暖、防雨、遮日光等或做装饰的用品",后用它比喻"罪名和坏的名义"。

多义词的存在,可以形成语义双关,能使得文案与受众之间产生更生动、更有效联系的联想义、引申义和比喻义。

(四)句式多样

句式,通常是指句子的结构方式。现代汉语的句式非常丰富,常见的有长句和短句、主动句和被动句、整句和散句、单句和复句、陈述句和疑问句、肯定句和否定句。句式不同,表达效果不同。多样化的句式,使广告文案写作中句式的选择更多,有利于表意的准确性与丰富性。

二、广告语言的类型

广告语言的类型包括口头语言和书面语言。

(一)口头语言

口语本是指人们口头上应用的语言,写作上所说的口头语言,是指具有口语风格的语言。它一般句子简短,常有省略,具有平易、明了、生活化的语言特点,可以营造一种亲切自然、生活化的氛围。口头语言在广告文案写作中适用于听觉媒体和普通受众,如《神州行——葛优篇》广播广告文案:

> 独白:就说这手机卡,有一说一。我不挑号,号儿好不好,是虚的。我挑卡,神州行,是吧,用的人多。这和进饭馆一样,一条街上,哪家人多我进哪家。神州行,听说将近两亿人用。我,相信群众。神州行,我看行。

> 旁白:中国移动通信。

这则广告选择了平民形象的葛优做代言人,其独特、诙谐的大实话口语风格,能博得受众的信任,拉近品牌与消费者之间的距离,极具说服力。

与书面语言相比,口头语言更利于口头传播,特别是在多度传播中,口头传播更加方便。写作中运用口头语言要避免拖沓、啰嗦以及低俗。

(二)书面语言

书面语本是指用文字写下来的语言,它在口语基础上形成,经过琢磨、加工，较之口语更加周密、严谨、简洁。后来把具有书面语言风格的语言都称为书面语言，不论是用于口头表达还是书面表达。书面语的特点是用词精准，结构严谨，逻辑性强。在广告文案写作中，书面语言更适用于平面媒体，如奥迪 A8 的经典起点广告文案：

> 如同追求理想的艺术，奥迪把每一完美经典，都视作创新起点。自 1899 年的不懈创新，奥迪而今再次超越自我，推出全新旗舰之作——新奥迪 A8。它不仅囊括了奥迪独步全球的 quattro 全时四轮驱动、舒适动感兼备的可调空气悬架、高度人性化的 MMI 多媒体交互系统等一系列领先科技，并且将奥迪 ASF 全铝车身框架的刚度再增 60%，使其更动感更安全。还有动力更为澎湃的新型 A8 引擎已经前所未有的动感车身设计，凡此种种超凡之举，如今全部荟萃一身，造就您的至尊座驾。
>
> 现在，新奥迪 A8 正静待阁下入主领袖旗舰，驾驭完美，再创经典！

在书面语言中还有一种特别的类型，那就是文学语言。文学语言是经过加工、规范的书面语。它比一般书面语更丰富，更具有表现力，富于美感和感染力。需要强调的是，现代汉语的文学语言不仅包括诗歌、小说等文艺作品的语言，也包括社会科学和自然科学著作的语言；不仅指书面形式，也包括口头形式。下面这段节选自台湾中兴百货广告文案《美好的生活就是最温柔的报复》的文字，就是典型的文学语言。当然，它也是书面语言。

> 你应该穿上最漂亮的衣服去散步遛狗，让街道上迫害视觉神经的建筑物丢脸。你应该用最奢华的骨瓷餐盘吃荷包蛋，让使用保丽龙的餐厅有经济危机。你应该以鹦鹉螺音响听小奏鸣曲，让制造装潢噪声的坏邻居觉得魔音穿脑。你应该学会做普照罗旺斯香草料理，让背叛的情人只能以泡面当夜宵。

广告文案写作中，使用书面语言时要注意"度"的把握。书面语言并不代表生僻、晦涩、难懂，也是可以平易、通俗的。写作中应根据媒体特点与受众的文化素养来确定语言风格。

三、广告语言的要求

广告文案以语言为重要工具，说服和感染消费者，以影响消费者的心理或促使其采取购买行为，因此广告语言必须满足下列要求。

（一）简洁

美国广告专家马克斯·萨克姆说："广告文稿简洁，要尽可能使你的句子缩短，千万不要用长句或复杂的句子。"

其实，简洁是对所有书面语的要求，但广告语言尤其突出。因为，首先，广告的传播必须考虑成本，文字篇幅与广告费用成正比，在经济的原则下，言简意赅是第一选择。其次，从受众方面来说，接触广告多是无意的，简洁的文案更容易让消费者在瞬间领悟并深刻记住。所以，广告越简洁明了越好，写作时要力求简明。

简洁首先是指文案的短小精悍，但文字是否简洁不是以字数的多寡来判断的，长文案不一定就不简洁；同样，字数少也不意味着就简洁。简洁主要是指言简意赅，没有废话、空话、重复啰嗦的话；其次是指表意的清楚、准确。不能为了减少篇幅而表意不清，如果用词深奥晦涩，消费者就看不懂；语言不准确，消费者就无法明白广告信息，甚至产生误解。这些都会让广告效果大受影响。

（二）新颖

广告语言既没有听读的强制性，又没有接受的专一性。在数不胜数的广告中，如果一篇广告文案的语言陈旧雷同，缺乏新意，就没有吸引力和竞争力。因此，广告语言必须新颖生动，突破常规，与众不同，才有可能脱颖而出，引起受众的注意。

广告语言的新颖是指广告语言要有创意，其他广告不曾用过，具有独特性。

（三）形象

感官接触是人们认识和了解世界的第一步，所以按照思维规律，形象化的东西是最容易被记住和辨识的。任何一个广告主都希望自己的广告信息能被受众了解和记忆，这就要求广告文案语言必须具备形象化的特征，虽然是抽象的语言符号，却能妙笔生花，使广告信息直观、具体、形象。用形象的语言描摹产品的形状、特点、功能、作用，易于激发受众的联想，引起其共鸣，从而达到广告的目的。

（四）个性

广告的针对性很强，总是针对特定的目标消费者，如儿童或老年，妇女或男性，白领或蓝领等。不同受众，有不同的语言喜好。只有用目标消费者所喜闻乐见的语言来传递广告信息，才有可能得到他们的注意和青睐。

另外，广告文案必须通过特定的媒体传递，不同的媒体也有不同的语言特点，因此广告语言要根据媒体有针对性地使用不同个性的语言。

第二节 广告文案写作的修辞技巧

一、修辞的定义

本文所指的修辞是指对语言的修饰和调整，即对语言进行综合的艺术加工，主要包括在口头与书面表达时，选用什么样的语言材料，采用什么样的修辞方式，追求什么样的表达效果。

二、修辞同语言三要素的关系

语音、词汇、语法被称为语言的三要素，任何一种语言都必须要有这三要素，否则就不能称其为语言。修辞同三要素密切相关。语言三要素是修辞的材料、手段和基础；修辞是对语言三要素的综合艺术运用，是语言三要素的高级体现。

修辞研究拟声、双声、平仄、押韵、儿化、语调、音节等与语音相关的问题，利用语音条件形成了一些修辞方式，如双关、对偶、飞白等；修辞从筛选、锤炼的角度研究词语的运用，从声音、形体、意义、色彩、用法等方面对词语加以调遣和安排，所有的修辞方法都同词语有关；修辞必须合乎语法，语法为修辞提供了表现形式。

三、修辞的内容

（一）词语锤炼

修辞的一项重要内容就是词语的锤炼，也就是古人所说的"选词"。即对词语进行琢磨、选择、更换，挑选出最恰当的那一个，以求在语言运用中收到最佳的修辞效果，让听者爱听、读者爱读。

1.词语锤炼的基本要求

准确、明晰、精练、生动是词语锤炼的基本要求。

准确指选词时一要看清表达或交流的对象，二要注意现实环境与语言环境，三要做到真实。

明晰是指表意要清楚明白，不能含糊不清或模棱两可，更不能存在歧义，让人产生误会。

精练，既是起码的要求，也是最高的境界。用最少的词，表达最丰富的意思。老舍先生说过："世界上最好的著作差不多也就是文字清浅简练的著作。"

古人常用一个字来形容人物的性格特征，如"智诸葛""猛张飞"，非常精练传神。

生动即具体形象，新鲜活泼，不抽象，不枯燥。生动的文字赋予描写对象以生命，让人易于理解并留下深刻的印象。例如"遗传"一词，《辞海》中的解释是"生物体的构造和生理机能等由上代传给下代"。而叶永烈在其科普作品《揭开遗传的奥秘》中是这样说的："俗话说：'种瓜得瓜，种豆得豆。'又说：'龙生龙，凤生凤，老鼠儿子打地洞。'人们把这种现象称为'遗传'。"后者用词就非常生动，加之是老百姓熟悉的民间俗语，对不具备生物专业知识的读者来说，一下就明白了，而且过目不忘。

2. 意义的锤炼

词语的锤炼首先是意义的锤炼，也就是词义的选择。从意义的角度选择，首先要求准确、妥帖；其次要与上下文配合得当，整体和谐；第三，要色彩鲜明，也就是除了考虑词的理性意义之外，还要看词的感情色彩、语体色彩以及形象色彩是否符合表达的需要。

> "力求追求名牌似乎是某些人的通病。……名牌缝在袋上，贴在裤上，镶在鞋边，加在袖端，印在胸前，虽然似乎自己做了广告牌，但是名牌，用家也在所不辞。"（李鹏羽《濠江浪花》）

这段文字中用了5个动词来描绘热衷名牌的人在服饰方面的种种表现，每个词都与其后的名词相搭，非常准确。几个词的本来意义虽然相差很远，但在这里，却如同意义小有差异的同义词，使整段文字既贴切又富于变化。

3. 声音的锤炼

汉语有声调，有平仄，因此诗歌、散文都要讲节奏，讲音调的和谐。让人听来悦耳，读来顺口，有流畅、协调之感。鲁迅先生在《我怎么做起小说来》一文中介绍自己的写作经验时就说："我做完之后，总要看两遍，自己觉得拗口的，就增删几个字，一定要它读得顺口。"

声音的锤炼主要包括以下几方面的内容：

（1）音节整齐匀称。音节整齐匀称可以形成节奏，节奏是产生语音美的条件。现代汉语以双音节词为多，还有单音节、三音节和三个音节以上的多音节词。在写作与说话时，特别是在长句子当中，绝大多数是各种音节的词交错搭配而成，而且根据语言的自然节律，要求音节协调：一般是单单、双双相配；两个以上的并列成分，音节数要求相同，以求音节的协调匀称，读起来顺口。

（2）声调平仄相间。 汉语是有声调的，六朝开始，学者把汉字的声调分为平、上、去、入四声。 平声听起来舒展流畅、平稳高扬，上、去、入三声听起来急迫短促、狭窄低抑，称为仄声。 现代汉语普通话以阴平、阳平为平声，上声、去声为仄声。 现代文的写作虽然不必像做诗填词那样要求工整的平仄，但恰当地调配平仄，注意声调上的高低、缓急、轻重和长短的变化，使平仄有规律地变化着交错间隔开来，语言就抑扬顿挫，富有韵律美和感染力。

（3）韵脚和谐。 这是指一首诗歌或一段文章中句子末尾字音的韵相同或相近，也叫"押韵"。 押韵主要产生一种回环的音乐美。 押韵的句子和谐悦耳，琅琅上口，易说、动听、易懂、好记。 例如，56 个民族 56 朵花，56 种语言汇成一句话：请说普通话。

（二）句式的选择

句式的选择，即古人所说的"炼句"。 修辞上的句式选择主要指在同义句式中进行的选择。 同义句式是意义基本相同，但风格、表达效果、修辞功能上有细微差别的几个句式。 因此同样的内容，可以用不同的句式来表达。 在写作时，应根据语言环境的特点和表达的需要，在不改变意义的情况下，恰当地选用句式，灵活地变换句式，使句式多样化，这样文章才会生动、流畅。

如何选择句式？ 总的原则是"以适应题旨情境为第一义"，即根据表达目的、表达内容和具体的语言环境来选择表达效果最佳的句式。 就广告文案写作来说，要根据不同的广告对象、广告目的以及广告中人物的不同身份、说话场合等来选择恰当的句式。

1. 长句和短句

短句指词语少、结构简单的句子，其表意简洁、明快、灵活。 如斯沃琪的广告口号"腕上风景线"，艾维斯汽车租赁公司的广告口号"我们正在努力"。

长句指词语多、结构复杂的句子，表意周密、严谨、精确、细致。 如马爹利广告《现代享受之道》中的一个句子："正如马爹利的首席调酒师，对制酿技术拥有最渊博认知和技巧掌握，其绝技已代代相传，精心调配出各种不同的配方和口味，为你的鉴赏眼光，为你的生活享受奉献出这细腻无比、和谐极致的马爹利干邑。"

长句的弱点是容易顾此失彼，因此没有特殊的表达要求，句子宜短不宜长。 广告文案适宜用短句，特别是广告标题和广告口号。

2.整句和散句

整句是结构相同或相似的一组句子，形式整齐，声音和谐，气势贯通，意义鲜明，如李维牛仔裤的广告口号"不同的酷，相同的裤"。

散句是结构不整齐、各式各样的句子交错运用的一组句子，散而不乱，灵活生动。如马爹利广告《现代享受之道篇》中的一组句子："智慧的本意并非创造，而是发现，发现生活的魅力所在，才懂得享受生活，而在这纷乱的俗世中，又有多少真正值得自己去留意和珍惜的东西？"

散句结构自由，形式多样，音节也参差错落，修辞效果在于可以使句子活泼多变，从而避免语句的单调、呆板。一般行文中多为整句和散句交错使用，如马爹利广告《现代享受之道篇》中的一段："内心的智慧，让我们洞悉美的深度；外在的见识，让我们领悟美的灵性，马爹利由内而外散发出的浓厚的醇香是睿智的你最值得把握的享受内涵。"

整句顺口、好听、易记，有利于受众对广告信息的接收、存储与传播。恰当地运用整句能增强广告的宣传效果，但不能为了形式美而影响内容的表达，要避免形式的呆板和内容的雷同。对偶句和排比句就是典型的整句，广告标题和广告口号用得较多。如丰田汽车的广告口号："车到山前必有路，有路必有丰田车"；长城葡萄酒广告正文中的一个排比句："它小时候，没遇到一场霜冻和冷雨；旺盛的青春期，碰上了十几年最好的太阳；临近成熟，没有雨水冲淡它酝酿已久的糖分。"

3.主动句和被动句

以施事作陈述的对象，宜用主动句，如五星啤酒广告口号"星星知我心"，垃圾箱广告"我饿了，喂喂我吧！"

以受事作陈述的对象，宜用被动句，如飞利浦剃须刀广告标题"显然刚被飞利浦吻了一下"。另外，强调受事，施事不用说出、不愿说出或无从说出时，要用被动句；在特定的上下文中，为使前后分句的主语一致，或为使重点突出、语义连贯，也要用被动句。

4.肯定句和否定句

肯定句和否定句，一个表肯定，一个表否定，从修辞的角度来讲，二者并不一定是矛盾对立的。肯定的意思用否定形式来表示，就有了特殊的修辞效果。如某隐形眼镜的广告"不一样，就是不一样"，用否定句的形式表达了肯定的意思，突出使用隐形眼镜后，模样与戴框式眼镜是大不一样的，变得漂亮、精神了。

5. 口语句式和书面语句式

口语句式是口语中经常出现而书面语中较少出现的句式,简洁、活泼、自然。 口语句式多用通俗的口语词；结构简单松散,多用短句；少用或不用关联词。 如中华汽车电视广告文案：“印象中,爸爸的车子很多,七八十部吧！ 我爸爸没什么钱,他常说,买不起真车,只好买假的,我这辈子只能玩这种车喽。 经过多年努力,我告诉老爸,从今天起,我们玩真的。”

书面语句式是书面语中经常出现而口语中较少出现的句式,严谨、周密、文雅。 书面语句式讲究语言规范,多用文雅的书面语词；结构复杂严谨,多用长句；逻辑严密,多用关联词语。 如奥迪 A8 的一则广告的正文：“大师级的艺术,就是将每一完美经典,皆化作今次创作新起点。 执此理念,新奥迪 A8 携独创科技与一流工艺全新登场。 全新系列发动机,QUATTRO 全时四轮驱动系统,可调空气悬挂系统,ASF 全铝车身框架结构,MMI 多媒体交互系统及诸多豪华配备尽皆囊括其中。 更推出旗舰巨作新 A8 加长型,将艺术灵感与王者气度融于一身,引领豪华概念驶入更新境界,与其说这是一款为阁下而造的豪华车,不如说是一件因您而生的艺术品。”

第三节　广告文案中常见的修辞格

修辞格,又称辞格,是指有特定结构,在一定语境中能产生积极的表达效果,具有艺术性的修辞方式。 辞格,从形式上看,是语言运用的格式,具有一定的模式；从运用上看,十分依赖语境,离开了特定的语境,无法产生修辞效果；从效果上看,能优化语言,增强其表现力。

一、比喻

比喻就是打比方,即用与甲事物有相似之处的乙事物来描写或说明甲事物,是常用的辞格。 它能把深奥的道理说得浅显易懂,将抽象的事物进行形象化的表现,把陌生的概念变成熟悉的事物,将平淡表现为生动。

比喻有三大要素：本体——说明或描述的对象,喻体——用作比喻的事物,喻词——用来连接本体、喻体表示比喻关系的词语。

因三大要素的有无,比喻分为明喻、暗喻、借喻三种。 明喻是将本体、喻体用喻词明显地连接起来的句式,将比喻化抽象为形象的表达功能表现得较为突出。 写作中运用之，能使文案达到特殊的效果，如"像母亲的手一样柔软的童鞋"。

暗喻是指在本体和喻体之间不出现喻词的比喻句式，如某电器品牌广告"长虹——中国人心中的彩虹"。

借喻是本体和喻词都不出现，直接用喻体代替本体的比喻方式。 与明喻和暗喻相比，借喻的形式简洁，用喻最为隐秘，而喻体则更醒目，具有形式简洁、结构紧凑、文字洗炼的特点，如某西服广告"我的第一张名片"。

运用比喻时应注意，要贴切，要易懂，要鲜明，要新颖。

二、比拟

比拟是根据想象把物当作人写，或把人当作物写，或把甲物（本体）当作乙物（拟体）写。 比拟常用到文案写作中，即将广告信息中的物性转化成为人性，人性转化成为物性，此物性转化为彼物性，并赋予其形象特征。 把物当作人来写，赋予其人格化，称为"拟人"，如朗姆酒广告"它们已经在地窖里睡了许多年"，企鹅形状垃圾桶广告"我饿了，喂喂我吧！"把人当作物来写，或者把此物当成彼物来写，叫作"拟物"，如某运输公司广告"我们运送的是你的成功"，某唱片公司广告"灌入其中的是抹不去的美"。 比拟使描写对象人格化、形象化，同时产生生动、风趣的效果。

运用时应注意，感情要真实，比拟要贴切自然；本体与拟体应有相似或相近之处，否则二者无法比拟。

三、借代

借代是不直接说某人或某物的名称，而借用与该人或该事物具有密切关系的名称去代替之的修辞方式。 该人和该事物称为本体，借用来作代替的事物称为借体。 本体与借体之间必须要有相关点。 借代使对象形象化，使语言有表现力。广告常借用商标代替商品，以具体代替抽象，使消费者产生联想。 例如：

> 十五张笑脸坐满一车厢。（某汽车广告，以"笑脸"代替人）
>
> 在红色标志前留步。（可口可乐广告，以商品的包装标志代替商品）

运用借代要注意，要交代清楚本体，借体必须能代表本体，另外还要注意借体的感情色彩。

四、拈连

拈连是利用上下文的联系，把用于甲事物的词语巧妙地用于乙事物，形成本义搭配和转移搭配的鲜明对照。其作用是使语句简洁明快；加强上下句之间的联系，使受众感到"移花接木"的情趣；产生诙谐、幽默之感。

拈连可分为三种类型，一是全式拈连：甲、乙事物都出现，拈连词语不可少，如"打出美满成绩，打出锦绣前程"（打字机广告）；二是略式拈连：甲事物省略，或甲事物中的拈连词语省略，乙事物必须出现，如"洗去人生风尘，留下美好青春"（某香皂广告）；第三种是广告独有的解释性拈连：把上文中的品牌、商标或产品名称中的某个字（或其同音字）借用到后面的句子中，使二者构成一种联系，对前面的名称起到一定的解释作用，如"易趣——交易的乐趣！"（易趣网广告）

运用拈连时应注意，内容上要自然贴切，甲、乙事物语义上要有联系。

五、夸张

夸张是故意言过其实，作夸大或缩小的描述，借以强调和突出事物本质特征的修辞手段。夸张分为扩大夸张——有意把事物往大、强、多等方面说，如某黏合剂广告"它能将整个世界黏在一起"；缩小夸张——有意把事物往小、弱、少等方面说，如某香皂广告"今年20，明年18"；超前夸张——把后出现的事物现象说成先出现或同时出现的。如湄窖酒广告"酒未沾唇人自醉"，"醉"应在酒后，这里却说未饮酒人先醉，把后出现的事先说了，就是超前夸张。

夸张能引人联想，表达强烈的情感态度，生动形象地表现事物的性质特征，增强语言的感染力。运用夸张应注意，首先要以客观实际为基础，虽然是言过其实，但不能毫无事实依据；其次夸张要明显，能让人一眼看出是运用了夸张；再者，夸张与其他辞格套用时，表意要一致。

六、双关

双关是在特定的语言环境中，借助语音或词义的联系，故意使一个语句具有双重含义的修辞方式。双重含义中字面意义是次要的，言外之意才是要点，形成言在此而意在彼的效果。

双关的运用可以启发联想，增添情趣，使文案含蓄委婉或者幽默风趣，同时也产生形象生动的效果。

双关可分为两种，一是谐音双关：利用词语的谐音（音同或音近）所构成的双关，如"一'箭'如故，一'箭'钟情"（箭牌口香糖广告）；二是语义双关：利用词语的多义构成的双关，如"不打不相识"（打字机广告），"让我们从头做起"（某洗发水广告）。

运用双关应注意，一要避免误会和歧义，也就是意义要明确，不能有歧义；二要避免庸俗低下。有些广告为了吸引眼球，或哗众取宠，不顾社会良俗，写作一些让人产生不雅联想的双关广告语，如"我要清嘴"（某含片广告）。

七、排比

排比是结构相同或相似、语气一致、意义相关的三个以上的句子或句子成分排列起来。其可增强气势，加深情感和表达效果，从而给消费者留下深刻的印象，激发其兴趣。如：

> 山之青,水至清;源之静,水至净;雾之轻,水至淳。（某纯净水广告）
>
> 春季给您带来沉醉,夏季给您带来欣慰,秋季给您带来甜美,冬季给您带来回味。（某冰箱广告）

运用排比应注意，要根据表达需要而采用，不能为了排比而排比，拼凑而生硬的排比反而会损伤文意。另外要注意使用提示语，使受众易于辨识。

八、对偶

对偶是结构相同或相似、字数相等、意义相关的两个短语或句子对称地排列。对偶句结构相似、声韵协调、节奏整齐，表达相同、相反和相关的内容。广告文案中运用对偶，给人对称、醒目、悦耳之感，便于记忆和传播。

对偶有三类，一是正对，上下两句意义上相似、相关，互为补充，结构上为并列的两个对句，如"刘伶借问谁家好，李白还言此处佳"（刘李氏酒家对联）；二是反对，上下两句意义上相反、矛盾或对立，如"小身材，大味道"（某食品广告）；三是串对，也叫流水对，即上下两句意义顺连而下，结构上为两个分句的复句，如"虽然毫末技艺，却是顶上功夫"（某理发店对联）。

九、对比

对比是把不同的事物或同一事物的两个方面进行比较的辞格，也称为对照。其作用是通过比较，使事物的特征更加鲜明、突出，如"一棵大树相当于40吨冷气机，你知道吗？"（某公益广告）"只要住一天，你一辈子都不会忘"（某饭店广告）。

运用中要注意对比与对偶的区别。对比是意义上相反或相对，对偶是形式上的对称，二者经常同时使用，如"古有毕昇，今有方正"（某排版系统广告）。

十、顶真

顶真是用上一句结尾的词语作下一句的开头，或用前段最末的句子做后段开头的句子,又称为联珠、蝉联。 运用顶真,叙事,条理清晰;议论,周密严谨;抒情,格调清新。 总之能让文章结构严密,语意充足,语言流畅,音律协调。如"车到山前必有路,有路必有丰田车"(丰田汽车广告),"教育培养习惯,习惯形成性格,性格决定命运"(某幼儿园招生广告)。

十一、反复

反复是重复使用同一词语或句子的辞格。 在相同的词语或句子无间隔地重复叫连续反复,相同的词语或句子隔着其他词语或句子重复出现的称为间隔反复。也可将连续反复与间隔反复并用。 反复主要起到突出与强调的作用,可以突出观念,强调感情,分清层次,加强节奏,以加深受众的印象。 例如:

"现在,是追逐将来的现在,复制过去的现在,留住现在的现在。早报副刊,现在是现在。"(某报纸《现在》副刊广告)

"寻找世界上最高、最矮、最重、最快、最……"(吉尼斯世界之最旅游广告)

十二、设问

设问是无疑而问,自问自答。 其作用是引起注意和思考,或者突出需要强调的内容。 如"什么苹果好吃? 红富士好吃",突出"红富士"品牌。 "您想用它来割破自己的脸吗? 绝对不可能的"(某剃须刀广告),突出产品的安全性这一优势。

十三、反问

反问是无疑而问,只问不答。 其作用主要是通过反问的语气,对内容起到强调作用。 如"你知道我在等你吗?"(某酒店广告)表达了酒店对客人的期待与热忱欢迎。 "此处已摔死了三人,你要做第四个吗?"(交通安全公益广告),以强烈的语气突出可怕的后果,给受众以警示。

十四、通感

通感又称为移觉,指突破感观的限制,用习惯形容一种感觉的词语去描写另一种感觉,使听觉、视觉、触觉、味觉等不同的感官感觉发生转移。 它以推陈出新或别出心裁的表达,化抽象为形象,丰富文字的意境,增强作品艺术效果,引起人们丰富的联想。 如"牛奶香浓,丝般感受"(德芙巧克力广告),用触觉来形容牛奶的香味,把人们对丝绸真实可感的触觉移植到了较为缥缈的味觉上,化抽象为具体,使受众易于理解,同时又增强了文案的审美意境。 "美妙的音乐在你身边流淌"（某电子琴广告），用视觉可见的流水来形容用听觉感知的音乐，把看不见、摸不着的东西变得具体形象。

十五、仿词

仿词是根据表达的需要，更换现成语句中的某个语素，临时仿造出新的语句。如改动人们熟知的诗文名句、成语典故、民谚俗语等，赋予现成的语句形式新的内涵和意义，往往有令文字新鲜生动或幽默风趣的效果。仿词可分为音仿和义仿两类。音仿是换用音同或音近的语素，义仿是更换某个语素，改变原词语的意义，突出加强表意，如"'六神'有主，一家无忧"（六神花露水广告），把成语"六神无主"改成了"六神有主"。一个字的改动，幽默风趣地表达了在蚊虫肆虐的夏日，你六神无主时，六神花露水会为你作主之意。"一片冰心在美菱"（美菱冰箱广告）仿自诗句"一片冰心在玉壶"，用以表现冰箱的优良品质。

运用仿词应注意，被仿词要广为人知，仿词要有新义。仿词的意义要明确易懂，否则让人不知就里，就失去了运用修辞的意义。

十六、辞格的综合运用

在广告写作中可以单独使用一种辞格，也可以将几种辞格综合运用。

1. 辞格的连用

在一段文字中接连使用同一或不同辞格，彼此之间的关系不分主次，平等并列，互相衬托。如戒烟广告"在口中插上柴，点着火：嘴是灶，肺是风箱，鼻孔是烟囱，花钱烧自己"。其中"嘴是灶，肺是风箱，鼻孔是烟囱"是比喻的连用。而"万仞高峰之巅，有一细石耸立，如一人对江而望，那就是充满神奇色彩的传说的神女峰了"是不同辞格的连用，神女峰高万仞，是夸张；"细石耸立"如"人对江而望"，是比喻。

2. 辞格的兼用

一种表达形式从不同的角度看，用了不同的辞格，彼此之间是并列关系。其特点是"横看成岭侧成峰，远近高低各不同"，从此角度看是甲格，从彼角度是乙格。兼用可使多种不同的辞格交织在一起，相互补充，又浑然一体，增强文章的表现力和文采。如"皮张之厚，无以复加；利润之薄，无以复减"（某鞋店广告），其中对偶、夸张、对比兼用。

3. 辞格的套用

一种辞格里又包含其他辞格，分层组合，形成大套小的包容关系。如"城市永远不会沉睡"（城市银行广告），就是拟人、借代、双关套用。又如反对吸烟的公益广告："吸烟有三大好处：一是保持冷静——香烟刺激神经；二是盗贼躲避——吸烟人咳嗽；三是永葆青春——吸烟人死亡较早"，这是排比与反语的套用。

思考题

1.汉语言文字的哪些特征在文案写作中较为重要？

2.修辞包括哪些内容？

3.如何进行词语的锤炼？

实　训

1.分别选择5种辞格，每种收集5个广告口号，分析研究其修辞运用的优劣及原因。

2.每种句式的广告标题分别收集一个，分析其优劣，并试试将其改写为其他句式，看看哪种句式表达效果更佳。

第3章

广告标题的写作

本章要点：

1.广告标题的概念、特征及作用。

2.广告标题的结构类型。

3.广告标题的表现形式与写作方法。

学习目标：

在了解广告标题的概念、特征及作用的基础上，掌握广告标题的结构类型，熟悉广告标题的表现形式与写作方法，并能进行广告标题的创意写作。

建议课时：5课时

从本章开始，我们将分别讲述广告文案的各个结构要素的内涵、特点及写作技巧与方法。本章是关于广告标题的写作。作为广告文案的一个重要组成部分，广告标题的写作也是一种创意写作。因此在遵循文案写作规律的基础上，自由的创意性是广告标题写作成功至关重要的因素。

第一节　广告标题的概念及作用

从广告文案创意写作的规律性而言，广告标题作为广告文案结构的核心要素，几乎是不可或缺的，它是整个广告活动中在创意层面广告主目的意图通过创意所凝练出的广告主题或是消费者利益承诺的文字符号表达形式，在整个广告文案中起着关键性的作用。

一、广告标题的概念

关于广告标题的概念界定，学术界站在不同的角度有不同的表述。纵观这些表述，或强调广告标题的表述内容及形式，或强调广告标题的内容以及在整个广告中的位置，或强调广告标题的作用，或是以上强调点的综合表述。

从广告文案写作的角度出发，可以将广告标题的概念界定为：广告文案中对传达广告主目的意图的广告主题，以短语或短句的形式创意性表现出来，处于显著位置的、以吸引受众对广告产生注意的结构组成部分。

二、广告标题的特征

根据以上对广告标题的概念界定，广告标题作为广告文案结构的重要组成部分，比较广告文案结构中的正文、附文、广告口号部分，具有以下四个显著特征。

（一）明确性

明确性是针对广告标题的内容而言。从传播学的角度看，广告传播的是具有广告主明确目的意图的广告信息。广告信息的编码主要解决两大问题，即"说什么"和"怎样说"。"说什么"的问题通常通过广告标题的表现解决，因此广告标题要明确地传达出最重要、最能引起广告受众兴趣的信息，无论信息内容是广告主的理念、品牌，还是商品、服务。虽然以上信息内容在广告标题中的表现是明确的，但表现形式则可以是直接的表达，也可以是间接的表达。例如，乐百氏饮料的广告标题"今天你喝了吗？"就是以悬念式的间接表达方式关联到饮料。

（二）重要性

重要性是针对广告标题的作用而言。美国著名广告专家约翰·加普斯说："在广告文案写作时间的 56 年间得到的 50 条教训中的第一条，就是标题在广告中是最重要的因素。"中国早期广告著作也强调标题是"广告全幅上最重要之文字"，"盖标题者，全幅广告之精粹也。标题而得其法，则全体广告大可生色，人人竞读之而不生厌。标题而不得其法，则以下任有若何优美之广告材料，必致埋没而无人过问。"①

无论是罗瑟·里夫斯（Rosser Reeves）的"独特的销售主张"（USP），还是艾·里斯（Al Ries）与杰克·特劳特（Jack Trout）的"在预期客户的头脑里给产品定位"，在广告文案中，都需要通过标题来传达。例如，欧洲著名女性服装品牌 Wallis 的广告标题——"服装杀手"，这一"独特的销售主张"彰显了 Wallis 的性感魅力和致命诱惑，攻占了消费者的心智，将这一区隔性的概念定位在消费者心目中最有利的位置，使 Wallis 成为女装中体现性感魅力的代表品牌。

（三）醒目性

醒目性是指广告标题的位置、字体、字号、字体颜色的突出、显著。据心理学家研究，人们对某一新对象的注意维持时间一般是 5 秒，而开始的一两秒钟是注意力最强的时候。标题如果不醒目，就不能引人注意，更谈不上维持注意力和兴趣。所以广告标题在广告作品中首先位置要显著，在整个广告中相对于其他文案部分，它应该是广告受众首先看到的部分，处于受众视觉的焦点位置。广告标题在广告作品中所处的具体位置，首先要根据不同形式种类的广告来定，特别是在重视视觉传达和文字符号要素的平面媒体广告中；其次，要根据画面和文案在作品中的不同重要程度和受众的阅读习惯综合衡量考虑。通常版面位置的顶端、左上方、中心或是中心偏左等是显著的位置。总之，醒目是根本原则和目的。当然，在平面广告作品中，往往还可以通过字体、字号、字体的颜色配合位置以凸显广告标题，以做到广告标题的醒目。

（四）可检验性

检验性是指对广告标题可能产生的广告效果进行评估而言。广告界通过多年的创作实践，总结出一套行之有效的检测标准，用来检测广告标题写作可能产生的效果。

三、广告标题的作用

广告标题在广告文案中有着重要的作用，特别是在信息接收碎片化的时代背景下，"传统的社会关系、市场结构及社会观念的整一性——从精神家园到信用体系，从话语方式到消费模式——瓦解了，代之以一个一个利益族群和'文化部

---

① 苏上达.广告学概论［M］.北京：商务印书馆，1931：33.

落'的差异化诉求及社会成分的碎片化分割。"①加之广告受众最省力原则的信息接收心理，广告作品中热媒介的画面表现形式和冷媒介的文字表现形式，人们越来越倾向于热媒介的信息接收方式，广告文案在整个广告作品的作用呈现出弱化的趋势。在这样的背景下，广告文案的文字更加要求精炼化，反而突显了广告标题的重要性。例如，在互联网和其他媒体上出现的"标题党"，就在某种意义上说明了标题相对于文案其他组成要素的重要价值以及创意写作的效果价值。

广告标题的功能具体表现在以下四个方面。

（一）吸引性

吸引性即吸引广告受众注意力，激发广告受众的兴趣，加深商品印象，促进购买。根据美国广告学家 E.S.刘易斯针对消费者信息接收的心理过程提出的 AIDA 法则，引起注意是广告受众接受广告信息的前提，在广告文案的写作中，这就是标题承担的首要任务。例如，"穿'米罗'的女孩，小心坠入爱河"（米罗衬衫广告），"请不要向本院出来的姑娘调情，她或许就是你的外祖母"（某美容院广告），这两个广告标题以夸张幽默的方式承诺消费者的情感利益，引起消费者的注意，激发消费者的兴趣，唤起欲望，促进购买。

（二）区隔性

区隔性是指广告标题可以为广告在无目的阅读和收看的受众中间，分离出目标消费者，剔除不属于潜在顾客的读者，能为商品筛选出合适的潜在消费者。广告标题表现出的利益点能成为受众潜在消费欲望的对应物，让他们自觉地对广告内容产生深度关注的心理和好奇。诸多广告标题一般都直接或间接地提出产品的品牌名称或产品的突出利益点。例如，"从台湾第一到世界金牌，统一鲜乳是最好的鲜乳"（台湾统一特级鲜乳广告），"现在波多黎各对新工业提供百分之百的免税"（波多黎各工业区广告）。

（三）传达性

传达性是指广告标题要传达完整的信息，以最醒目的方式对应受众的内在需求。奥格威就曾建议，广告标题内不妨同时包含商品好处的承诺及品牌名称。另外，由于视觉元素有时难免含糊不明，广告标题可以起到定义画面的作用，以完整的信息传达锁定画面的信息指向。例如，"买上海桑塔纳，一年内不限里程免费担保"，该广告标题同时包含了桑塔纳汽车的利益承诺及品牌名称；"晕了

---

① 喻国明.解读新媒体的几个关键词[J].媒介方法,2006(5).

吗？ 蚊子也会有相同的感觉"（雷达黑蚊香广告），该广告标题配合一圈一圈的螺旋状蚊香画面，直接锁定画面的信息指向，爆发出一击而中的力量。

（四）诱导性

诱导性即诱导被分离的目标消费者阅读文案正文。 标题应在形式和内容上都引导目标消费者继续关注广告正文。 在内容上，提示正文中将表现的信息内容；在形式上，对应他们的好奇、审美和阅读冲动，诱导目标消费者进一步关注正文。 诱导功能的实现需要激发出广告受众的好奇心。 例如，"回答下面几个问题，然后计算出你自己的死亡时间"（Albany 人寿保险公司广告），"'舒味思'的人来到此地"（舒味思奎宁柠檬水广告），这两支广告标题通过悬念的方式或新闻陈述的方式激发受众的好奇心，引导他们继续往下阅读全文。

第二节　广告标题的结构类型

明确广告标题的基本结构类型是广告文案标题创意写作的基础。 只有在对其规律性特征深入掌控的基础上，才能做到对广告标题灵活自由地创造性表达。 根据划分标准的不同，广告标题可以划分出不同的结构类型。 从广告文案写作的操作性来看，常见的划分标准及分类方法有以下两种。

一、按广告标题的形式和内容划分的结构类型

以广告标题的形式和内容为分类标准，可以将广告标题分成直接标题、间接标题和复合标题。 这种分类标准和方法，更倾向于表达的方式。

（一）直接标题

直接标题即以简明的语言直接体现广告的中心思想或一语点明广告主题的标题。 例如：

"投资万科就是投资中国的未来"（万科地产公司）

"人间有冷暖，东宝最相知"（东宝空调）

"人人都想要的，诺基亚2100"（诺基亚2100）

"非凡色彩由我而来"（立邦漆）

上述广告标题都是直接传播广告信息，将产品的主要情况、产品效用或产品的优势性特征带给消费者的利益直截了当地告诉消费者。

（二）间接标题

间接标题即不直接揭示广告主题，而是以间接的方式宣传产品的特点和功

能。 这类广告标题用词讲究,具有艺术性,一般采用询问、祈使、感叹、劝诱、暗示等方式来表达。 例如:

> "把闪烁的星星揉碎,溶入绚烂的晚霞之中"(某化妆品)
>
> "眼睛是灵魂的窗户,为了保护您的灵魂,请给窗户安上玻璃吧!"(某眼镜品牌)
>
> "或许,精美的干花对干燥室早就艳美不已"(科龙冰箱)

以上广告标题都是利用艺术手法暗示或诱导消费者,引起消费者的兴趣与好奇,从而进一步关注广告正文。 诱发兴趣的根本目的,也就是诱导读者阅读正文。

另外从标题的手法上看,广告标题可分为以实写为表现手法的实题和以虚写为表现手法的虚题,其分别可以对应以上的直接标题和间接标题。

(三)复合标题

复合标题是指采取直接标题和间接标题混合运用的标题形式。 复合标题常由两个或两个以上的标题组成,即主题和副题。 主题往往用间接标题的形式以艺术的手法表明一个引人入胜的思想,或者是用直接标题的形式直接点明品牌商品名称;副题位于主题的上下左右,可以是一个或多个,可以是直接标题的形式对产品的名称、型号、性能等进一步补充说明,也可以是间接标题的形式扩展主题的含义。 例如,四通文字处理机的广告标题:

> "小到一颗螺丝钉
>
> ——四通的服务无微不至"

该广告标题的第一行是间接标题形式的主题,运用了"比"的修辞手段,是虚题;第二行是副题,采用直接标题,点明广告产品,是实题。 以小小的螺丝钉做文章,让消费者联想到四通的产品质量过硬,服务周到。 通过间接标题的诱导,直接标题的点明,消费者从形象思维过渡到产品本身,由此加深了消费者对产品的印象。

再如高尔夫汽车的一条广告标题:

> "和我一样,贝尼觉得朋友越多越好
>
> ——没错,高尔夫,很生活"

该广告标题的第一行是间接标题形式的主题,暗示广告受众追求的一种生活状态;第二行是直接标题形式的副题,点明品牌商品高尔夫汽车帮助你实现你所追求的生活，承诺带给消费者的情感利益好处。

复合标题能将直接和间接两种标题揉在一起，各取所长，既富有情趣性，又具有清楚明白的效果。这类广告标题常于前两种标题不易表达广告内容时使用。

二、按广告标题句式结构划分

以广告标题句式结构的不同作为分类标准，可以将广告标题分成单词组、多词组、单句、多句、复合五种标题的结构类型，而复合结构类型又被分成为三种表现结构：引题+正题+副题，引题+正题，正题+副题。

（一）单词组结构标题

单词组结构标题即由一个词组所构成的标题。这种结构类型的广告标题有三种形式：

（1）只用品牌的名称作标题。出于从广告标题的创意性和对受众的吸引性考虑，这种形式一般较少使用。即使使用也往往是知名的成熟品牌，意在彰显广告的提醒功能，如"Coca-Cola"（可口可乐）。

（2）用成语或单个词组来描绘产品或服务的特征。对于成语的使用，可以是成语的直接使用，也可以是运用飞白手法对成语的活用。例如：

非凡成就（马爹利干邑白兰地）

一诺千金（美国运通银行信用卡）

明察秋毫（某眼镜品牌）

"菲"同寻常（王菲巡回演唱会）

（3）用重叠词体现品牌或产品的特征。由于重叠词音韵的重复性特征，往往朗朗上口。在广告标题的创作中适当使用重叠词，易于广告受众形成记忆效果。重叠词在广告标题中常常使用的形式主要有AABB类，如简简单单、平平淡淡、地地道道等；AABC类，如楚楚动人、娓娓动听、默默奉献等；ABAC类，如多姿多彩、无忧无虑、有滋有味等。写作中可根据广告的具体内容灵活使用。

（二）多词组结构标题

多词组结构标题即标题由多个词组组合而成。这多个词组之间呈现并列、递进或转折等多种关系。广告标题运用这多种关系来表现商品或服务的特性与利益点。多词组结构的标题一般在音韵上适合于记忆、流传，在结构上较为均衡、美观，因而广告标题中运用此结构的现象较多。它在任何产品、任何媒介的广告上都能够运用。 例如：

> 当代名表　名家鉴赏(劳力士手表)
>
> 直飞欧洲　畅行无阻(国泰航空)

（三）单句式广告标题

单句式广告标题即以一个独立完整的句子结构形成的广告标题。 这是在广告中用得最多的标题结构形式。 因为这种形式可以运用多种诉求方式来对受众进行简洁、明了的诉求。 例如：

> "穿着 LACOSTE 的总统先生"(鳄鱼牌服装)
>
> "谁说我跑不过乌龟"(白兔奶糖)

单句式结构标题一般多采用陈述句形式，但在具体表现时，可以作创意性搭配。

（四）多句式结构标题

多句式结构标题指有两个或两个以上的句子，形成一种内在逻辑关系，而这种内在的逻辑关系和排列又不属于复合结构标题的标题形式。 在这种标题形式中，各个句子之间的关系可以有多种可能。

（1）两个句子之间处于并列、递进或转折的状态，例如：

> 即使是天生高手,我也需要一个好的舞台(IBM AS/400)
>
> 不一样的父亲 ,同样快乐的父亲节(中兴百货)

（2）两个句子之间在字数和音韵上都一一对应，为对仗、对联等形式，例如：

> 赶走热辣辣的暑气,享受凉浸浸的滋味(日本三洋电风扇)

（3）运用前缀的句式，表现商品的利益和特点，例如：

> 有了它,小猫不会寂寞(艾德蒙电器)
>
> 世界杯热潮中,有一张时刻受人欢迎的黄牌(立顿黄牌袋泡茶)

（4）采用短句，表现递进的走向，例如：

> 身段小,震撼力十足,大自然的音乐大师(新力牌小巨人音响)
>
> 独领风骚一百年,黛安芬的一百年,是一百年的魅力史(黛安芬内衣)

（五）复合结构标题

复合结构标题指由多个单标题形成的、相互之间具有某种内在的逻辑关系，在排列上呈先后次序排列的标题结构。

复合结构的标题形式能够对受众进行多重层次的、符合受众各种接受心态的诉求，一般由引题、正题、副题三个单句子结构构成。引题，又称肩题、眉题或上辅题，它的位置在正题之前，一般用于交代广告信息的背景或原因，在文字上往往少于正题和副题。正题，是复合标题的中心，在位置上也居于中心位置，它传达广告信息中最主要的或最关键的内容。副题，在位置上居于正题之后，一般是对正题作有效补充，具有明晰的分类和信息指向性，是标题和正文之间的桥梁。在具体的运用中，它有三种表现结构。

1. 引题＋正题＋副题

这是复合式标题中最完整的标题形式。它由三个单句构成，相互之间形成一种背景交代、主题诉求、指向性补充的内在关系。因为此种标题结构的完整性，使得它在标题中就能较完整地表现广告信息。一方面可以使得无目的阅读和接收的受众在标题的浏览中就大致了解广告的信息指向，另一方面也由副标题建立了标题和正文之间的桥梁。例如：

（1）天府花生广告标题：

> 引题：四川特产　口味一流
>
> 正题：天府花生
>
> 副题：越剥越开心

（2）太阳神口服液广告标题：

> 引题：考试的日子又到了！
>
> 妈妈天天好担心。
>
> 我多想能拿到好成绩，开开心心回家啊！
>
> 但……
>
> 正题：让孩子面露微笑地回家
>
> 副题：太阳神口服液

通过以上的事例可以看出，这种形式的标题虽然复杂，但在具体写作中是非常灵活的，引题甚至可以写成一段话，即使是品牌商品出现的位置也可以出现在引题、正题或副题中，这主要取决于广告主所强调的广告信息重点的写作需要。

2. 正题 + 副题

这是复合标题中最常见的标题形式，一般是在正题直接将广告信息进行表现，而副题的明显作用是将受众的视线从标题转向正文。例如，爱迪达球鞋的广告标题：

正题：用脚投票！

副题：琼斯杯的选手用手投篮，用脚投票

爱迪达(ADIDO)获得95%的胜券

3. 引题 + 正题

引题为正题的广告信息的表现作铺垫，提供一个特定的背景情况。例如，香港保济丸广告标题：

引题：经验告诉我们，家人总有吃坏肚子的时候

正题：香港保济丸随时用得着

复合标题在广告文案中创作中的使用，相较其他结构类型的标题而言，一方面能引起使消费者的好奇，同时又能立即明白引起他们好奇的是什么产品，但另一方面同时也失去了一些引人好奇的价值，导致广告受众忽略对正文的阅读。所以说在广告文案的创意中，复合标题往往配合主题画面使用，有时可直接省略正文，标题本身对广告信息内容已经有较全面的表述。

第三节　广告标题的表现形式与写作方法

在广告文案的写作中，要使广告标题真正发挥其功能与作用，广告标题的表现形式与写作技巧和方法是关键。广告标题的表现形式和写作技巧及方法是灵活而多样化的，并且在写作实践中不断地创新发展。特别是近年来网络广告的迅猛发展，使网络广告标题的表现形式呈现有别于传统广告标题的网络文化特色，需要我们在实践中不断上升到理论层面进行写作技巧和方法的规律性总结。

一、常见的广告标题表现形式

所谓广告标题的表现形式是指在广告标题中表述特定广告信息内容时所使用的特定的语言方法、手段。从规律性而言，广告标题的表现形式从类型上看，理

论界有不同的观点，简单的有 8 大类说①、12 大类说②、20 大类说③，复杂的甚至从创作方法的角度总结出 69 大类④。 综合来看，在广告标题的实践创作中具有普遍运用价值的表现方式有以下 15 种。

（一）新闻式标题

新闻式标题即采用新闻标题和导语的写法与形式的广告标题。 也就是把广告信息当作新闻来处理，目的是加强广告的新奇性和可信性。 新闻式标题需要向受众告知新近发生的事实，广告信息本身就要具有新闻价值性，多用于介绍新产品、企业新措施等，因而新闻式标题也兼具新闻新颖、快捷、第一时间报道的特征。 例如：

"上海航空公司增开南京始发航班"（上海航空公司）

"LG 未来窗再创纯平新纪元"（LG 电子产品）

"健康之神——氧立得火爆登场"（氧立得便携式制氧器）

"熊来了!"（归真堂熊胆）

（二）叙事式标题

叙事式标题也称为情节式标题，类似于一则故事的题目，在标题中提示或暗示故事的发生和情节的展开。 其最主要的特点是能激发受众的好奇心，引导受众阅读正文，了解故事。 例如：

"谁来电,让我心头一震"（爱立信手机）

"可怜的旧情人,看不到我的新内衣"（某品牌内衣）

（三）祈使式标题

祈使式标题也称为进言式或建议式标题，就是用建议或劝导的语言和口吻，向受众提出某种消费建议。 祈使式标题有三大优势：其一，标题主动地劝说或强暗示读者去做或去思考某些事情；其二，标题一般直接言明所推荐产品的某种用途或使用方法；其三，具有利益性标题的优点。 由于建议使用及促使购买的说辞铺陈，直接或间接地将使用该品牌产品的利益告诉读者，标题就具有了动之以

① 罗伯特·布莱.文案创作完全手册[M].刘怡女,袁婧,译.北京:后浪出版咨询(北京)有限责任公司,北京联合出版公司,2013.
② 高志宏.徐智明.广告文案写作[M].北京:中国物价出版社,1997:101.
③ 顾执.广告文案技法[M].上海:中国大百科全书出版社上海分社,1995:30.
④ 张秀贤.广告标题创作与赏析[M].北京:中央编译出版社,2010:1.

情、晓之以理的双重功能。 在标题写作中，通常需要把建议的原因、目的、条件、事项等交代清楚，常用词语有"请、千万不要、让、应该、无论如何、来吧、试一试"等。 例如：

> "买对的,不买贵的"(台湾爱力牌麦粉)
>
> "加点新鲜香吉士柠檬,让冰茶闪耀阳光的风味"(香吉士柠檬)
>
> "要看世界,回家吧!"(日本 NHK)

（四）赞美式标题

赞美式标题也称为炫耀式、夸耀式标题，就是在标题中直接地赞美、夸耀甚至炫耀广告中企业、商品、服务的特征、功能、有效性，多用于享有盛誉的品牌与商品。 例如：

> "烹调因此成为艺术"(某烹调用具)
>
> "一分钟就能闻到香味的好咖啡"(南美咖啡)

赞美式标题必须实事求是，用词要注意分寸，以免给人留下自我吹嘘、不可相信的印象，造成受众的逆反心理。

（五）问答式标题

问答式标题通过提问和回答的方式来吸引受众注意，包括设问、反问两种形式。 常用的词语和句式是：难道……它是……谁不愿？ 谁能？ 怎么样？ 为什么？ 怎能？ 等等。

设问式标题又呈现出两种情形：一种是在标题中设问，正文中回答；另一种是在标题中自问自答。 反问式是在回答的基础上进一步用较强烈的口吻引起受众注意的方式，使用恰当，就会产生出强烈的记忆效果。 例如：

> "看看 M&T 银行能为您的事业做什么?"(M&T 银行)
>
> "鞋上有 342 个洞,为什么还能防水?"(某防水鞋)

（六）承诺式标题

承诺式标题也称为许诺式、利益式标题，其主要特点是在标题中向受众承诺某种利益和好处。 常用词语大致有：免费、定能、优惠、美丽、气派、方便、减价、附赠等。 承诺式标题在表现形式上可以是直接承诺利益的陈述性表达，也可以是间接承诺利益或暗示性承诺利益的陈述性表达。

（1）直接承诺，例如：

"只要三十元，礼兰蛋乳蜜，能使你的脸蜜蜜柔柔，表现个性美"（台湾礼兰蛋乳蜜）

"结实的杜邦塑胶能使薄型安全玻璃经冲击致碎后，仍粘合在一起"（杜邦塑胶）

"只需两周，乌发长满头"（某生发剂）

（2）间接承诺，例如：

"公道不公道，一尝便知道"（亨利餐厅）

"别克关怀总围绕"（别克汽车）

（3）暗示性承诺，例如：

"这些我们留着，其他的统统给你"（统一晨光果汁）

"小型飞船总在您身后"（美国固特异轮胎）

（七）悬念式标题

悬念式标题是指在标题中设立一个悬念，抓住受众天然具有的好奇本能，迎合受众追根究底的心理特征，以吸引受众注意的广告标题。经常和问答式标题配合运用，用问题的提出来制造悬念。当然，悬念和设问有所不同，设问的结果一般是可以预料的，而悬念一般是受众意料之外的，甚至是与受众的认知倾向和心理期待完全相反的事实。例如：

"今天不要买摩托，请你稍候六天"（三阳野狼125摩托车上市）

"您知道这黑色盒子里的秘密吗？"（某巧克力糖）

"你必须把吸毒成瘾的人吓得死去活来，即使他就坐在你隔壁的办公室里"（美国无毒品伙伴组织）

（八）口号式标题

口号式标题是用简洁而富于号召力的口号形成的广告标题。这类标题简短有力，一般都有企业和品牌名称介入其中，在表现企业或品牌特性的基础上，能比一般的广告标题达到更好的传播效果，并且大多可以和广告口号互转。口号式标题经常用格言形式来表现，也称为格言式广告标题，格言所具有的丰富含义能使其产品具有特殊意义。例如：

"生命在于运动"（银燕牌冰鞋）

"要骑就骑丰田"（丰田摩托车）

"新北京,新奥运"（北京申办 2008 奥运会广告）

（九）解题式标题

解题式标题是围绕企业或商品的品牌名称或产品名称而形成的标题形式。这种标题形式可以将品牌名称用解题方式形象化,加深受众对品牌的记忆,但在运用时不能牵强附会。解题式标题有三种形式。

（1）拆名式：把企业或商品的品牌名称拆开来进行解释。例如：

"乐久——祝君快乐长久"（乐久）

"寒友,寒友,寒冬之友"（寒友药品）

（2）呼应式：将商品的品牌名称在上下句子中反复出现,使品牌名称因位置的变化而产生新的含义和新的内容。例如：

"风行牌沙发席梦思,风行世界"（风行牌沙发席梦思）

"人人牌便携式抽水马桶,'人人'方便,'人人'卫生"（人人牌卫生器皿）

（3）注解式：即用注解的方式来表现广告主题。例如：

"金利来—男人的世界"（金利来服饰）

"大红鹰——胜利之鹰（宁波大红鹰经贸有限公司）

（十）否定式标题

虽然国外诸多广告大师提出标题忌用否定词和否定句式,但在汉语语言环境中,否定词和否定句式的运用,可在一般性陈述的前提下进一步加强语气,使语言获得一种张力,体现出传播者的坚定和自信。例如：

"没有更动人的嗓子,可以把劳力士描绘得如此优美绝伦"（劳力士表）

"听唱片要翻面,双面影印不必翻面"（理光影印）

"和医生、护士一样,不要把病菌带回家"（某清洁剂）

（十一）修辞式标题

修辞式标题是指运用了修辞方法的广告标题,常见的修辞方法都可以使用。例如：

"流利似飞箭"(比喻·派克笔)

"一切归功于'爱迪生'"(双关·爱迪生电器公司)

"追随箭牌就是追随时尚"(拈连·箭牌服装)

"三人行,必有我师焉"(引用·康柏电脑)

"审慎保险公司具有直布罗陀的力量"(夸张·审慎保险公司)

(十二)对话式标题

对话式标题即采用对话的形式表现广告信息,其最大特点是具有现场感与现实感,贴近生活。看似毫不经意的谈天说地和相互寒暄,巧妙地传达了广告信息。例如:

"我是你的什么?——你是我的优乐美啊!(优乐美奶茶)

"妈咪! 你看! 我做的米老鼠。——哇! 好可爱,妹妹好聪明!"(台北市立妇幼医院)

(十三)假设式标题

假设式标题即设立某种假设,并据此提出某种结论,以此引起受众注意的标题形式。通常假设式标题所预设的情景,应该是目标消费者通过自己的行为或消费活动可以达到的。例如:

"即使地球面临毁灭,CORONA 也要将最后一滴柠檬汁奉献给人类"(CORONA 柠檬汁)

"人类失去联想,世界将会怎样?"(联想电脑)

(十四)实证式标题

实证式标题即用证言和数字形式表现的广告标题。运用名人的证言或一般消费者证言的证言式标题,充分利用了传播学中的攀附心理、名人效应、自居心理等原理,具有良好的沟通效果。数字形式的广告标题由于科学而可靠的实证性数据,能获得受众的注意和信赖,在具体运用时,要注意数字必须真实而准确,表述不能空泛。例如:

"我只用力士"(力士香皂)

"唯独这种煤气能向你提供一大桶一大桶的热水,比普通的快 3 倍"(某品牌热水器)

"十粒大豆一滴油"(某品牌色拉油)

（十五）公式型标题

公式型标题是指在广告标题中借助于公式中常用的符号进行表现的标题形式。 这种类型的标题，显得简洁有力，一目了然，易于记忆。 例如：

"博士伦 + 太阳镜 = 舒适的夏季"（博士伦隐形眼镜）

"无霜 + 省电 = 上菱 = 金奖 + A级"（上菱电冰箱）

"钻石 + 爱心 = 永恒"（某品牌钻石）

当然，以上只是15种最常见的广告标题的表现形式，除此之外诗歌式标题、诉求式标题、抒情式标题、幽默式标题也较为常见。 广告标题的表现形式，只是站在不同的创作技巧和方法的角度，对广告标题写作中表述特定广告信息内容时所使用的特定的语言方法、手段的总结，本身就难以划分。 正因为如此，一则广告标题有时候就使用了多种表现形式。 所以说广告标题的写作没有一成不变的格式，在掌握基本规律性的前提下，广告标题的写作应该是一种满足写作目的意图的创意写作，是一种语言艺术的自由表达。

二、广告标题的写作方法

广告文案的标题创作经过多年的实践，形成了诸多行之有效的写作技巧和方法，理解和掌握这些广告标题写作的技巧和方法对于实现广告标题的创意写作具有实践操作层面的借鉴价值。

（一）大卫·奥格威的广告标题写作原则

广告大师大卫·奥格威在《一个广告人的自白》一书中，根据自己创作标题的经验提出了广告标题写作的十大原则：

（1）标题好比商品价码标签。

（2）每个标题都应带出产品给潜在买主自身利益的承诺。

（3）始终注意在标题中加进新的信息，因为消费者总是在寻找新产品或者老产品的新用法，或者老产品的新改进。

（4）其他会产生良好效果的字眼是：如何、突然、当今、宣布、引进、就在此地、最新到货、重大发展、改进、惊人、轰动一时、了不起、划时代、令人叹为观止、奇迹、魔力、奉献、快捷、简易、需求、挑战、奉劝、实情、比较、廉价、从速、最后机会等。

（5）读广告标题的人是读广告正文的人的5倍，因此至少应该告诉这些浏览者，广告宣传的是什么品牌。

（6）在标题中写入你的销售承诺。

（7）标题若能引起读者的好奇心，他们很可能就会去读你的广告的正文。

（8）你的标题必须以电报式文体讲清你要讲的东西，文字要简洁、直截了当，不要和读者捉迷藏。

（9）调查表明，在标题中写否定词是很危险的。

（10）避免使用有字无实的瞎标题，就是那种读者不读后面的正文就不明其意的标题，而大多数人在遇到这种标题时是不会去读后面的正文的。

（二）罗伯特·布莱总结的标题写作技巧

广告大师罗伯特·布莱在其《文案创作完全手册》一书中对广告标题写作的准备阶段如何形成卖点、如何表现卖点给出了具有借鉴价值的建议：首先，先问三个问题：我的顾客是谁？ 这项商品有哪些重要特色？ 顾客为什么会想要买这项商品？ （哪些产品特色对顾客来说最重要？）知道三个问题的答案之后，就知道自己想要在标题中强调的卖点是什么了。 接下来只要把这项卖点用清楚、鲜明、有趣的方式呈现出来，就能够吸引读者注意，想要进一步了解商品。

有时候我会用"如何"开头的标题。 有时候我会在标题提出一个问题，或运用"为什么"。 也有些时候，采用的模式不属于任何一类。 重点是，我不会勉强套用任何模式，而是先设定一个销售信息，然后写出最能够彰显这项信息的标题。 ……有时候，我苦思冥想写不出生动的标题，就干脆列出一张清单，写下一连串跟产品有关的词汇，然后排列组合这些词汇，用这种方式组成好几个标题。

（三）杰·亚伯拉罕广告标题创作的成功经验

具有"世界上最伟大的市场行销智囊"美誉的营销大师杰·亚伯拉罕曾创作过37个每个价值100万美元的广告标题，这些产生强势广告效果的标题在写作技巧和方法上的成功经验可以有效帮助我们实现广告标题的创意写作。 以下是其部分成功经验：

（1）标题应该是广告的广告。

（2）强势词语产生强势效果。 用在广告标题中的两个最具价值的词语是"免费"和"全新"。

（3）永远将销售承诺融于标题之中，并尽量将这些承诺表述得详细、吸引人且完整。

（4）避免使用盲目的标题——那类阅读或听取全文还无法了解内容的标题。

（5）良好的标题承诺将带来什么样的效果？ 答案是好的标题能够解释读

者、听众、观众或现场销售潜在客户如何通过使用产品来节省、赢得或完成一些有益的工作,即怎样提高他们的思想,满足生理上的需要,获得金融、社会方面的安全感以及情感或精神上的鼓励等。

总之,首先通过详细的描述、精确的数据、生动的语言等可以加强广告主张的鲜明性;其次,可以通过各种修饰、词语变化,从不同的角度进行叙述,采用实例引起读者兴趣,从而使广告主张更加鲜明生动。 另外以承诺、提问、部分启发的表达方式叙述广告主张,可以引发读者阅读广告正文。

(四)国内广告界对广告标题写作的成功经验的总结

广告文案的写作要以具体的语言形式来表达,不同的言语行为针对不同的语境。 在汉语言的特殊传播体系和传播环境中,广告标题的写作要注意有效地运用汉语言,针对汉语言的文化语境进行写作。 近年来,国内广告界针对汉语言的文化语境,就广告标题写作的技巧和方法也总结出以下一些行之有效的经验:

(1)撰写标题最明智的做法是去探究:什么能使你买下这种产品。

(2)不要把标题写得太短,因为不能圆满地表达观点。

(3)不要写死标题,诸如"信心无限,优良品质,价值非凡,升值在即"等。

(4)标题不要太张扬,如"为什么还不丢掉你的家具?"

(5)避免毫无意义的标题,要陈述表达普通人的普通事实。

(6)在标题里暗示其后会提供有用的信息,诱导受众阅读正文。

(7)在标题里把观点明确地亮出来。

(8)针对广告受众的"兴趣+好奇"是广告标题有效的表达。

(9)不要只罗列事实。

(10)尽量加入公司的名字。

(11)不要尝试那些读后满头雾水的广告。

(12)不要尝试没有标题的广告。

(13)利用插图很好地配合标题。 标题之所以成为好标题,不仅仅是因为它自身,也在于它与画面的关系。

无论是国外广告大师成功的广告标题写作技巧和方法,还是国内广告界广告标题写作的成功经验,都强调五条规则,即:第一,吸引消费者的兴趣;第二,提供最新的信息;第三,引起消费者的好奇;第四,暗示一条方便快捷之路;第五,可信。 只有在充分理解这些规则的基础上,对广告标题的写作才能做到创意写作。

？

思考题

1.在广告文案写作中，广告标题具有哪些特征和作用？

2.广告标题的结构类型和表现形式分别有哪些？

3.分析以下中国联通 130 系列广告标题的表现形式：

（1）6 月 6 日 130 邀你分享生日的喜悦

（2）一年来，我们的努力全为你这一刻

（3）别让属于你的 130 飞了

（4）130 入网费低得让你"心动"

（5）用 130，说没完没了的情话

（6）沟通需要技巧，更需要技术

（7）130，从不给我们出难题

（8）130，轻松入网任我行！

实　训

1.请在网上收集阅读杰·亚伯拉罕创作的 100 支代表性广告标题，选出你最欣赏的五支与同学们分享，并说明欣赏的原因。

2."俏皮"牌纸尿裤，母亲节期间进行促销，正文以赞美母爱为主要内容，重点突出母亲照顾褓褓中的婴儿的艰辛，感情乐观健康，请试拟一则间接标题形式的广告标题和一则复合标题形式的广告标题。

3.选择一个品牌或产品，练习 15 种常见的广告标题写作形式，包括单词组、多词组、单句、复句、复合句（引题＋正题＋副题、引题＋正题、正题＋副题）等标题类型。

▼

第4章

广告正文及附文的写作

本章要点：

1. 广告正文的概念、特征、作用以及表现内容。

2. 广告正文的结构和表现形式。

3. 广告正文写作的要求。

4. 广告附文的概念、作用、类型、写作原则及要求。

学习目标：

在了解广告正文的概念、特征、作用以及表现内容的基础上，掌握广告征文的结构类型，熟悉广告正文的表现形式与写作要求，并能进行广告正文的创意写作；了解广告附文的概念、作用；理解广告附文的主要内容、类型、写作原则及要求，能够根据具体要求灵活撰写广告附文。

建议课时：6 课时

在广告文案的创意写作中，最能够体现广告目的的自由表达这一根本性特征的是广告文案构成要素中的正文部分。作为广告文案中居于主体地位的广告正文，较文案的其他构成要素具有更大的创意空间。即使是在这个媒介技术发展日新月异，人们越来越重视高清晰度、低参与度的“热”媒介的读图时代，画面冲击着人们的视觉，声音刺激着人们的听觉，广告作品中的画面、声音要素成为强调吸引受众注意力的法宝，但是也离不开隐藏在幕后的文案支撑。只不过是广告文案的功能更加倾向于创造出一幅幅有利于传递广告信息的图像以及一段段具有听觉刺激性的声音而已。广告作品中图像、声音的呈现，需要通过不同形式的文案创意实现，广告正文的主体性作用使它主要承担着实现创意表现的重要功能。

第一节　广告正文的概念与表现内容

一、广告正文的概念及特点

广告正文又称为广告内文。在广告文案的写作中，从广告正文的表述内容及形式来看，它是向受众传达主要广告信息的语言文字部分；从广告正文在整个文案中的地位来看，它是广告文案的中心和主体部分；从广告正文的功能来看，它最主要的功能是解释或说明广告主题，将在广告标题中引出的广告信息进行较详细的介绍，对目标消费者展开细部诉求，促使受众接受广告的诉求，进而采取购买行动。

综上所述，可以将广告正文的概念表述为：广告文案中处于主体地位，以细部诉求的方式创意性地向广告受众传达主要广告信息，并进行深入说服的语言文字组成部分。

在整个广告文案的写作中，对比广告文案结构中的标题、附文、广告口号部分，广告正文表现出以下三个鲜明特征。

（一）内容的层次性

由于正文在广告文案中的中心和主体地位，广告的起因、目的不同，广告主、品牌以及产品不同，广告的具体内容也会千变万化，但从写作的规律性出发，广告正文的内容主要包含诉求重点、支持点、行动号召三个层次。

（二）信息量的复杂性

在广告文案的组成部分中，由于各自承担的任务、功能不同，广告正文呈现的信息量最大，也最复杂。具体到每支广告作品，在正文信息量上也有相当大的差异。有的详尽介绍产品的方方面面，有的则描述产品的印象，或者讲述一个完整的故事，而不提供具体的信息。涉及具体产品方面的信息，包括企业信息或品牌信息，一般称之为硬性信息，正文的信息量涉及多少硬性信息在不同的广告作品中具有较大的差异性。正文的信息量大致有三种情况：其一，围绕一个诉求重点，以丰富信息建立认知；其二，围绕一个信息的完整说服；其三，很少硬性信息的正文。

（三）表现形式的多样性

广告文案创意写作自由表达的特色，在广告正文的写作中体现最明显。各种写作技巧和方法的灵活运用，使广告正文呈现出不同的文体特色，以各种形式表现诉求重点，诱导、劝服广告受众接受广告的诉求，实现广告主的目的意图。

另外，在影视广告作品中，广告正文的表现形式较为特殊。它可以以字幕、人物对白以及画外音的形式在广告作品中直接呈现，但更多的是脚本中服务于画面的语言文字描述，用以体现广告创意的画面表达，并不直接呈现在广告成品中。

二、广告正文的作用

在广告文案写作中，广告标题是广告文案写作的关键点。但标题一般仅仅限于传达简单明了、容易理解的广告主题信息，或者是引起诉求对象对广告产生兴趣的信息，广告文案中完整的广告诉求，主要靠广告正文完成。正文所起的作用包括以下四个方面。

（一）支持标题

广告正文承接标题的话题，并且给标题的承诺以有力的支持。如果标题对受众作出了某种承诺，那么在正文中需要对承诺的具体内容进行说明，必要时还应引用具体材料，如证言、实例等，对承诺的真实性和可信性进行证实。例如世界书局的一则广告文案：

标题：金庸作品大特价　金庸会气死
正文：
世界之大，只有中国才有武侠小说。
天下武侠作者甚多，独有金庸才是侠之大者。
每一个人都需要童话，每一个人也都将长大。
长大的人要看"成人童话"。除了金庸的武侠，天下没有第二家成人童话。
要看金庸小说，请把握世界书局为庆祝开幕的特价机会。

该广告正文就承接标题的话题进一步进行了说明。

（二）完整传达信息，进行深度诉求

广告正文传达完整的广告信息并进行必要解释。广告的理性说服或者情感沟通，主要在正文中展开。如果是企业广告，正文中通常包括企业的历史、宗旨、特色、主要产品及企业的优势等内容；如果是商品广告，正文则应对商品的功能、用途、个性特征、使用方法进行介绍；如果是服务广告，正文则应对服务的

性质、内容、服务质量等进行介绍。 如果是品牌形象广告，正文更多的是艺术化地呈现目标消费者典型生活方式的片段或场景，激发受众的情感，引发品牌联想。 例如红牛饮料平面广告文案：

主题：还在用这种方法提神？

副题：迅速抗疲劳 激活脑细胞

正文：都新世纪了，还在用这一杯苦咖啡来提神？ 你知道吗？ 还有更好的方式来帮助你唤起精神：全新上市的强化型红牛功能饮料富含氨基酸、维生素等多种营养成分，更添加了 8 倍牛磺酸，能有效激活脑细胞，缓解视觉疲劳，不仅可以提神醒脑，更能加倍呵护你的身体，令你随时拥有敏锐的判断力，提高工作效率。

该广告正文既承接标题回答疑问，同时又针对红牛饮料的提神功能进行原因、效用的具体解读。

（三）培养购买欲望和号召行动

广告标题侧重于引起注意和兴趣，广告正文则更深入一层，通过更为具体的信息的阐释与表达，在企业和品牌形象广告中培养诉求对象的信任感，在产品广告中培养诉求对象的购买欲望，并号召诉求对象采取购买行动。 例如鲜莱果蔬食品有限公司的"贝尔脆"广告的正文：

在你品尝过各种零食之后……

甜的、咸的、酸的东西，

想必你吃过不少，很容易腻的，是不是？

现在，我们把苹果、菠萝、香蕉啦，还有刀豆、黄瓜、胡萝卜、土豆什么的制成原色原味、香脆可口的新款小零食。

这就是来自阳光下的

贝尔脆——天然果蔬脆片。

25 克贝尔脆就有 250 克新鲜果蔬的营养。

对不喜欢吃蔬菜的孩子来说

是最好的补充。

从今天起，还有一周的免费品尝活动

在各大食品店举行呢！

注意，不要错过噢！

该广告正文通过对"贝尔脆"的介绍，培养广告受众的购买欲望，并以"一周的免费品尝活动"号召诉求对象采取购买行动。

（四）展现风格和营造氛围

不同的广告创意对广告作品有不同的风格和氛围要求。标题可以奠定广告风格的基调，而风格的完整呈现和氛围的营造，主要通过广告正文来完成。例如台湾的黑松天霖水电视广告文案：

> 挑逗的水（画面为香水）
>
> 游戏的水（画面为游泳池中的水）
>
> 补充的水（画面为输液的药水）
>
> 冒险的水（画面为托起小船的海水）
>
> 享乐的水（画面为酒）
>
> 成长的水（画面为奶瓶中的乳汁）
>
> 发现一瓶好水——黑松天霖水

该广告文案配合电视画面，展现轻松、活泼的风格，营造一种带有生活趣味感的氛围。

三、广告正文的表现内容

在广告文案中，每个部分都有各自的任务和作用，其内容也各不相同。一则广告文案正文的内容是由广告的目的和诉求重点决定的。从作用来说，广告正文的内容主要有以下几个方面：说明或证实标题，即对广告标题中提到的企业、商品、服务、观念及其特点、功能、个性等内容进行说明和介绍，或对承诺、利益点给予解释和证实；告知购买方式，包括购买方法、购买途径、维修方法、服务方法、打折、奖励等信息；介绍广告中企业、商品、服务、观念等的背景情况以及介绍促销活动的具体内容等。

根据广告内容的层次性特征来看，广告正文的内容主要包含诉求重点、支持点、行动号召三个层次。

（一）诉求重点

诉求重点是广告的核心信息，也是正文最基本的内容。在企业形象广告中，诉求重点常常是企业的优势或业绩；在品牌形象广告中，诉求重点集中于品牌特性；在产品广告中，诉求重点集中于产品或服务的特性和对消费者的得益承诺；在促销广告中，诉求重点是更具体的优惠、赠品等信息。

（二）诉求重点的支持点或深入解释

为了使诉求重点更容易理解，更令人信服，正文需要提供更丰富的信息作为佐证，或者对诉求重点进行解释。在形象广告中，诉求重点需要历史、长期经验、消费者认同、以往业绩等信息作为佐证；在产品广告中，利益承诺需要以产品特性做支持点；在促销广告中，优惠、赠品之类的诉求需要更具体的描述以增加吸引力。如果广告目的不在于传达具体信息而在于情感沟通，情感的内容也需要深入展开，以增强感染力。

（三）行动号召

如果广告的目的不是建立形象而是直接促进销售，正文还需要明确地号召购买、号召使用、号召参与，并说明获得商品或服务的方法。也有一部分广告意在建立形象或只传达非常明确、容易理解的信息，几乎没有正文。这需要广告的视觉形象、风格与氛围非常鲜明，标题的信息传达非常到位。

广告正文内容层次性实务分析案例

例如雀巢企业形象广告文案：

标题：我们认为我们的成功应该归于许多小事情

正文：

许多好主意主要是从某人想到一个小事情开始的。

如果你把每片小巧克力饼稍微做大一点点，请想想它们的滋味如何。

或者像随着唤醒服务，送上免费晨报和一杯热咖啡等小事情，对宾馆的客人会有多大影响。

对雀巢来说，那种小的想法已经导致一些大的成功事例：

像雀巢新"收款台之宝"——超大的巧克力小饼，它正在烘焙类产品中取得应有的地位。

或者像我们的 Stouffer 宾馆和一些避暑胜地，由于它的奢华、舒适和个人服务的声誉，已成为美国最受尊敬的好客的公司之一。

每一项成功事例都反映了 Nestle 只做最好的事情的许诺，并且每一项都证明了，有时，多想些小事情是使它变成大成功的最好办法。

该广告正文的诉求重点是：雀巢从细心关注小事情上获得大的成功。广告对于这一诉求重点的支持点或解释是两个具体事例：超大的巧克力小饼和 Stouffer 度假宾馆的良好服务。

第二节　广告正文的结构和表现形式

广告正文的写作遵循文章写作过程的一般规律，在创意的构思酝酿阶段，正文的结构组织形式以及体现写作技巧、方法的表现形式是决定广告正文能否成功的关键，也是文案创作人员创意运思的主要内容。

一、广告正文的结构

根据广告正文中呈现广告信息段落之间的关联性区别，可以将广告正文的结构分为一体和分体两种。

（一）一体式结构

所谓一体式结构是指广告正文将所有的广告信息都组合成一个完整的整体，具有一个相对独立、完整的段落或多个段落形成的结构。一体式结构的广告正文一般由开头、中间段和结尾三部分构成。

1.广告正文的开头

开头的主要使命是将人们的阅读和接收由标题转向正文的中间段。广告正文开头的方法很多，不同的开头方法有不同的要求。

（1）承题式，即承接标题信息，并将之进行放大。例如海尔一拖二空调广告文案：

> （画面为一只机械手的两指顶住地面）
>
> 标题：二指禅，海尔一拖二功到自然成！
>
> 正文开头：独步武林的神功，不是轻易可见，然而海尔在技术上的领先一步，却实实在在感受得到。

这篇文案的开头，既承接标题，又与画面相呼应，并由画面上的武功转到技术上的功夫，过渡自然。

（2）描写式，即以生动的语言和文学性手法对事物进行描绘。例如马爹利酒电视广告解说词的开头：

> 在法国近郊马爹利干邑世家一望无际的酒库上空，散发着一股醉人芳香，流传着一个动人故事。

通过具体情景的描绘，产生一种充满抒情和怀旧味的情调，给电视广告创造了一种诗情画意的气氛。

（3）设问式，即提出问题，并给出回答。例如蓝十字保险公司广告文案的开头：

> 你负责工人的福利吗？是的，我除了计账、管理工作和刮鱼鳞外，还负责工人的福利……

这种以提问方式开头的文案，能很快激起目标消费者的阅读兴趣。上述开头由于使用了第二人称，所以给人的感觉像一位久违的朋友在询问自己一样，亲切温和。

（4）总括式，即以总结的口吻、全局的眼光，对事物进行介绍；或者以概括性的语言说明产品或企业的整体水平，先给受众以总体的印象。例如联邦家私广告文案的开头：

> 联邦集团14年来，一直致力于改良自己的产品和服务，期望除了提供富有品位的设计、优良的品质和完善的服务外，还能给您更多的实惠。

这一开头阐明了联邦集团的企业理念，为下文具体展开"今天，我们终于可以自豪地推出二万元家具套餐计划"提供了行动依据，给人以高屋建瓴的感觉。又如：

> 关于性能，桑普空调如是说：别人有的我都有，别人没有的我也有。

这则广告正文的开头先予以总括，而后在详细的介绍中说明细节，因而在叙事上清晰有序，易为人们接受。

（5）简介式，即以简洁明快的语言对广告对象作介绍。其特点是先给出一个全貌的介绍，然后再分段说明。例如：

> 迅速地使房间每个角落都变得舒适，这就是世界上具有特色的"气流控制"。（三菱空调）
>
> Tyvek是杜邦公司所研发成功的一种革命性质材，特别适合海报、布旗和户外看版。（杜邦 Tyvek 纸）

（6）比喻起兴式，即以艺术、科学的比喻手法引发两种事物的联系，进而指向所要介绍的对象。例如阿迪达斯运动鞋广告文案的开头：

> 猫在捉老鼠的时候，奔跑、急行、回转、跃扑，直到捉到老鼠的整个过程，竟是如此灵活敏捷，这与它的内垫脚掌有密切的关系。
>
> 同样的，一位杰出的篮球运动员……

（7）悬念式，即以制造悬念为手段，以引起受众的兴趣，而后进行解释。例如：

> 一眼望去，这只不过是个很平凡的吹风机而已，可是，仔细端详，里面可"暗藏玄机"哦！

（8）新闻式，即借鉴新闻消息的开头方法，突出新颖的信息。例如：

> 你钟情的麦氏咖啡，现在已经换上新名字——麦斯威尔……

（9）叙事式，即以简洁的语言叙述一个事实，并由此引入叙述。例如：

> 慈济（慈善机构名称）和我在找一个人，找到的机会可能只有万分之一……

（10）吁请式，即发出请求以引出后续文字。例如：

> 请您断定这辆车的设计在多大程度上适合您的需要，在多大程度上适合您的生活方式。

（11）介绍历史式，即以介绍产品历史引出正文主体的开头方法。例如汤沟特液广告文案的开头：

> 汤沟大曲起源于北宋年间，成名于明朝末年，清著名戏剧家、诗人洪升曾写下"南国汤沟酒，开坛十里香"之名句。1915 年，在莱比锡国际博览会上荣获银质奖章。目前，汤沟酒厂已跨入全国少有的年产万吨曲酒的厂家之列。

（12）因由式，这是一种较为格式化的开头方法，即在开篇先申明发布广告的原因，常包含"为了……""为……""经……""据……"等介词结构。例如：

> 为了答谢广大顾客厚爱，我公司组织一批高质量、低价位的……

这则广告正文的开头先予以总括，而后在详细的介绍中说明细节，因而在叙事上清晰有序，易为人们接受。

（13）烘托氛围式，即以生动形象的语言营造某种氛围并烘托商品魅力。例如：

> 当黎明的曙光降临的时候，那如乳如纱的晨雾托着一轮初升的朝阳。从那地平线上吹来一股清新的春风，奏响了一支《春之旋律》……

2. 广告正文的主体

主体也叫中心语，是广告文案的主要部分。 其任务是根据广告的主题，突出产品的特征及优势，用有力的证据来证实或丰富正文的开头。

例如印度国际旅游公司的广告正文：

> 金色的刺激。到一个金色的国度，去度一个金色的假期，那刺激是黄金般的。
>
> 甘地和吠檀多的祖国，庙宇、宫殿、土邦主和大象。喜马拉雅山与恒河，古风和地毯，绿绸和宝石。
>
> 在印度，能够领略这一切。一种奇特的、神秘的文化，像黄金一样古老。
>
> 今年向您提供的不仅是旅行计划，而且是一个"金色刺激"。

该广告的第一段为开头，第二、三段为主体，第四段为结尾。 开头紧扣标题，以概括性的语言描述了到金色的国度去度假的金色感觉；第二段具体描述了印度的风土人情；第三段又是较为概括的介绍。 主体部分以细致的介绍，来说明、支持开头。

3. 广告正文的结尾

结尾也叫结束语，其作用是以最精练的语言再次强调商品特点、服务特色、促销方式。 常见的结尾方式有以下几种。

（1）归纳性结尾：以简洁的语言对前面文字作出总结。

（2）吁请式结尾：多采用祈请、启发、鼓动、号召等话语方式，有明显的号召性。

（3）设问式结尾：在结尾处不直接说出相关结论，而是设定问题，引发读者的思考。

（4）抒情式结尾：用抒情方式，抒发感慨，增强文字的感染力。 例如，一则防止石油污染的公益广告，在描述完污染所造成的现象后写道："站在海湾的岸上，看着一望无际的黑色油污，看着所有的生命在慢慢死亡，我们觉得世界末日似乎已来临。"

其中所抒发的议论与情怀，正是对前面文字中各种死亡现象的感慨，以加强人们对此的关注。

（5）展望式结尾：结尾展望未来，使读者建立信心。 例如："抚今追昔感慨系之，瞻顾前程愈加感奋。 公司笃持敬业图强精神，为各界朋友竭诚服务，与同行同仁携手共进，开辟房地产业光明未来。"

（6）祝谢式结尾：结尾表示对顾客或社会的美好祝愿，是以情感与关系争取支持的结尾方式。 例如："值此节日之际，我公司全体同仁谨向全国用户表示最诚挚的谢意！"

（7）表态式结尾：采用向读者表明态度的方式来完成结尾，有一定的亲和力。 例如："无论车在何处，都能享受及时、妥善的服务，这就是我们关心备至的体现，也是每一个维修中心对您的承诺。"

（8）描摹式结尾：侧重于描摹商品外部造型或由其引发的心理意象，常以文学性的组合来引发目标受众的反应。 例如："为了保持包子的造型完美，每个'狗不理'包子捏17个或18个褶，疏密适中，看上去就像一朵白菊花。"

（二）分体式结构

分体式结构指的是广告信息在广告正文中并列表达的结构形式。 其表现或是一些并列的句子或是表格形式中的分列表现，或由并列的小标题所统领的多个小正文组成。 主要表现形式是分列式、表格式以及运用分体结构的长文案。

二、常见的广告正文表现形式

在广告正文的写作过程中，文案创作人员所使用的写作技巧和方法主要体现在广告正文的表现形式上，常见的广告正文表现形式有以下17种。

（一）简介体

简介体即简明扼要地介绍企业的情况、商品的性能特点、服务的风格特色等。 这种表现形式的特点是客观、冷静、有条不紊，也称之为陈述体，适合在运用文字较多的媒介上运用。 简介体是广告诉求策略采用理性诉求策略时广告文案的基本表现形式。 例如《中国体育报》的广告文案：

《中国体育报》创刊于1958年，是全国唯一以体育新闻报道为主的日报。《中国体育报》拥有全国最强的体育新闻采编队伍，拥有众多知名记者、优秀编辑及著名专栏评论家。

主管单位:国家体育总局　出版单位:中国体育报业总社

《中国体育报》特色

——增扩版面。除周六仍出四版外，周一至周五全部扩为八版，悉尼奥运会期间周日不停刊；

——新辟"聚焦人物""东西南北中"及排球、乒羽、网球和小球专版，多项目、多视角深化报道；

——每周三推出"绿色生活导刊"，拓展报道层面；

——继续办好周一的"足球周刊"、周四的"篮球周刊"和周五的"周末特刊"，直面体坛热点，追求丰富多彩；

——革新要闻版和综合新闻版，精选精编重大新闻、热点追踪、独家报道、人物精品、权威评述，以重大新闻、国际热点和当红明星为三大支柱；

——"健身健美""体育市场""看台"等专版，突出服务性、知识性和实用性，更好地为您服务。

中国有无数体育爱好者，在进入信息时代的今天，《中国体育报》蕴藏着极大的影响力和感召力。

《中国体育报》发展概况

中华人民共和国体育运动委员会领导的以宣传体育为主要内容的全国性专业报纸。1958 年 9 月 1 日在北京创刊，原名《体育报》，周 2 刊。1964 年改周 3 刊。"文化大革命"中于 1966 年 10 月停刊。1974 年 1 月复刊，周 2 刊，后改周 4 刊。1988 年 7 月 1 日改名《中国体育报》，日刊，对开 1 张（星期日 4 开 2 张）。向国内外发行。日发行量 80 余万份（1988年）。

《中国体育报》以普及体育运动，增强人民体质，提高运动水平，振奋民族精神，为中国跻身于世界体育强国之林和促进社会主义现代化建设为宗旨。宣传中国共产党和人民政府关于体育运动的方针、政策、法令，使读者了解体育运动在中国社会主义现代化建设中的地位、作用，了解中国体育运动的发展战略、方向，推动体育事业的发展。宣传适合学校、工矿、企业、乡镇和儿童、青少年、老年人、伤残人和家庭开展的各项体育活动，以及社会办体育的新人新事，促进体育社会化、群众化，增强人民体质。报道国内外重大比赛中创造的纪录、成绩和涌现的优秀运动员，宣传竞争精神。反映国际体育动态，介绍国际体育人物和国际体育知识，评述国际体育运动发展趋势。宣传体育理论和新技术、新知识在体育运动中的运用，促进运动训练的科学化。宣传中国体育成就和体育人物，报道中国运动员在赛场上的赛况，激励民族精神。第 1 版为体育要闻版，国内外体育要闻并重；第 2 版为综合新闻版，刊登国内体育动态和竞赛信息；第 3

版为副刊版,轮流刊登"足球天地""科学知识""体育教学"和有关体育理论、文艺、绘画、摄影等各类副刊;第4版报道国际体育竞赛信息,介绍世界体坛明星,反映国际体坛风云。

由《中国体育报》提出的"冲出亚洲,走向世界"的口号,和由该报发起、联合首都各新闻单位举办的每年评选最佳运动员活动,在社会上有广泛影响。该报同国外一些体育报刊和新闻单位也有交流、合作和互访关系。中国体育报社还创办了《体育画报》《健与美》杂志和《棋牌周报》,并与美国合资兴办了长城体育图片社。

《中国体育报》优势

《中国体育报》全方位、立体化报道中国乃至世界体坛的多彩风云,为千百万读者及时提供权威、快捷、鲜活、丰富多彩的新闻报道,最大程度地满足读者的阅读需求。

从形式上看,这种手法似乎很没创意,其实不然。广告正文的创意写作体现在它有没有一个独特的核心概念,即广告的诉求重点,而不在于正文神龙见首不见尾地大玩花样。如果文案人员在写作正文时能够准确把握创意概念,即便是客观直陈,也能让创意的力量充分发挥。又如 SUNDAY 电讯的电视广告文案:

> (画外音)出手了;Sunday 终于出手了;Sunday 终于要在 IDD 市场出手了;Sunday 这招一出,恐怕死伤无数。全日无取巧划一价! Sunday1622
>
> (字幕)全日无取巧划一份! Sunday1622

这是香港地区 SUNDAY 电讯的电视广告,诉求重点是 SUNDAY 的 IDD 电话价格便宜。传达这样的信息,毫无创意的方式是:"SUNDAY 即日起推出 IDD 话费大优惠。"而这个广告有一个非常有爆发力的概念——将 SUNDAY 这一新举动喻为气势不凡的出手。画面表现一个神秘人物过关斩将,所向披靡。正文也充分运用"出手"的概念,渲染出神秘而惊心动魄的气氛。

(二)故事体

故事体即通过讲述一个与广告信息内容相关的故事来表现广告信息的正文形式。它采用第三人称的写法,用叙述的方式将人物经历、故事情节传达给受众。特点是以故事的发生、发展过程引人入胜,有鲜明的人物形象,吸引受众的阅读和收听兴趣,又以故事中事件的处理和产品介入所获得的结果来说服受众。故事性内容可以有效保持受众的兴趣,在故事中自然而然地展开的诉求,会大大增强广告的说服力。典型的消费者经历,是最值得挖掘的故事性题材,产品背后不为人知的故事,也是很好的素材。需要注意的是,在故事性正文中,产品必须合理地介入并扮演重要角色。例如新加坡大众汽车广告《妈妈,我不是故意的》的正文:

> 1994 年 10 月 15 日,星期六,凌晨两点。
>
> 车子由高志勇驾着,他今年 17 岁,血气方刚。车上另有一名前座乘客及一名后座乘客,他们都是志勇常聚在一起玩乐的好朋友。
>
> 车子是志勇向妈妈借来的,妈妈从来都没拒绝过他,只是每一回总是再三嘱咐志勇得小心驾驶,毕竟志勇还是个"新手"。车子正朝往牛顿小贩中心奔驰,大伙肚子都饿急了,准备到那儿大吃一顿。一个左转来到杜尼安路时,意外发生了。
>
> 经过一轮猛烈的冲撞之后,车子惨不忍睹,在那一刹那之间,志勇以为一切都完了。
>
> 幸好,那是福士伟根。是吉人天相也好,是大难不死也好,奇迹般地,志勇等三人皆平安无事,毫发无损。自行打开车门后,面面相觑,目瞪口呆。志勇这时最担心的是如何向妈妈交代。闯了大祸,妈妈一定不会原谅他,毕竟那是她心爱的车。
>
> 听妈妈怎么说,"当志勇来电通知我时,知道孩子们都没事,也就放心了,以为只是小意外。后来,看到心爱的车子时,我简直不敢相信自己的眼睛,我一点也不生气。谢谢福士伟根,救了孩子们一命。"
>
> 福士伟根,安全上路生命可贵,岂可儿戏。德产福士伟根深明此理,因此在设计及制作每一部车子时皆以您的安全为首。超过 30 种不同的冲撞测试,以确保万无一失。车身结构的加强措施,前后左右的安全护撞区与防撞杆给予更大的保障,驾驶座安全气袋在紧要关头能化险为夷。
>
> 事实证明,福士伟根的安全措施绝非纸上谈兵。其高度驾驶乐趣更为同行所津津乐道,一经驾驶,必有所悟。

该广告用一则故事来说明大众汽车超强的安全性能。通过大众汽车对"志勇"的保护,既表现了母子情深,也展示了大众汽车的安全性。

(三)自述体

自述体即以产品自身的口吻进行广告信息表现的正文形式。其通常采取拟人化的方法,广告呈现的风格亲切、可爱、幽默。例如台湾统一"阿 Q 桶面"的广

告正文:

> 饿的时候就食我
>
> 我是这么大碗的阿 Q 桶面
>
> 很饿很饿的时候
>
> 你才能吃出我的实实在在
>
> 我有好多的面,好 Q……
>
> 我有好多的料,好香……
>
> 我有好多的汤,好鲜……
>
> 红椒牛肉,排骨鸡汁,
>
> 蒜香珍肉,麻婆豆腐,香菇肉松
>
> ……越想会越饿
>
> 饿的时候就食我
>
> ——实实在在的阿 Q 桶面

自述体的表现形式往往使商品显得更加鲜活,通过人性化的表达产生情感化的广告效果。

(四)独白体

独白体即以虚构的人物或广告中的角色的内心独白的方式展开诉求。 在平面和广播广告中,独白一般采用虚构的"我"的口吻,电视广告中的独白则应该出自广告的主要角色,并且以画外音或字幕的形式表现。

这种形式不直接向诉求对象说话,独白者可以回忆自己的经历、表明观点、抒发情感。 有鲜明的个人色彩和情感色彩,容易引起诉求对象的情感共鸣。 但独白体私密性很强,不适合加进关于企业产品的"硬"信息。 例如马汀大夫鞋广告文案:

> 标题:不要告诉我做什么才是对的。
>
> 正文:我逛二手店
>
> 我吃棒棒糖
>
> 我看 NBA
>
> 我穿马汀大夫……
>
> 广告语:自信? 固执? 永不妥协

需要注意的是,自述体的广告正文表现形式实际上也是以独白的方式展开诉求，但自述体是以拟人化方式让商品开口说话，自我表白，而不是以虚构的人物或者广告中的角色进行内心独白。

（五）对白体

对白体即通过广告中人物的对话与互动展开诉求。这种手法，常用于生活片段式和故事式的电视广告中。该表现形式成功的关键是对白要写得真实、自然，符合人物的身份个性，符合广告中的语言环境。例如香港地下铁路电视广告文案：

> （小和尚）师父，是时候了。
>
> （小和尚）噢，师父……
>
> （老和尚）前路看得通，何故要匆匆？
>
> （小和尚）时辰刚刚好耶，师父……
>
> （老和尚，画外音）心中有数，搭地下铁路，很快就到。
>
> （小和尚）师父，要放生的那只龟，还未到耶……

该广告选择了两个有趣的人物——不紧不慢的老师父和急性子的小和尚。对话充分体现了人物形象的差异，简单、生动、饶有趣味，尤其是"要放生的那只龟，还未到耶……"大大增加了广告的幽默趣味。

但很多电视广告都让角色作"话剧"式的对话，须知看电视的感觉和在剧场中看话剧完全不同，电视观众不会接受过分戏剧化的表现。此外，人云亦云、缺乏个性的套话和矫揉造作的言辞，都会影响对白式广告的诉求效果。

（六）新闻体

新闻体是在特定的广告版面、广告时间里，用新闻报道的形式，即新闻报道的写作笔法、特有的文体结构写作广告正文。其特点是借助新闻形式加强广告正文的新闻性、权威性，该形式适合于报纸、广播、电视三大媒介。例如双鹿牌冰箱新年广告正文：

> 新春时节，京华传喜讯。新华社公布了轻工业部质量等级公报，中国家用电器工业质量检测中心对电冰箱九个指标测试，按国际标准划分等级。双鹿冰箱跃入国际先进水平 A 级（优良）行列。

该广告以新闻报道的形式彰显品牌的权威性。

（七）分列体

分列体即把主要的广告信息分为若干项，给予一一列举的表现形式，也就是广告正文采用分体结构的组织形式。其特点是使广告受众在阅读中能够一目了然。例如劳斯莱斯平面广告长文案：

广告标题："这辆新型'劳斯莱斯'在时速60英里时,最大闹声是来自电钟"

副标题："什么原因使得'劳斯莱斯'成为世界上最好的车子? 一位知名的'劳斯莱斯'工程师说:'说穿了,根本没有什么真正的戏法——这只不过是耐心地注意到细节。'"

广告正文：

1. 行车技术主编报告："在时速60英里时,最大闹声是来自电钟。引擎是出奇的寂静,三个消音装置把声音的频率在听觉上拔掉。

2. 每个"劳斯莱斯"的引擎在安装前都先以最大气门开足七小时,而每辆车子都在各种不同的路面试车数百英里。

3. "劳斯莱斯"是为车主自己驾驶而设计的,它比国内制造的最大型车小18英寸。

4. 本车有机动方向盘,机动刹车及自动排档,极易驾驶与停车,不需司机。

5. 除驾驶速度计之外,在车身与车盘之间,互用无金属之衔接。整个车身都加以封闭绝缘。

6. 完成的车子要在最后的测验室经过一个星期的精密调整。在这里分别受到98种严酷的考验。例如,工程师们使用听诊器来注意听轮轴所发的低弱声音。

7. "劳斯莱斯"保用三年。已有了从东岸到西岸的经销纲及零件站,在服务上不再有任何麻烦了。

8. 著名的"劳斯莱斯"引擎冷却器,除了"亨利·莱斯"在1933年死时,把红色的姓名第一个字母RR改为黑色外,从来没更改过。

9. 汽车车身之设计制造,在全部十四层油漆完成之前,先涂五层底漆,然后每次都用人工磨光。

10. 移动在向方盘柱上的开关,你就能够调整减震器以适应道路状况,驾驶不觉疲劳,是本车显著的特点。

11. 另外有后车窗除霜开关,控制着由1360条看不见的在玻璃中的热线纲。备有两套通风系统,因而你坐在车内也可随意关闭全部车窗而调节空气以求舒适。

12. 座位垫面是由八头英国牛皮所制——足够制作 128 双软皮鞋。

13. 镶贴胡桃本的野餐桌可从仪器板下拉出。另外有两个在前座后面旋转出来。

14. 你也能有下列额外随意的选择,像做浓咖啡的机械、电话自动记录器、床、盥洗用冷热水、一支电刮胡刀等。

15. 你只要压一下驾驶者座下的橡板,就能使整个车盘加上润滑油。在仪器板上的计量器,指示出曲轴箱中机油的存量。

16. 汽油消耗量极低,因而不需要买特价汽油,是一种使人喜悦的经济效用。

17. 具有两种不同传统的机动刹车,水力制动器与机械制动器。"劳斯莱斯"是非常安全的汽车——也是非常灵活的车子。可在时速 85 英里时宁静地行驶。最高时速超过 100 英里。

18. "劳斯莱斯"的工程师们定期访问以检修车主的汽车,并在服务时提出忠告。

19. "班特利"是"劳斯莱斯"所制造。除了引擎冷却器之外,两车完全一样,是同一工厂中同一群工程师所制造。"班特利"因为其引擎冷却器制造较为简单,所以便宜 300 美元。对驾驶"劳斯莱斯"感觉没有信心的人士可买一辆"班特利"。

价格:本广告画面的车子——在主要港口岸边交货——13 550 美元。假如你想得到驾驶"劳斯莱斯"或"班特利"的愉快经验。请与我们的经销商接洽。

劳斯莱斯公司　纽约　洛克斐勒广场十号

该广告文案出自大卫·奥格威之手,他自己的评价是:"像这种以事实所作的广告比过度虚振声势的广告更能助长销售,你告诉消费者得愈多,你就销售得愈多。请注意,这个广告中非常长的标题以及 719 个英文字的文案,全部都是事实。"

(八)公文体

公文体即采用公文的形式进行正文表现。特点是能给人以客观、严谨、公正的感觉,能提高广告信息的权威性和严肃性。也有用幽默的方式来处理的情形,以达到一种出其不意的效果。例如:

中都国际拍卖有限公司广西首届(东盟)大型艺术品拍卖会公告

中都国际拍卖有限公司广西首届（东盟）大型艺术品拍卖会将于2011年12月24日（星期六）上午10点开始在广西南宁五象广场皇冠大酒店20楼会议厅开槌。

本场拍卖会将隆重推出中国书画、瓷器、玉器、翡翠、寿山石及竹木牙雕等艺术精品，总计800余件精品届时将与广大藏友见面。

中国书画丹青妙笔精品云集，荟萃了近代、现代书画名家大师众多鼎力之作。其中有李可染、赵少昂、范曾、黎雄才等大师的作品。瓷器精品精彩纷呈，其中有元青花花觚、明代万历青花梅瓶王、雍正法琅彩、乾隆官窑等精品。另有近200余件精美玉器、翡翠、象牙圆雕，珍品众多，品行高雅，其中和田白玉双驹摆件质地细腻温润，圆雕技法，形象逼真，具有很高的艺术性和收藏价值。

寿山石雕、鸡血石雕雕工精美，另外竹木牙角雕、文房用具精品荟萃，都将在本次拍卖会上请您品鉴。

届时，诚请您鉴赏惠顾。

预展时间：2011年12月20—23日（星期二）上午9时—下午17时

预展地点：广西南宁市中越路东盟商务区越南商务大楼1楼

拍卖时间：2011年12月24日（星期六）上午9时—下午17时

拍卖地点：广西南宁五象广场皇冠大酒店20楼会议厅

垂询电话：0771-×××××××　010-×××××××

网上预展：www.zd168.com

中都国际拍卖有限公司

2011年12月9日

这就是一则典型的以公文中公告的结构、形式出现的广告文案。

（九）论说体

论说体即以论辩为主的广告正文表现形式，兼具说理性、逻辑性，也是一种适合于理性诉求策略的广告表现形式。该表现形式通常在以下三种情况时使用较多：为某企业或某产品塑造一个相匹配的观念形象时；推出一种消费新观念以达到对某种商品的消费时；推出一种功效领先的新产品时。较适合报纸、杂志等以语言文字为主要诉求载体的媒介，不适合善用画面说话的电视媒体。以下是中兴百货一则广告的正文（节选）：

广告标题：服装就是一种高明的政治，政治就是一种高明的服装广告正文：当 ARMANI 套装最后一颗扣子扣上时，最专业而令人敬畏的强势形象于是完成。白衬衫、灰色百褶裙、及膝长袜、豆沙色娃娃鞋，今天想变身为女孩。看见镜子里身上的华丽刺绣晚妆，于是对晚宴要掠夺男人目光并令其他女子产生嫉意的游戏胸有成竹。仅一件最弱不禁风的丝质细肩带衬衣，就会是他怀里最具攻击力的绵羊。

衣服是性别。衣服是空间。衣服是阶层。衣服是权力。衣服是表演。衣服是手段。衣服是展现。

衣服是揭露。衣服是阅读与被阅读。衣服是说服。衣服是要脱掉。

衣服就是一种高明的政治，政治就是一种高明的服装。

（十）表格体

表格体即把商品的种类、单位、价格等项目用整齐的表格形式进行表现。表格体广告正文要求每一个表格中的表达都要简短实在、整洁清楚，大多用于企业的商品介绍和商品目录、书店的新书预告等广告内容。例如某汽车贸易公司的广告文案：

车种	排气量
卡迪莱克（CADILA） 元首（FLEETWOOD）	5 700 CC
卡迪莱克（CADILA） 帝威（DEVILLE）	4 900 CC
别克（BUIC） 林荫大道（PARKAVENUE）	3 800 CC
雪佛兰（CHEVROLET） 子弹头（LUMINAAPV）	3 800 CC

要注意的是，这种广告表现形式的目的在于对广告信息内容进行简洁清楚的表达，并不注重内容的创意。

（十一）证言体

证言体即以消费者的口吻进行广告信息表现的广告正文形式。特点是以消费者的形象出现，以消费者第一人称的口吻述说消费者对广告中产品的使用感受和评价，事实上为商品特点和商品的利益点作了消费的实际证明。它让受众产生可亲、可信的感觉。例如江苏盐业系列平面广告文案：

广告一:

标题:养盐驻容,天天健康靓丽!

正文:现在我可轻松多了,不用化妆不用美容,一样有靓丽的笑容去迎接每一天。试过了你就会知道,奥秘其实就是它。

———小梅,24岁,公司文员

广告二:

标题:盐年益寿,当然笑口常开

正文:可别小看这盐,天天就吃那么一点儿,用处可大着呢!它不仅有益健康,还能预防高血压和骨质疏松等疾病,现在我和老伴可离不开了呢!

———玉兰油,76岁,退休

广告三:

标题:金玉良盐,岂有不用之理!

正文:太太说了,盐要少吃,但要吃好,尤其是孩子的生长发育,老人的身体健康,都缺不了这盐。"少吃盐、吃好盐",肯定没错!

———Paul,29岁,自由职业者

证言体表现形式的运用最重要的是证言人以及证言的真实性,这是广告产生可信度的基础。

(十二)诗歌体

诗歌体即以诗歌形式进行广告信息表现的正文形式,具有音韵美、形式美、语言美、意境美四大特征,适合表现产品的文化韵味和附加价值。例如以下广告文案:

"青岛啤酒"的藏头诗广告:

青翠纷披景物芳,岛环万顷海天长。

啤花泉水成佳酿,酒自清清味自芳。

左岸咖啡《西蒙·波伏娃篇》

她又要离开巴黎了,

人们说,女子不宜独自旅行,

她带着一本未完成的书,

独自坐在咖啡馆中,

那是一种阴性气质的书写，

她喝着拿铁……咖啡与奶，1 比 1，

甜美地证明着第二性，不存在，

那香味不断地从她流向我……绝不只有咖啡香，

这是 1908 年中的一天，女性成为一种主要性别，

她是西蒙·波伏娃。

我们都是旅人，相遇在左岸咖啡馆。

以上广告或用格律诗的形式，或用散文诗的形式，表现出品牌商品的文化意蕴，提升了产品的文化附加值。

（十三）散文体

散文体即以散文形式进行广告信息表现的正文形式。与诗歌体相比，散文也富于想象的诗意，但不拘泥于音韵、节律、字词相对，有诗的意味但无诗的阳春白雪之感，较为平易、生活化。例如中兴百货的一则广告文案：

广告标题：中国不见了

广告正文：在世界创意的版图，中国消失了；在国际流行的舞台，中国缺席了；在民族生活的美学，中国不见了；中国的文化自尊，已经沉睡百年；在文学、音乐、美术、建筑上杰作稀少；在流行文化的领域，国际上完全没有属于中国人创意的伸展台，中国不见了，多么令人忧心。值此之际，我们提出"中国创意文化"的理念，不只是新古典的改造传统，不只是后现代的勇于瓦解而是根本我们要建立属于中国视野的世界观：中国人的创意、中国人的品位、中国人的自信。在可预期的未来，世界重心将移向亚洲，我们的雄心是重新规划世界流行的蓝图，使中国台北成为全球风潮的新焦点，国际创意的新都会。10 月下旬，中兴百货台北店重新改装。敬请期待，寻找中国。

（十四）歌曲体

歌曲体即广告正文以歌曲的形式进行表现。因为歌曲体形式除了歌词（广告正文）之外，还需要有旋律的配合，因此只能在广播、电视等电子媒体的广告中才运用。例如阳光柠檬茶的广告歌曲：

《如果……阳光》

当初相遇时回头在笑

望着笑脸感觉像首诗

每次见他将心意合成字句

偷偷的 Say Hello

如阳光伴我　清新笑迎面

愿照遍我心　自视每天快乐过

如阳光伴我　心中更明亮

在细细说声　但愿每天也望见

该广告以歌曲传唱的表现形式，传达了阳光柠檬茶"给生活带来阳光"的广告主题。

（十五）名人推荐体

名人推荐体指名人在推荐广告中商品或谈他（她）对商品的评价和使用体验时所运用的文本形式。运用意图是借助名人效应产生广告商品的攀附消费。特点和要求是权威性、适人性。权威性，就是广告语言风格和内容都要体现出信息的权威性；适人性，就是广告表达风格、语言特点都要适合名人的一贯特点。

例如汰渍洗衣粉系列电视广告中，影视明星代言人郭冬临、海清以产品功能演示者的身份进入社区，与家庭主妇等常常直接购买和使用洗衣粉的人群"亲密接触"，用推荐加实证的方法对产品加以宣传。又如长岭冰箱的"专家集体见证"系列报纸广告，主题是"卓越是他和长岭的共同追求"，醒目处是一组或一位学者的头像，旁边是文案标题"他也用长岭冰箱"以及正文——学者成就简介。以专家、学者的权威性见证品牌商品的可行性，在当时引起了轰动性的广告传播效果。

（十六）相声体

相声体即用相声形式表现广告正文。相声形式本身便生动、幽默和谐趣，用这种形式可形象化地表现广告信息，且短小精悍、幽趣横生，易产生较佳的记忆效果。在使用相声体时要注意：其一，相声由垫话、正话、收底构成。垫话是前奏，点明主题；正话是正文；收底是结尾。其二，以笑料为"包袱"。通过设置悬念、曲解、打岔、双关、强词夺理、不懂装懂、打情骂俏等方法，吸引听众。要把生活现象同商品性能巧妙地结合起来设计"包袱"，不要牵强附会。其三，语言简练，幽默风趣，使人忍俊不禁。例如嘉陵牌摩托车的广告文案：

标题:爱"嘉陵"

正文:

唐杰忠:老马,您在等谁呀?

马季:我的那个"嘉陵"。

唐杰忠:"嘉陵"是您"爱人"呀?

马季:我太喜欢嘉陵了,它有许多优点,容貌长得盖世无双,绝代佳人,风度潇洒、帅气,平地走路像仙女腾云驾雾,爬坡就如嫦娥奔月,唱歌优美动听。与"嘉陵"结为"伴侣"太幸福了。追求嘉陵的小伙子太多了,连姑娘们也都在追求嘉陵哪!

唐杰忠:什么,姑娘们也向您"爱人"求爱?!

马季:什么呀? 瞧,它来了。

唐杰忠:呵,原来是"嘉陵牌摩托车"呵!

(十七)书信体

书信体即采用信件形式来宣传产品或企业形象的广告正文表现形式。 书信体广告文案要按照书信规范写作, 结构上应包括称呼、正文、结尾、署名和日期五个部分, 也可以进行摘录式的省略。 例如《儿童百服宁系列·找人篇》文案:

标题:她在找一个人

那天在火车上,我孩子发高烧,他爸又不在,我一个女人家,真急得不知道怎么办才好。

多亏了列车长帮我广播了一下,车上没找到医生,还好有一位女同志给了我一瓶儿童用的百服宁,及时帮孩子退了烧。我光看着孩子乐,就忘了问那位好心女同志的名字和住址,药也忘了还她。你瞧这药,中美合资的产品,没药味,跟水果似的,能退热止痛,并且肠胃刺激又小,在我最需要的时候,百服宁保护了我孩子。

人家帮了这么大忙,我和孩子他爸都非常感谢她,真希望能再见到她,给她道个谢!

王 霞

××××年××月××日

该广告正文以摘录式书信广告的形式呈现广告商品带给消费者的利益好处,兼具证言体表现形式的优势, 既生活化, 又有较高的可信度。

（十八）网络体

网络体是指利用网络中流行的具有特定语体格式或结构，带有一定的网络恶搞文化特色的广告正文表现形式。例如，"凡客体"，其结构特点是：爱……爱……爱……爱……也爱……（价格）的……（商品名称）我不是……我是……；"元芳体"的表达模式为前面陈述一件事情，最后加上一句"元芳，你怎么看？"；"甄嬛体"的语体模板是：极好、真真、本宫、那是……的、若是……想必是极好的，但……倒也不负……再加上反转的结尾。该表现形式的特点是具有流行的时效性；易改变、易模仿；幽默、娱乐性强；具有病毒式营销传播的特点。网络体主要运用于以网络为媒介载体形式的广告中，对语言规范有较高要求的电视等媒体广告要慎用。例如"凡客体"的原版《韩寒篇》：

> 爱网络,爱自由,
> 爱晚起,爱夜间大排档,爱赛车;
> 也爱 59 元的帆布鞋,我不是什么旗手,
> 不是谁的代言,我是韩寒,
> 我只代表我自己。
> 我和你一样,我是凡客。

又如"甄嬛体"某网购服装广告正文：

> 小主,今儿上新的这件衣衫款型是极好的,这苏绣的料子配上简洁的裁剪,是最好不过的了。我愿多买几件,虽会荷包骤然消瘦,倒也不负恩泽。

网络体的广告正文表现形式由于时效性较短，更新速度快，所以使用网络体的正文表现形式，抓住时机以及文案内容具有强烈的娱乐性效果是成功的关键。

以上这些体现了广告正文不同写作技巧和方法的常见表现形式，在创意写作的实践运用中，都必须遵循适应性的基本写作原则。即要针对不同的广告目的、广告主、广告产品、广告受众，在广告正文的创作中选择最适合的表现形式。

第三节　广告正文写作的要求

广告正文的写作要体现出支持标题、完整传达信息，进行深度诉求，培养购买欲望和号召行动，展现风格和营造氛围四大功能；在内容上又表现出诉求重点、支持点或深入解释、行动号召三大层次，因此，广告正文写作要遵循以下基

本要求。

一、诉求重点鲜明、突出,具有明显的区隔性

作为广告文案核心信息的诉求重点,是文案正文创意写作中与主题关系最密切的信息,也是广告文案正文的写作对象。 从营销学的角度看,它通常就是品牌商品与竞争对手具有区隔性的竞争优势。 诉求重点的确定,是实现广告定位的前提,可以通过产品差异、服务差异、渠道差异、人员差异以及形象差异等方面进行识别,再根据有效差异化的原则确定适当的竞争优势,从而选择出整体定位策略,将这一具有竞争优势的有效差异化作为诉求重点呈现在正文之中。 例如,左岸咖啡馆的系列文案无论怎样具体表现,带给典型客户群精神满足的艺术气氛、沉思,始终是凸显的诉求重点,从而在消费者心目中建立起"独处不是寂寞"的品牌信念,促使消费者在脑海里建造一个自己最喜爱的法国咖啡馆—— 一个理想的咖啡馆,一个历史悠久、文化艺术气氛浓厚的咖啡馆的品牌形象,从而达成关系营销的效果。 这种关系就是广告文案中着重呈现出的,就像一本喜爱的书、一册旅游摘记、放在整洁的书架上一篇短短的诗,在你想享受一片独处空间时,它随手可得,带你到想去的地方。

二、合理安排广告的信息量

广告正文在内容上要提供完整的信息,进行深度诉求,提供诉求重点的支持点或深入的解释。 正文要围绕一个诉求重点提供多少具体的关于商品的硬性信息,这取决于产品的生命周期、广告目标以及诉求重点的复杂程度。 一般情况下,对于需要技术、功能等多方面信息才能建立起消费者认知的复杂新产品,消费者需要深入了解才能决定购买的产品或服务(如汽车、住房、家用电器、电脑、保险等),诉求对象缺乏了解的企业,正文需要围绕"产品特性""企业特性"这样的诉求重点,提供丰富的信息。 例如,杜邦 Tyvek 纸张杂志广告文案:

引题:非常非常轻

主题:强化最最重要的海报信息

副题:Tyvek 却拥有最轻的质感

Tyvek 印刷的招牌和布旗最能将创意发挥得淋漓尽致

正文:Tyvek 是杜邦公司所研发成功的一种革命性材质,特别适合作为海报、布旗和户外看板。它非常特殊,轻得难以想象,处理和装设都十分简易,而且坚韧、抗撕裂、防水且耐用持久。更棒的是,Tyvek 的高科技

加工处理还能帮助您展现质感高级与色彩鲜明的不凡印刷成果。

这则广告的诉求重点是"一种革命性材质",标题选择了最突出的产品特征——质感之轻,正文则从用途、处理和安装、坚韧防水的特点、卓越的印刷效果等方面对其革命性做全面介绍。

对于复杂程度不高、功能简单、容易了解、消费者并不陌生的新产品(如新的化妆品、洗涤用品、美容服务),诉求对象关心点集中、不需要大量信息就可以购买的产品或服务(如日用消费品),诉求对象已有一定了解的企业,广告可以适时、适地、针对不同诉求对象,选择一个突出特性或者利益进行说服,无须提供大量的硬性信息。例如,Diploma 奶粉平面广告文案:

> (画面为一个纽扣和一个扣眼)
>
> 标题:试图使他们相会?
>
> 正文:亲爱的扣眼,你好,我是纽扣。
>
> 你记得我们已经有多久没在一起了?
>
> 尽管每天都能见到你的倩影,
>
> 但肥嘟嘟的肚皮横亘在你我之间,
>
> 让我们犹如牛郎与织女般地不幸。
>
> 不过在此告诉你一个好消息,
>
> 主人决定极力促成我们的相聚。
>
> 相信主人在食用 Diploma 脱脂奶粉后,
>
> 我们不久就可以天长地久,永不分离。

该广告文案只突出了 Diploma 脱脂奶粉的减肥功效,这一个硬性信息。

当广告旨在建立消费者对品牌的印象,对消费者作出消费提醒,诉求重点非常单纯明确,不需要解释时,正文中可以只写进很少的硬性信息或者根本没有硬性信息。例如富士软片平面广告文案:

> 北方有好景色,南方有好景色;
>
> 西方有好景色,东方有好景色。
>
> 绿就是绿,红就是红,蓝就是蓝;
>
> 所有的色彩,都在富士彩色软片中大彻大悟。

该广告正文中仅仅出现了富士彩色软片的品牌名称,但间接地表达了品牌对消费者真实色彩的承诺。对于成熟品牌或是注重品牌美誉度的人文广告,通常广告正文中只出现品牌名称或直接让品牌名称在附文中出现。

三、广告信息的组织要明晰有序

正文的开头段落或语句是正文与标题之间的连接点，应该自然承接标题的话题，以继续保持诉求对象的兴趣，起到支持标题的作用。可以采用小标题或特殊的段落承接等形式，使受众顺利阅读正文。在写作时要注意第一段要尽量短；要用几个词表现出读者能从购买你的产品中得到的最重要的好处和实惠；要把最惊人、最有说服力的事实放在最前面。写作过程可以假想消费者就在你面前，文案正文是你们之间直接干脆又默契的对话，切忌给消费者上课；切忌讲一些别人早知道的东西，或是即使不知道也不感兴趣的东西。例如某广告正文的开头是"广场是具有城市特色的空旷地方，城市广场往往形成附近居民聚会、散步、休闲、相约的地点"，就是以上毛病的典型反映。

广告正文主体的内容段落可以循着标题内容与正文之间的联系，自然地展开诉求。可长可短，但都要将诉求重点明确传达，而且在诉求中还可以交织行动建议。写作中要注意：每一段落最好只说一层意思，一个段落中的内容过多，段落过长，容易导致条理不清，信息之间互相干扰，并使读者产生畏惧心理；可以按照内容之间的内在逻辑关系将较长段落划分为容易阅读的小段落；如果信息之间是并列关系，可以考虑写成条目式正文，将信息逐条分列。必要时可以加上序号或醒目的符号以提示读者；如果正文较长，可以根据需要加入小标题，突出重要信息，引导读者阅读。结尾要有行动号召力，鼓励行动收尾。必要时，还可以明确地提供行动方法。下面是大众汽车平面广告文案的结构分析：

标题：1.02 美元 1 磅

正文：

一辆崭新的大众轿车值 1 595 美元。并不像你听说的那么便宜。如果磅数相等，一辆大众轿车的价格可能超过你能说出的任何牌子的汽车。实际上，当你观察大众轿车的内部时，你就不会对这样的价格感到意外了。（开头的两句话完全承接标题对价格的奇特计算方法）

并没有多少汽车像大众这样在自己的内部装很多东西。（注：意指在内部花很多工夫）（开始解释原因，展开对汽车品质的诉求）

光是手工就很明显。大众的引擎是手工装配起来的。一个零件接一个零件。每一台引擎都要测试两次，一次在它还是一台引擎时，另一次在它成为整车的一部分后。一辆大众要涂四遍油漆，每次油漆之间都要用手持砂纸将表面磨光。甚至车顶材料也是手工填装的。

你不会在任何地方发现一个裂口、一道凹陷或一团胶水糊。因为如果必要,大众会为一个小小的细节而拒绝让整部车出厂。

因此当你以磅计算大众轿车时,就会知道它为什么如此之贵。

这是值得考虑的事情。(开始行动号召)

尤其假如你因为它的价格还不够高而还没买它时。

另外,在正文信息的结构组织中,还要注意以下几点:

其一,尽量运用实证方式说服受众。广告文案正文部分的一个主要任务是为说服受众提出大量的根据。而这个根据的提出需要有一些实在的、真实的事实和数据来做说服的支撑。有了真实的事例和数据,受众就能自觉地排除怀疑的心态,以此来说服自己。

其二,注意相关细节的有效运用。相关细节的有效运用,能使广告正文具有相当的说服力。可以运用三种细节:用消费者使用产品时的细节,用客户经验进行表现;将商品在生产时的细节进行有效表现;将商品本身中存在的细节特征作表现。

其三,表现形式要根据信息内容来确定。不同的写作技巧和方法使广告信息展现出不同的风格特色和营造出不同的氛围特征,这些特征能否有效地针对典型客户群的信息接受心理,是广告文案产生实效的重要因素。

其四,针对受众,选择正确的诉求方法。理性、感性、情理结合三种诉求手法,要在正文中恰当地使用。表 4-1 是三种诉求方法的具体手法的对比。

表 4-1　三种诉求方式的具体手法

诉求类型	具体手法
理性诉求	阐述最重要的事实:直陈、数据与图表、类比。
	解释说明:提供成因、示范效果、提出疑问和解答疑问。
	理性比较:比较和驳斥。
	观众说服:正面立论与批驳错误观念。
	不购买的危害:恐惧诉求。
感性诉求	爱与关怀:爱情、亲情、乡情与怀旧、友情及陌生人间的情感交流。
	生活情趣:好奇、休闲、幽默及其他。
	自我观念与期许:个性、价值观、自我实现感。
	同情与道义(公益广告)。
情理结合诉求	理性传达信息结合情感沟通。

四、合理运用语言文字进行表达

广告正文的信息内容最终要通过语言文字的形式呈现，因此对于广告正文中语言文字的表达要做到以下几个方面：

（1）适合媒介的传播特点。　特别要注意影视广告文案中镜头语言的画面感以及广播广告文案的口语化表达。

（2）简明易懂。　正文无论长短，都要使用简洁的语言。　正文的简明易懂与表达内容的多少没有关系，而取决于对元素的安排是否有逻辑性。　有效的广告必须要写出文字的速度感，读者是边接收信息边进行处理并反应出结果的。　例如，在文字符号的信息传播中，如果你输出一个"火炬"，能让消费者反应出红色的概念，就不要把"红色"也输入进去。　因为消费者会二度接收，并对"红色"进行反应，两个"红色"就会产生一个疲劳的信号。　这就是垃圾意象的产生过程。

（3）明确传达信息。　诉求对象没有兴趣也没有耐心阅读过分深奥、过分含蓄的正文，表意必须明确。　例如小霸王学习机的广告文案：

> 你拍一，我拍一，小霸王出了学习机；
>
> 你拍二，我拍二，游戏学习在一块；
>
> 你拍三，我拍三，学习起来很简单；
>
> 你拍四，我拍四，包你三天会打字；
>
> 你拍五，我拍五，为了将来打基础。
>
> 你拍六，我拍六，小霸王出了486。
>
> 你拍七，我拍七，新一代的学习机。
>
> 你拍八，我拍八，电脑入门顶呱呱。
>
> 你拍九，我拍九，二十一世纪在招手，
>
> 在——招——手。

该广告文案结合诉求对象的特征，以儿歌形式简明易懂地表达出对诉求对象的利益承诺，并引起口碑的二次传播效应。

（4）用词简单、明白、准确。　正文用词的准确比词语的新奇更加重要。　多用短语和简单有力的词语，少用形容词，多用动词、名词，这样短而可信。　少用专业术语、新产生的词语、含义深奥的词语、含义和读音生僻的词语、使用范围不广泛的外来语、不规范的缩略语。　避免词义和词性的误用。　精确表述产品信息，尤其是涉及数量问题和精密产品的技术问题时。　句子构建以简单为原则，尽量避免使用长句子、逻辑关系复杂的句子、包含多层次从句的句子、修饰语过长的句子、成分倒装的句子和省略句。

（5）避免吹嘘与自吹自擂，不用陈词滥调。

（6）以亲切的人称代词称呼消费者（你、你的、您、您的）。

此外，学习和借鉴广告大师撰写广告正文的成功经验，可以帮助我们正确理解广告正文的具体写作要求，在实践中提高广告文案的创意写作能力，创作出具有实效性的广告文案。 例如，大卫·奥格威在《一个广告人的自白》一书中，对正文写作提出了九条具体的要求，并用案例进行了诠释，值得广告人拜读。

第四节　广告附文的概念、作用及写作要求

广告附文是广告文案的组成部分，一般位于广告文案的结尾，对消费者广告信息接受心理过程的最后环节——购买行动具有较大影响。

一、广告附文的概念

广告附文又称为广告随文、尾文，是广告文案中的附属文字部分，是对广告内容必要的交代和进一步的补充说明。

其内容大致包括：商品标识内容、企业标识内容、通信联络要素、价格表及银行账号、购买或获得服务的方式、权威机构证明标志或获奖情况、附言、必要的表格、特别说明的信息。 一则广告文案中一般不会将上述内容全部列出，应根据广告目标、媒体选择等有所取舍。

二、广告附文的作用

在广告文案的写作中，广告附文的作用具体表现在以下三个方面：

（1）对广告正文起补充和辅助的作用。

（2）强化品牌的认知效果和记忆效果。 在附文部分具体地表现品牌名称、品牌标志，使得受众对品牌的记忆固定而深刻。 这个固定性记忆和认知强化，可以用品牌效应和企业形象来说服消费者产生消费行动。

（3）促进销售行为的实施。 当广告的标题、正文和口号已经使目标消费者产生了消费的兴趣和渴望时，如果在广告附文中表现了商品购买或服务获得的有效途径，使得他们能以最直接的方式、在最短的时间之内得到商品，消费者就会乘着兴趣产生消费行为。 因此，广告附文可形成一种推动力，促进消费行为的加速完成。

三、广告附文的类型

根据不同的划分标准可以划分出不同的广告附文类型，常见的划分标准有以下两种。

（一）按广告附文的内容划分

1. 信息型

这类附文只包含联系购买信息而不含其他内容。例如上海电话设备厂平面广告的附文：

> 邮电部上海电话设备厂
>
> 厂址：上海市虬江路 1307 号
>
> 邮编：200070
>
> 电话：(021) × × × × × × × ×
>
> 传真：× × × × × × × ×
>
> 联系人：× × × 　 × × ×

2. 信息与劝导结合型

这类附文既包含联系购买信息又包含敦促言辞。例如飞利浦影碟机的广告文案附文：

> 凡购买 DVD840 影碟机一部，附送宝丽金精选珍藏 DVDMTV 卡拉 OK 碟一张，数量有限，送完即止。
>
> 如有垂询，请致电飞利浦顾客服务热线：(021) × × × × × × × × 或广州办事处电话：(020) × × × × × × × ×

（二）按广告附文的表达方式划分

1. 直陈型

直陈型即以直接陈述的方式进行附文信息内容表达的附文类型。例如三星手机平面广告的附文：

> 即日起，凡购买三星手机 T208/T508 任一款，即送宜而爽保暖内衣一套，送完即止。
>
> 三星 Anycall T208/T508 移动电话总经销：深圳市全网通科技有限公司 销售热线：0755—× × × × × × × ×（以下是三星 Anycall 和全网通的品牌标识）

2.委婉型

委婉型即以较为委婉的语言方式进行附文信息内容表达的附文类型。 例如，英国"舒味思"奎宁柠檬水的广告附文以附言的形式出现：

你如果喜爱这篇文字而没有喝过"舒味思"，请以明信片通知，我们即作适当的安排。函寄：纽约××街××号·舒味思收。

又如，某心理咨询网站平面广告的附文：

这里是你情感的驿站，心灵的港湾……

您还在心灵的边缘彷徨不定吗？ 请到这里来小憩，让您走出凄婉迷茫/走出寂寥惆怅/走出这个雨巷

这里有免费热线聊天室/心理论坛/心理咨询室……

https://zcyuxiang.myrom.com

3.信息与表态结合型

信息与表态结合型是既包含联系购买信息又包含表达广告主良好意愿的附文类型。 例如宏达口服液广告文案的附文：

宏达口服液愿为安享晚年的您奉上一片赤诚和爱心！

昆明宏达制药厂驻长春市场部

地址：长春日报社招待所（皇庆路41号）

服务电话：×××××转××××

联系人：××× ×××

四、广告附文的写作原则

（一）信息的完整性

信息的完整性是指附文必须保证整个广告文案信息的完整，而不是指附文本身信息必须完整。 在检查广告标题、正文、标语传达了哪些信息的基础上，看有哪些必要的信息还没有传达。 如果可以在前面几个部分中传达，就将这些信息补充到它们当中；如果不能，就要将它们写入附文中，以保证整个广告文案传达的是完整的信息。

（二）语言文字风格的一致性

在写作附文时，应考虑文案整体的风格，并据此写作附文，以使文案呈现出前后一致的整体风格。

（三）行文的简明性

由于在文案中，附文并不居于主体的地位，所以一般的附文都比较短小。这就需要附文使用简洁的语言，尽量不占用过多的篇幅，以免喧宾夺主。

（四）信息细节的准确性

因为附文中常常要包括企业名称、地址、电话等具体信息，因此在写作附文前应认真核实，避免在企业全称与简称、地址、电话等具体细节上出现错误。

五、广告附文的写作要求

（一）明确联系方式

如品牌名称、企业标志、企业的全称、地址、邮编、电话、传真号码、网址及联系人，经销商及其地址、电话，负责安装、维修的服务部门的电话、联系人等。例如小天鹅洗衣机的广告附文：

> 小天鹅集团
> 地址：中国无锡惠钱路 67 号
> 邮编：214035
> 本地服务热线：(020)××××××××
> 总部监督电话：(0510)××××××××

（二）写明附言

可以将附文写成简短的附言，为了使附文具有亲切感和人情味，还可以在附文中使用比较个人化的语句。例如，"如果您希望了解关于……的更详细的情况，可以按照下面的地址给我们写信。我们在……为您准备了关于……的更加详细的资料。"

（三）运用表格

附文可以通过简单的表格来表现，如"消费者意见表""参加抽奖活动报名表"等。

（四）防止遗漏

广告附文要防止遗漏某些重要内容。广告附文的一些条文，如权威机构的认证等，具有较强的说服力，要以较醒目的字体告诉受众。

（五）加入辅助说明

广告附文应设法加入一些直观易记的辅助说明，如可以附加说明地址位于某某知名建筑物的某个方位等。

（六）突出促销措施

在附文写作中，如果有赠物、抽奖、赠券等促销内容，这些信息需要在附文中出现。例如："我们的特别优惠活动在以下店铺中进行，欢迎您就近光顾。""如果您在 ×日以前购买 × ×产品，我们将有特别的礼品奉送。"

（七）强调利益承诺

在附文中再一次强调给消费者的承诺，让消费者放心购买。例如，箭牌衬衫的广告《我的朋友乔·霍姆斯，他现在是一匹马了》的附文：

> 如果没有箭牌的标签，
>
> 那它就不是箭牌的衬衫。
>
> 箭牌衬衫机械处理防缩——如有收缩不合，免费奉送一件作赔。

总之，在广告文案的写作中，比较标题、正文和口号三大要素，附文的写作规范性较强，相对简单。但由于附文具有的补充广告正文的遗漏、直接促进销售行为的实施、加强受众的固定性记忆和认知铺垫的特殊功能，即使在创意写作中也不能忽视它的写作。

？ 思考题

1.广告正文具有哪些特点和作用？主要的表现内容有哪些？

2.广告附文的主要内容有哪些？广告附文的作用有哪些？

3.分析以下广告正文的表现形式。

（1）汉光复印机的一则广告正文为："随国家'极地号'南极考察船，历时199天，复印二三万张，质量始终如一，无故障。"

（2）万宝路香烟的一则早期广告文案正文："新的易吸滤嘴香烟在风味上，不负众望，长尺寸，一般滤嘴的价格，点着了一支万宝路，你就会高兴：你改用一个滤嘴了。"

4.运用学过的广告原理，分析这则认知新产品的广告。

广告标题:如果你真的既要高速度又要求大容量,那么桑塔纳旅行车两者兼备

广告正文:上海大众桑塔纳旅行轿车配置了4缸发动机,最大功率可

达 66 千瓦。高超的动力性能保证让你走得更快,跑得更远。尤其是它的加速性极好,从静止到加速至每小时 100 公里,只需 13.8 秒,凡事总让你出奇制胜、先拔头筹。此外,桑塔纳旅行轿车宽畅充裕的载物空间,是其他轿车无法比拟的。经特殊设计的后座折叠后,为你提供了 1.8 立方米的大容量,从装运一般办公设备,迎送公司来宾,到商业展示及会议、载客运物,都使你游刃有余、从容自在。只有上海大众桑塔纳深知与众不同的你凡事必求实在的品性。高速度加上大容量,上海大众桑塔纳令你一举两得,表现一流。所以务实的人最懂得桑塔纳旅行轿车。

　　问：（1）这则广告的立意角度?

　　　　（2）运用何种方式将新产品介绍给消费者?

　　　　（3）这则广告的诉求方式?

　　　　（4）语言特点?

实　训

1. 分析福特车的《这些代表我们检查一辆金龟车的次数》广告正文的写作结构及其写作优点。

　　开头:这些是我们生产的小车在工厂获得"OK"(检验通过)的一部分/(OK 和 NO 是很容易区别的,你很容易看出一个代表 NO 的符号)/我们雇用 5 857 人,就为了让他们说"NO"/"NO",就是不通过。

　　中间段:一位来自巴西的参观者问,我们将如何处理有凹陷的车顶/凹陷是很容易敲平的/而我们的做法着实使他震惊/我们拆下那车体,把它丢到废料场去/一辆 VW 车经常因为一些连你都不会注意的小问题,而被我们从生产线上剔除/车厢内镶板是否密合? /车门边柱是否修饰完成? /在最终检查后,VW 车必须通过 342 项检验而没有一点不符/50 辆车里会有一辆通不过检验。

　　结尾:您实在应该瞧一瞧一辆全部检验过关的车。

2. 根据所提供的材料,写一则报纸广告文案。要求广告标题、正文、附文结构完整;正文字数不少于 200 字。

东湖藕粉食用说明

　　食用方法:撕开包装袋,把速溶藕粉倒入容器内,一次性加入 90 ℃左右的开水(藕粉与开水比例为 1:6),搅拌至透明糊状即可食用。

配料表:莲藕粉(藕粉纯度100%)。

保质期:常温下12个月。

净含量:162克(18克×9包)。

地址:东湖市石桥路30号。

第5章

广告口号的写作

本章要点:

1.广告口号与广告标题的区别。

2.广告口号的写作原则。

3.广告口号的写作技巧。

学习目标:

了解广告口号的概念、特征与功能效应,把握广告口号与广告标题的区别,理解广告口号的写作类型、写作原则,掌握并能够初步运用广告口号写作的技巧。

建议课时:6学时

广告口号对广告创意的表达有非常重要的作用。美国营销大师爱玛·赫伊拉曾说:"不要卖牛排,要卖牛排的滋滋声。"一个有魅力的广告口号正是"牛排的滋滋声"的集中体现。好的广告口号形式简短而内涵丰富,表达单一的概念而力量集中,语言流畅,能够反复传播。这样的广告口号能够让消费者在愉悦中把握其信息内涵,达到认知产品特性、领会品牌理念主张、对企业形象形成好感等不同效果,并能够主动记忆简短流畅、音韵优美的广告口号,甚至将其挂在嘴边,成为同伴之间的流行语,最终促进其购买行为。为使广告口号达到如此成就,我们在撰写广告口号前需要了解其各种写作类型与写作原则,采用多种技巧,创作出令人满意的广告口号。而在国际化的市场上,广告文案人员不仅要提高本土语言的写作能力,还要掌握一定的外来口号翻译技巧,这相当于广告口号的另一重写作。需要注意的是,广告口号很容易与广告标题相混淆,二者应被区别开来。

第一节　广告口号的概念、特征与功能

广告口号是广告信息传播中最容易为人们所熟悉和传播的部分。广告口号形式简短朴素，内涵却极其丰富，饱含浓缩的理念精华，在语言上呈现流畅优美的特点，适合口头传播。一则好的广告口号常常能够得到消费者的主动传播，因其出色的传播特性在广告传播中担任了多重功能。广告口号能够产生多种效应，包括形成消费者对产品或品牌的认知、形成联想、促使购买行为发生、形成口碑效应，乃至塑造品牌形象等。因而广告口号的创作往往备受广告人的重视，需要通过整个广告策略的策划，依据产品或品牌的概念主题来进行创作。

一、广告口号的概念

广告口号，也叫广告标语、品牌口号，英文为 Slogan，是企业或品牌在较长时期内在广告活动中反复使用的、简短的、特定商业用语，主要用来浓缩商品特性、企业或品牌的理念主张，进行凝练的表现和传达。

广告口号是广告文案的组成部分之一。不同媒体的广告文案构成不同，比如电视广告与广播广告没有标题；印刷广告有的标题、正文、口号和附文齐全，有的标题、正文、口号合一；户外广告则有的只有广告口号，有的标题与正文合一。无论哪种媒体广告，一般都有广告口号，也有些平面广告因为创意的需要不出现口号，只有商标或产品包装上的文字信息。总之，根据创意而表现不一。

二、广告口号的特征

（一）形式简短朴素，内涵丰富

广告口号是由广告信息提炼成的简明扼要的一句话，在形式上一般具有句式简短、遣词造句朴素直接的特点。但广告口号的内涵丰富，其中含有对商品特性或是企业、品牌的理念、价值观的浓缩，有时概括了整个广告创意表现，有时则是以广告作品中的广告信息作为解释，或与之相呼应。

比如甲壳虫汽车的经典口号"Think Small（想想还是小的好）"，英文原文口号极其简短朴素，集中突出了"小"的特征。又比如阿鲁巴岛的旅游广告口号"Stop Time（让时光驻足）"，同样句式简短、用字朴素，但却表达出游客们在阿鲁巴岛的时光里缠绵流连，希望时间停留在最美的时刻的美好愿望。

（二）表达单一概念

广告口号一般只表达单一概念，若在短短一句话中承载过多信息，则力量分

散，信息冗杂，不利于消费者的接收、记忆和传播。 表达单一概念既是广告口号的特征，也是广告口号的创作要求。 比如匡威的广告口号"百年传奇，复古流行"，只强调其"复古流行"这一特质，并不涉及匡威产品的年轻化、个性化、涂鸦文化等方面的信息。

（三）语言通俗流畅

广告口号作为口号的一种，具有口语化的特点。 语言简洁流畅，常使用口语、日常用语，有时甚至会运用俗语，通俗易懂，有朗朗上口的音韵效果。 因此，广告口号才容易成为大众口头传播的流行用语。 例如，娃哈哈的口号"我的眼里只有你"、雷达表的"时间改变一切"，都相当通俗、平易。 而丰田车的口号"车到山前必有路，有路必有丰田车"，运用了谚语，更是脍炙人口，多年来都不曾被消费者遗忘。

（四）反复使用传播

广告口号在企业或品牌的广告活动中，通常会在相对长的时期内反复使用。一个广告口号，在特定时期内，会出现在不同媒体的广告中，反复向消费者传达广告诉求。 如果是在广告活动中使用，则系列广告创意作品将以同样的构图方式进行视觉表现，而广告口号也会以固定的形式多次重复出现在系列广告中，强化传播效果，而将同一广告诉求不断植入消费者心智，对消费者的说服效果也得以不断累积。

三、广告口号的功能

一条好的广告口号对一个产品或品牌的成功有着非常突出的贡献。 比如，王老吉凉茶饮料的口号曾经是"健康家庭，永远相伴"，毫无特色，既未能突出王老吉产品的特性，也未能体现王老吉品牌的核心利益，定位模糊、口号平淡，因此在媒体投放后没有引起消费者的注意。 而当更换了营销团队，将王老吉定位为预防上火的功能性饮料后，广告口号也变为"怕上火，喝王老吉"，清晰地传达了王老吉的功能定位和对消费者的利益承诺，提醒了准确的消费时机。 该口号令王老吉迅速被消费者认识和接受，大力推动了购买，最终使其创造了极好的销售业绩。

广告口号有多重功能效应，不同口号的功能侧重点不同。

（一）形成消费者对商品、服务、企业或品牌的认知

广告口号向消费者传达了关于商品、服务、企业或品牌的信息，使接受广告

口号传播的消费者逐渐建立起对企业、商品和品牌的认知。 例如，"不溶在手，只溶在口"的口号，就对 M&M 巧克力糖衣包装的商品特性进行了传达，表明该商品避免了大多数巧克力易溶化、易沾手的问题，又暗示 M&M 巧克力口味好，以至于消费者不愿意使巧克力在手上停留。 这样就使消费者对 M&M 巧克力的商品特性和诱人口味有了形象的认知。

（二）形成消费者关于商品、企业或品牌的联想

通常广告口号出现在广告中，伴随着广告视听元素，共同作用于消费者的视听系统。 广告口号在广告的传播中，是对广告视听元素的凝练概括，能够将消费者获得的关于商品、企业或品牌的广告信息进行总结和关联，使消费者产生联想。 当广告口号再次出现时，便能唤起消费者对头脑中相关广告信息的联想。

广告口号还可以保持广告活动的连续性和统一性，不同广告创意作品因为共同的广告口号而使消费者认识到这是同一产品、企业或品牌的广告，从而形成广告表现的彼此联想，以及广告与商品、企业或品牌的联想。

（三）形成反复记忆并进行多次传播

广告口号通常在一个相对较长的特定时期内进行统一的反复传播，在同一广告主的不同广告中都得到表现，因此容易给人们留下反复记忆。 而与竞争对手有明显差异的优秀广告口号则能够实现独有的深刻记忆。 例如，甲壳虫汽车的"Think small"经久不衰，被人们广为传诵。

广告口号具有口语化的语言风格与简短精练的特征，一般是通俗易懂的短语或短句，也易于实现记忆和传播，方便人们口口相传，实现多层级的传播，形成口碑效应。 例如，中国移动的动感地带品牌，根据年轻人的心理特征推出的"我的地盘我做主"这一口号，用年轻用户的口吻表达其心声。 简短，主张明确，口语化，很容易传播，很方便在口语中使用，在年轻用户中引发了不错的口碑传播效应。

（四）形成购买理由，促进消费者产生购买行为

广告口号包含的关键信息可能形成消费者的购买理由，从而使之倾向于产生购买行为。 广告口号可能包含的关键信息包括商品特征、产品利益点、消费者的情感利益点、品牌主张等。 一条合格的口号是针对目标消费者制订的，承载着能够打动他们的信息。 这些信息将对目标消费者产生刺激，乃至构成其购买理由；而一条优秀的广告口号则能够有力地表达或支撑起消费者的购买理由。

（五）传播企业或品牌持有的理念，塑造品牌形象

广告口号中的理念诉求，一般以体现企业或品牌的价值理念或建立某种消费观念为主。 例如，多芬的口号"简单而真实的美丽"，主张女性超越时尚和世俗对女性的审美束缚，强调回归到女性自身，打破束缚，重回简单和真实的审美观念。 这样的口号站在女性消费者的立场，打破她们长久以来遭受的时尚审美困扰，因此能够得到她们的支持与共鸣。 广告创意表现则用不同的画面表现和支持了这一女性自身审美价值理念，使之得到反复地传播和强调，从而在女性消费者心目中塑造了值得信赖的品牌形象。

第二节　广告口号与广告标题的区别

在广告文案的广告标题、正文、广告口号、附文的四大组成部分中，广告口号与广告标题最容易被人们混淆。 广告标题与广告口号均具有句式简短、简洁精练的特点，都追求引人注目、语言流畅、容易上口、容易传播的效果，在内容上都要求与商品或品牌的独特之处相关联。 尤其是二者的口语化特点，使人们在口头传播中容易把它们混为一谈。 而在广告创作中，出于广告创意的需要，两者之间有时也会出现合二为一的现象。

并非所有媒体的广告文案都包含广告口号和广告标题，电视广告与广播广告没有标题，但都有广告口号。 印刷广告有时标题与口号合一，而在户外广告上广告口号又可以独立呈现。 因此，二者无法进行简单区分。 但广告口号与广告标题毕竟是构成广告文案的不同部分，虽然有时合二为一，有时难以分辨，但却承担了不同功能，发挥不同作用，应当加以区别。

一、目的与作用不同

广播电视广告没有广告标题，而一则平面广告作品大都有标题，但不一定会有广告口号。 广告标题是广告的标题，目的主要是提示主题，吸引消费者的注意力，其作用是使消费者直接对广告产生兴趣，进而阅读广告的其他图文内容。

广告口号的目的在于形成、加强消费者对商品、服务、企业或品牌的认知，其作用是使消费者了解商品或品牌，形成独特的商品或品牌的记忆与印象，其核心功能是品牌传播，将品牌最重要的信息凝聚在一起，与消费者进行沟通。 在品牌传播的所有信息内容中，广告口号起到了非常重要的作用，可以让消费者把所有接触到的企业或品牌信息都集中起来。 优秀的广告口号可以让消费者了解品牌

的定位、品牌的个性与主张，不仅仅是品牌认知，还形成品牌联想，构成品牌资产。

例如，奥利奥饼干在中国的一个广告口号是"只有奥利奥"，在它的一则平面广告作品上，则以"扭一扭，舔一舔，泡一泡，每次都带来优越的品质"作为标题。而在电视广告中，则把这个标题处理成了广告正文内容，将儿童吃饼干时候好玩的动作步骤说出来，让消费者产生可爱、有趣的感觉，又生动形象。包含动作，不仅容易理解和传播，还使人产生也这样玩玩奥利奥饼干的冲动。标题好玩有趣，直接令人产生看看、试试好玩有趣的饼干的冲动。而口号"只有奥利奥"则点出了奥利奥饼干的与众不同，这种与众不同是多方面的，在创意表现上我们看到的是"好玩"的与众不同，只有这种饼干会带给你玩的快乐。

二、信息内涵不同

基于目的与功能的不同，广告口号和广告标题包含的信息内涵也不同。广告标题是对广告内容的高度概括，体现广告主题；而广告口号则是在较长时期内贯穿于一系列广告作品中的共同思想，是超越了广告作品具体内容的。

具体而言，广告口号传播的任务一般有建立消费者的产品或品牌认知、与消费者进行情感沟通、形成品牌定位、塑造产品或品牌形象等。广告口号需在相应方向进行信息选择与传达，因而一般以商品特性、企业或品牌的理念与主张、价值观等为信息对象，是对这类信息的凝练表达，注重满足目标消费者的心理需求，突出体现商品、企业或品牌的定位与个性，并以情感利益点作为与消费者进行沟通的介质。例如，孔府家酒的口号"孔府家酒，叫人想家"，赋予了品牌温馨动人的亲情与思念；百事可乐的口号"渴望无极限（ask for more）"，则寄托着品牌的年轻消费群体内心的渴望。

广告口号信息内涵丰富，能够用各种各样的广告创意加以表现与诠释。而广告标题的目的主要是吸引注意，不一定直接反映商品或品牌的深层内涵。有的广告标题与商品或品牌相关，有的则与广告作品表现的其他元素相关，或者与广告目的相关，反映广告作品主题。

三、写作形式不同

广告口号与广告标题在形式上都偏向于句式简短，注重音韵，具有语言风格口语化、通俗易懂的共性，但在写作的形式上仍然不同。

标题常采用容易引起消费者注意的新闻式、祈使式、颂扬式、提问式、悬念式、对话式等类型的写作方式，而口号则不适宜采用新闻式、提问式和悬念式，常采用的是号召式、风趣式、颂扬式、叙述式等①。 其主要原因在于，广告口号需要向消费者传递某种确定的商品功能利益或是企业、品牌能够给予消费者的情感利益，而不只是唤醒注意。

再者，广告标题在表现形态上可以直接使用商品、企业名称，而广告口号则必须包含商品、企业或品牌的某个特征、某项观念主张，不能只是名称，否则便不能称之为口号。

四、构图放置位置不同

广告标题目的在于引起消费者注意，引导消费者进一步阅读广告，因此在广告视觉设计上一般放置在画面最醒目的地方，使消费者能够一眼看到。 构图上通常和图案元素以及正文的文字元素共同参与设计，与广告作品的其他图文元素搭配。

广告口号在广告作品上的位置相对灵活。 在设计上，口号通常和企业名称或品牌名放置在一起；有时也兼任广告标题的角色，直接作为广告标题占据画面的明显位置；有时放置在广告正文之前，有时则在正文之后。 另外，广告口号可以单独使用，无须广告画面、广告正文。 广告标题则无法单独使用，需要与其他图文元素配合使用。

广告口号有时也当作广告标题使用。 从广告文案的视觉表现来说，标题是最重要的文字，只要是放置在最醒目位置上的语句，不论原本是不是广告口号，都将充当标题的作用。 当一则广告中的广告口号已经作为标题使用时，就不必另外撰写标题了。 而当一则广告中既有广告标题，又有广告口号时，就要处理好二者的关系，不能让广告口号影响和干扰广告标题。 比如，杜邦的营养与健康事业部的一组定位广告中，就把广告口号和广告标题并列在一起。 其广告口号为"It's what's inside（这就是内涵所在）"，在其系列广告中，醒目位置的文字分别为："新鲜的思想，这就是内涵所在"（图5-1），"健康的思考，这就是内涵所在"（图5-2），"一个有益健康的伙伴，这就是内涵所在"（图5-3），"多汁有趣的创意，这就是内涵所在"。 我们从图中可以看到，广告口号与广告标题不仅没有互相干扰，反而构成了完整的问答，更好地诠释了杜邦的理念，也充分说明了画面创意表现。

---

① 刘亦萍. 广告标题与广告标语的区别［J］. 福建论坛,2006(1).

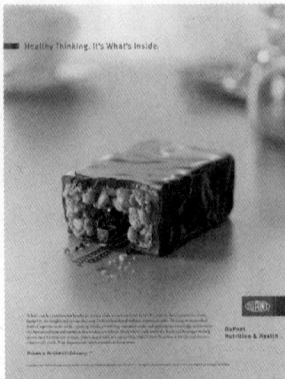

图 5-1　杜邦广告(一)　　　图 5-2　杜邦广告(二)　　　图 5-3　杜邦广告(三)

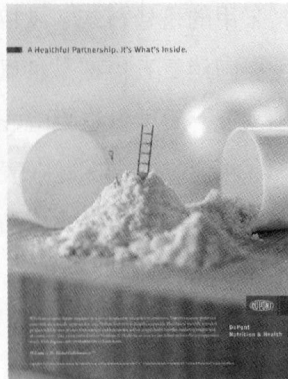

五、使用时效不同

　　广告标题的使用时效较短，一般在一个商品或品牌的短期推广计划中使用。随着阶段性推广任务的变化，发布的广告作品发生变化，内容各异，使用的标题也随之更换。每一系列广告乃至每一则都有一个不同的标题。有许多广告标题则是"一次性"的，如短期促销的广告。

　　广告口号则在一个相对较长的特定时期内保持不变，反复使用。除非遇到企业或品牌的定位策略变化，一般不作轻易改变或更换。广告标题不同的广告作品仍可以使用同一广告口号，只要商品、企业或品牌的定位策略与诉求没有改变，就会一直沿用下去。例如，麦当劳的"常常欢笑，尝尝麦当劳"的广告口号，持续使用多年，为中国消费者所熟悉。"常常欢笑"体现了品牌试图传递给消费者的快乐和向消费者提供的温馨愉快的氛围，而"尝尝麦当劳"则促使消费者产生品尝麦当劳的愿望。这个口号符合麦当劳针对儿童和家庭消费者的欢乐定位。后改为"更多选择，更多欢笑，就在麦当劳"，仍然延续"欢笑"路线。但随着品牌的发展，消费群体发生变化，这一口号已经无法适应消费者心理。2003年麦当劳运用品牌激活策略，将品牌定位于年轻市场，提出了全新的口号"我就喜欢（I'm loving it）"，在全球统一推广，一直使用至今。而在这几个不同口号时期，麦当劳众多广告的标题早已不知换了多少次了。

第三节　广告口号的类型

　　广告口号虽具有一些共性特征，但因口号宣传对象有产品、服务、企业、品牌等的区别，会导致诉求内容不同。诉求内容不同，广告口号可以按照主诉内容进行分类。广告诉求内容或传播主题概念的差异，以及不同产品、品牌广告传播的核心目标群体的喜好、需求等千差万别，都可能使广告口号呈现出信息内容、侧重点、风格等方面的多重差异。作为语言文字传播符号组成的传播信息，人们在广告口号中大量运用了多种修辞手法，因此，广告口号也可以按照修辞手法分为多种类型。内容决定形式，不同类型的广告口号适用于不同表现手法。

一、按广告口号的宣传对象进行分类

（一）产品广告口号

产品广告口号主要向目标消费者传达产品的功能、特征、效果等相关信息，促使消费者产生对产品的兴趣，进一步了解产品，形成对产品的认知，乃至产生购买欲望，如"洗得干净，不褪色"（雕牌透明皂）。

（二）品牌广告口号

品牌广告口号以建立品牌的一贯印象为目的，意图形成消费者对品牌的联想，如"可信赖，雅士利"（雅士利奶粉），"健康自信，笑容传中国"（佳洁士牙膏）。

（三）企业广告口号

一般以传递企业精神、理念与内涵为内容，宣传企业的经营思想、历史规模、服务理念、发展宗旨，以及企业风格、个性特点等，以树立企业形象，获取消费者好感，如飞利浦的"让我们做得更好"。飞利浦是世界500强企业中赢利最多的电器集团之一，然而飞利浦在广告宣传中除了不断强调自己创新的技术外，还从不忘记谦虚地表达飞利浦企业虽然已经为消费者生产出好的产品，却还要做得更好的自我要求，这样的态度与追求不能不获得消费者的赞赏与信任。再比如海尔电器集团的"真诚到永远"，也传达了企业的良好理念，让人心生好感。

二、按广告口号的表现内容进行分类

（一）功效彰显类

此类广告口号主要表现商品或品牌的功能、效果和利益。其中功能、效果和利益可以分为产品的基本功能、效果，物理属性的利益，品牌的心理功能、心理、情感的利益。具体又可以分为功能展示型、效果说明型和利益承诺型三种。

1. 功能展示型

此类广告口号以产品的功能特点为诉求，旨在展示与突出产品的功能特性，如水溶 C100 的"五个半柠檬 C，满足每日所需维生素 C！"有的功能展示型广告口号不仅突出商品特点，更在口号中加以直接赞扬，如雀巢咖啡的"味道好极了"。

有的则进一步从功能特点角度在消费者心目中进行产品定位，以强调自身与竞争产品的不同，在竞争中获取优势，如农夫山泉矿泉水的口号"农夫山泉有点甜"。在矿泉水品牌都以纯净、天然为卖点的竞争环境下，唯独农夫山泉突出矿泉水的味道，立刻在消费者心中建立了与众不同的产品特色定位。

2. 效果说明型

此类广告口号重点说明和强调消费与使用的效果，利用产品使用可能达到的实际效果与心理效果来诱惑消费者。比如娃哈哈营养快线的"早上喝一瓶，精神一上午"，健力宝的"常喝健力宝，活力无限好"，统一鲜橙多的"多 C 多漂亮"等。

3. 利益承诺型

此类广告口号重点表现的是商品或品牌能够带给消费者的利益与好处，如通用电器的口号"GE 带来美好生活"，在朴素的语言中传递的是对人们追求美好生活的努力支持与承诺。

（二）观念倡导类

此类广告口号并不直接向消费者表达产品或企业、品牌的优点，而是提出某种观念，比如消费观念、消费方式等。树立消费者的某种观念，从而对消费者的消费行为进行引导，甚至创造某种消费时尚。

除了引导某种消费观念，观念引导型广告口号还可以提倡和表达某种价值观念。在价值观层面表达企业或品牌的主张，引发消费者的理解与共鸣，建立价值主张与品牌之间的联想。例如，"科技创造自由"（联想），"灵感点亮生活"（西门子），表达的是企业对其所在领域工作的特点进行高度升华后的价值主张。

（三）形象塑造类

与着重表现产品功能特点的广告口号不同，形象塑造型的广告口号主要用于表现企业或品牌的形象，以精练的语言，通过日积月累的传播，在消费者心目中建立和塑造企业或品牌的形象。例如，"因智慧而不同"（多普达），让消费者形成多普达与众不同，是一个有智慧的品牌的印象；而"飘柔，就是这么自信"，赋予飘柔品牌自信的形象，也使消费者在使用产品时产生自信的感觉。

（四）情感沟通类

此类广告口号通过运用感性诉求的手法，内容表现诉诸人类的情绪与情感，比如欢乐、思念、怀旧和亲情、爱情、友情等。 以抒情的方式与目标消费者进行沟通，以感染目标消费者，产生情感共鸣，导向情感消费。 例如，"雪津啤酒，真情的味道!"用真情与消费者沟通；中国移动的"沟通从心开始"则表达了企业的服务理念，强调产品的沟通特性，也体现中国移动用心沟通的主张，用这么真诚的一句话从情感上去打动广大用户。

（五）行动号召类

此类广告口号在内容上表现为某种行动的号召，以富有鼓动性的语言，促使消费者产生口号中所号召的行动。 它们通常以祈使句的形式表现，而行动内容则主要与商品的购买、使用行为，或与企业及品牌策划的活动有关。 例如，农夫果园的口号"喝前摇一摇"，内容是对消费者在喝农夫果园饮料时的动作号召。 又比如红牛的"渴了喝红牛，困了、累了更要喝红牛"，提出了在某些特殊时刻要饮用红牛饮料。 更直接的行动呼告还有"果冻我要喜之郎"，直接模拟消费者口吻把口号喊出来，让人在不知不觉中进行模仿，在购买果冻时为自己选择喜之郎。

三、按常用的修辞手法进行分类

按照写作中常用的修辞手法来分，广告口号还可以分为多种类型，以下仅列举其中的几种。

（一）比喻式

比喻是最常见的修辞手法，将与某一事物有相似之处的另一事物用来作比喻，使人更好地认识该事物的特征。 比如"波导手机，手机中的战斗机"，把波导手机比作战斗机，让人意识到该手机的"战斗力"即功能的强大。 这句口号意思明了，读起来响亮有力，一度为人们所津津乐道。 又如佳得乐饮料的口号"生活就是一场运动，喝下它"，也运用了比喻的手法。

（二）对比式

为了强调，通过平行的语法结构，设置反衬或对比。 比如，可口可乐曾使用过的一个广告口号"一直被模仿，从未被超越"，暗指竞争对手百事可乐对其的追随与模仿。 口号的前半句与后半句形成了竞争者行为与竞争结果的对比，反衬出可口可乐品牌自身的实力与强大自信。这句广告口号在广告播出后很长时间里都被人们挂在嘴边，成为了流行语。

（三）通感式

通感是利用诸种感觉相互交通的心理现象，以一种感觉来描述表现另一种感觉的修辞方式。比如德芙巧克力的"牛奶香浓，丝般感受"，用丝绸般的顺滑形容巧克力细腻滑润的口感，令人准备捕捉到德芙巧克力的细腻特征，建立两种感觉的形象联想。

（四）夸张式

夸张是一种运用丰富的想象力，在客观现实的基础上放大或缩小事物的形象特征，使用夸大的语言以增强表达效果的修辞手法。在广告口号撰写中，常常为了吸引消费者或为了建立强烈印象，而把商品或品牌的某种特性、效果夸张到极致。比如北极绒内衣的口号"地球人都知道"，嘉士伯啤酒的"可能是世界上最好的啤酒"。

（五）拟人式

拟人式是把产品或品牌比拟成一个人物来进行广告口号创意。比如奥利奥饼干的口号"牛奶最喜欢吃的早餐"，把牛奶拟人化，点明了为什么要购买奥利奥的可爱理由——牛奶喜欢吃！而美国捷运公司的口号"你知道我吗？"用第一人称的拟人方式与消费者对话，唤起消费者的兴趣。佳能相机曾使用的口号"我们看得见你想表达什么"，令人感觉佳能相机是一个人，一个了解你在镜头后面想法的人。这种手法容易让人对品牌产生亲切感。

（六）对句式

对句是指字数相同，文意相对的语句，可以分成对仗与不对仗两种。对句式的广告口号如"领导时代，驾驭未来"（奔驰），"领导"对"驾驭"，"时代"对"未来"。还有宝马中国的口号"行有道，爱无疆"，"行"对"爱"，"有道"对"无疆"；日产汽车的"古有千里马，今有日产车"，都是对句式中讲究对仗的例子。

不对仗的对句广告是指虽然有相同字数的字词，但文意并不相对。有的口号是不完全对仗，如光明牛奶的口号"做光明的牛，产光明的奶"，虽然"做"和"产"，"牛"和"奶"是相对的，但中间都是"光明的"，没有全部对仗工整。

（七）押韵式

押韵是一种语音修辞手法，使用在广告口号上，让其更加朗朗上口，给人以悦耳动听的享受，在愉快的心情中记住口号，乃至主动传播。 比如 "晶晶亮，透心凉"（雪碧汽水），"我的光彩来自你的风采"（沙宣洗发水），"人头马一开，好事自然来"（人头马 XO）。

第四节　广告口号的写作原则与技巧

无论何种类型、拟采用何种表现手法的广告口号，在创作过程中均需要遵循一定的创作规律。 首先，广告口号的写作要按照一定的步骤进行，明确信息内容，确定表现方式与风格，再进行反复修改。 这个程序不可更改，不可随意跳过第一步进入第二步，否则难以撰写出符合广告策略的口号。 再者，在具体的写作中，也有明确的写作原则，比如广告口号必须简短有力，表达单一概念等。 广告口号的写作原则既指导初步的写作，也可作为修改时的标准。 另外，一些实用的广告口号写作技巧则有助于增强广告口号的传播效果，比如在广告口号中嵌入品牌名，既增加品牌名的曝光率，又促使品牌名与口号紧密连接在一起。

除了一般的广告口号写作原则与技巧，全球国际化传播时代的传播趋势还对广告口号写作提出了更高的要求，即广告口号的翻译写作。 如何巧妙地翻译国际品牌的广告口号，也是广告文案撰稿人必备的技能之一。

一、广告口号的写作步骤

（一）明确广告口号的信息内容

在广告口号的写作过程中，首要的不是写作技巧，而是广告口号到底要对目标消费者 "说什么"，即广告口号承载的信息内容是什么。 关于广告口号的信息内容，在广告策划的最后一个环节，会通过广告的目标、任务和主题确定下来，因此到了广告口号写作这一步，并没有修改的余地，广告口号必须完全按照创意简报的要求撰写。 我们要保证的是广告口号的写作不能偏离广告创意的主题，要能够完成广告策略赋予的任务。 通常广告口号信息内容要传达的核心信息是用来与目标消费者沟通的关键信息，比如产品的最重要特征、企业的竞争优势，或者品牌的利益承诺、定位信息等，是目标消费者最关心的信息。

（二）确定广告口号的表现方式

明确了广告口号要 "说什么"，第二步就是 "怎么说" 的问题。 广告口号要选择创意策略指导下的沟通方式，与目标消费者进行信息沟通，具体就是广告口号的表现手法、对消费者说话的语言风格、使用的语句等。

（三）检验与修改广告口号

广告口号的撰写首先要有一定"量"的积累，在不同的广告口号中作出检验、修改，再检验、修改、选择。 广告口号的检验最重要的原则——是否符合创意策略。 凡是不符合创意策略规定的、不符合广告主题的，都是绝对不能被采用的，哪怕在表现形式上多么引人注目和有趣。 符合广告创意策略和创意简报各项规定的，才能够继续进行修改，不断在字词语句上进行锤炼，力求达到最完美的效果。

二、广告口号的写作原则

（一）简短有力，表达明确

广告口号写作要求简短朴素，只选择最核心的信息加以明确表达，不及其余。 核心信息的内容在广告策划的阶段已经完成，在广告创意主题上已作规定，不在广告口号自由发挥的范围之内。 明确表达广告主题的核心概念。 若表达不明确，则无法令消费者在听到、看到广告口号后迅速理解口号的意思，也就谈不上留下鲜明的印象了。

广告口号写作还要求简短有力，不简短不利于流传。 比如服装品牌美特斯邦威的口号"不走寻常路"，简单明了地表达主张，掷地有声，很适合口头传播。

再者，口号不能啰嗦繁复。 若在口号中掺杂过多信息，文字太长，或是啰嗦重复，也无法达到简短朴素所具有的直击消费者的力量。 因而在广告口号写作中切记只能集中力量，以简短的形式，突出表达核心概念。

例如，宝马汽车的广告口号"驾驶乐趣，创新无限"，宝马和奔驰都是汽车中的高端品牌，但二者具有不同的定位。 奔驰体现的是尊贵和身份感，而宝马则定位于更年轻的富人阶层。 宝马在口号中突出强调的核心概念是它的驾驶乐趣，直接表达出宝马最重要的魅力所在。

（二）音韵流畅，上口易记

广告口号存在的意义之一就是被消费者广为传播，甚至成为日常生活的流行语。 这就要求口号不能不具备口头传播的特性，因而在写作上要求其语言表现为口语化、容易上口的语言风格。 忌过于书面化的语言表达，忌拗口难读或生僻难认的语言文字，而应多使用平易平实的语言，才能达到被大众普遍传播的效果。比如同为电脑品牌的口号，"科技创造自由"（联想）与"经典精铸，隽永典藏"（明基），同为汽车品牌的口号 "梦想的力量"（本田汽车）与"和谐为道，欲达则达"（皇冠汽车），都是用字简单、口语化的前者比用字文雅书面化的后者更轻松易懂，更容易被人们记住并传播。

除了口语化，广告口号写作还必须合乎音韵。语言流畅、语音悦耳，多锤炼、推敲语言用字，使消费者获得良好的听觉感受，更容易被消费者主动记忆和进行传播，如"水晶之恋，一生不变"（喜之郎），既押韵，又流畅。

（三）新颖独特，个性突出

广告口号可能描述产品的特征或对消费者作出承诺的利益点，这些信息内容的表达首先要符合产品或品牌的个性特征，符合目标消费群的个性风格与特征，在语言表达的风格上与目标消费者推崇的语言风格相近；其次要力求新颖独特，在字词运用上尽可能与竞争对手广告口号的风格、用字选择都区别开来。与竞争对手广告口号的区别越明显，个性越突出，表达越新颖独特，则越容易使消费者获得明确、独有的广告口号印象，这样消费者不仅能够通过广告口号抓住产品或品牌的个性特征，还因为广告口号的魅力而形成独特的品牌联想与记忆。

通用轮胎公司的口号"与其他轮胎的最小区别是价格"，没有从产品的特性上与竞争对手作比较，也没有直接赞扬和夸耀自己的优点，而是利用了逆向思维进行表达，让人不禁要思考：通用轮胎与其他轮胎更大的区别是什么呢？人们很容易就能领会到它的意思——价格以外的质量、性能表现、技术工艺、服务等多方面都比其他轮胎优秀。

（四）正面鼓励，号召力强

广告口号的写作要从正面入手，一般不在负面、反面处着墨。正面的写作内容能够在消费者心目中建立正面的鲜明形象，对消费者产生积极引导、号召、鼓舞、激励的作用，使消费者从品牌那里感受到被肯定、被认同、被鼓励，获得积极的情绪与情感，从而导致购买行为的产生。

美的电器的口号"原来生活可以更美的"，引导人们热爱生活，关注生活的美，提升生活品质，给人温馨美好、积极的感受。雀巢咖啡的口号"事事因你而精彩"直接与消费者个人沟通，给消费者肯定、赞扬，使消费者获得来自品牌的鼓舞和支持，因而喜欢上这个品牌。而体育类的品牌口号常见体育精神的号召，如安踏的"永不止步"，阿迪达斯的"没有不可能"，乔丹的"我来，我征服"，李宁的"一切皆有可能"等口号，更是激励人们满怀希望与信心，勇敢挑战，不断向前。

（五）感染力强，引起共鸣

广告口号承担着与消费者进行反复沟通的任务，在传播中要帮助消费者建立有效的品牌联想和品牌记忆，对产品或品牌产生好感、认同感。作为与消费者沟通的重要工具，广告口号的写作要有足够的感染力，在情感上打动目标消费者群体。广告口号能够引起消费者共鸣的，首要的是其表达的信息内容，即根据目标消费群体的生活形态特征、心理需求与产品、品牌特征相结合制定的广告主题、核心概念；其次是广告口号的语言形式，富有感染力、人情味的语言，能够使一个广告主题更深入消费者的内心，在情感上与之契合，形成内在的认同感，影响到消费者的品牌忠诚度。

统一冰红茶的"年轻无极限"是一个和年轻消费者沟通的口号，是根据年轻人喜欢变化、追求极限的特征制定的。冰红茶的清爽口感与符合年轻人心理需求、为他们大声说出的主张，很容易得到年轻消费者的青睐。

三、广告口号的写作技巧

（一）在口号中表达关联信息

创作一条广告口号先要认清广告口号的基本类型，确定是产品广告口号、企业广告口号，还是品牌广告口号，才能够把握在广告口号中关联的信息为何，从而进行表达。若是产品广告口号，要与产品特性相关，表达产品的功能特质。若是企业广告口号，则关联表达企业理念、历史、宗旨等内容，如韩国三星集团的"三星技术，为生命服务"，诺基亚的"科技以人为本"。

（二）在广告口号中嵌入品牌名称

在广告口号中自然地嵌入企业、品牌、劳务等名称，反复传播出现，既传达了个性特征，又扩大了企业、品牌的知名度，增强了消费者对企业、品牌名的熟悉度。比如"康师傅方便面，好吃看得见"，在广告口号中嵌入了品牌名和产品名，"一品好茶，达利园"则嵌入了品牌名和产品类别。又比如"送礼就送脑白金"，点出了品牌消费的用途，"有喜事，当然非常可乐"（娃哈哈非常可乐）嵌入的品牌名同时也是产品名，并且合乎上下文语境，使品牌名直接参与了广告口号的意义表达。

此外，嵌入的方式还可以再巧妙一点，比如运用回文的手法："万家乐，乐万家"，获得的传播效果更佳。

（三）贴近目标消费群的语言风格

广告口号的语言风格若能贴近目标消费群体的语言风格，容易让人判断出该产品或品牌的市场定位，而且对目标市场的消费者来说更加富有感染力，更能引起消费者内心的共鸣。因为，那是在用消费者自己的语言说出了他们的心声。不同消费群体因为年龄、阅历、心理需求等不同，呈现出不同的个性特征，在语言上也有自己独特的表达方式和风格。

比如，竹叶青茶的口号"平常心，竹叶青"，是符合中年消费者的心理追求和口头用语的，能够让人一眼看出品牌的市场定位和消费者的年龄区隔。

又如中国移动 2003 年推出的子品牌动感地带，是为年龄在 15—25 岁的年轻人提供一种特制的电信服务和区别性的资费套餐品牌，广告口号最初是"我的地盘听我的"，后来改为"我的地盘我做主"。动感地带的品牌个性是"时尚、好玩、探索"，这正是其年轻目标消费群体的个性特征，而无论"我的地盘听我的"，还是"我的地盘我做主"都是以目标消费者的口吻在表达心声，很容易获得他们的共鸣，并且成为他们的流行语，在很长一段时期获得了大量的口头传播。

（四）运用动词产生行为驱动效果

在广告口号中运用动词比形容词更能对消费者行为产生驱动效果。比如，可口可乐在 1936 年推出的口号"喝新鲜饮料，干新鲜事儿"，使用了两个动词，第一个是直接驱动产品消费行为——喝新鲜饮料，第二个则是消费者在生活中喜欢的行为——干新鲜事儿，口号把这两者联系在一起，意指可口可乐是新鲜的、活力的，是鼓励人们在生活中去玩新鲜内容的；也指爱干新鲜事儿、经常令自己的生活变得有趣好玩的消费者是喝可口可乐的。

再比如柯达胶卷的口号"串起生活每一刻"，如果没有使用动词，只是"生活每一刻"，虽然仍可以表达出柯达胶卷为人们记录生活的功能，但却缺少了一份生动。加上动词后，更加形象了，仿佛可以看到柯达的一张张胶卷是如何把生活的一个个时刻串起来的，因此也更能促使人们赶紧拿起相机，用柯达胶卷去记录生活的美好时刻。

（五）利用谐音、同音、双关产生联想

谐音或同音字词因为利用了消费者原本知道的字词的读音和本意，使谐音字词能够被更轻松地理解，如奔驰的梅德赛斯广告口号为"心所向，驰以恒"，其中"驰"与"持"同音，"驰以恒"是利用了"持之以恒"这个成语的发音和意义，造成了奔驰品牌的产品功能、品牌名与"持之以恒"这一理念之间的联想，消费者对这一理念的理解就变得简单。

双关则因为同一个词可以有不同的所指，让消费者联想到双重含义，理解后便能会心一笑，乐于将其分享给其他人。比如，邦迪创可贴是一款保护伤口、帮助伤口愈合的产品，其广告口号为"邦迪坚信，没有愈合不了的伤口"。配合在历史上有过敌对战争记录的国家领导人握手的照片，意指能够愈合"国家与国家之间的伤口"，令人直接联系产品特性，不可不谓巧妙。又比如，统一润滑油的口号"多一些润滑，少一些摩擦"，也是在口号中运用双关的手法，既直接表达出产品特性，又表达了人与人、社会组织机构之间或国家之间等各种事物之间的关系原则，传递出人们的美好愿望。

值得学习的例子是英特尔的口号"给电脑一颗奔腾的芯"，利用同音字，语带双关。英特尔公司的微处理器最初只是被冠以 X86，并没有自己的品牌，后来产品品牌被命名为"奔腾"，并以奔腾系列的产品名来界定电脑的运行速度。"给电脑一颗奔腾的芯"既指奔腾品牌的电脑处理器芯片，又形象比喻为给电脑一颗具有澎湃驱动力的奔腾不已的心。

（六）运用俗语、谚语，增强传播效果

俗语是群众在生活中所创造，并在群众口语中广泛流传的通俗语言，是一些定型的语句，具有简练、形象的特点。谚语和俗语有相似的地方，也是经过口头传播，运用流传于民间的口语形式、言简意赅、通俗易懂的话语，一般反映劳动人民的生活实践经验。谚语多是短句或韵语，表达完整意思，与俗语不同的是，谚语通常是一两个短句。

在广告口号中运用俗语、谚语，符合口头传播的需求，并且能够利用谚语、俗语原本就为普通人所熟悉的特点，更容易被人理解，还能获得额外的会意会心的效果，让口号显得更巧妙、有趣和聪明。

百威啤酒在中国某一年的贺岁广告口号是"百尺竿头更进步，威风八面又一年"，这是一对藏头联，上下句的第一个字就是百威的品牌名，非常巧妙。而上下句又分别运用了一句谚语"百尺竿头更进一步"和一个成语"威风八面"，取了这两个语句的意思用来作为新年祝贺，也是相得益彰。

四、广告口号翻译的写作技巧

随着国际化的发展潮流，越来越多的国际品牌进入中国市场，需要对中国消费者进行广告传播。其中多数广告是在中国为消费者量身定做的，但广告口号则多与国际市场保持一致。如何向中国消费者进行准确有效的传播，广告口号的翻译就成了一个极其重要的问题。一个成功的品牌有赖于优秀的广告口号传播，但

广告口号的翻译技巧要求非常高。 这是因为外国产品或品牌的广告口号翻译既要准确反映原文的意思，又要用另一种语言表达得有魅力。 因此，对广告人而言无疑是双重的考验。 在广告口号的翻译中，采用灵活变通的翻译技巧是译文成功的关键。

下面介绍几种常用的英文口号翻译、写作技巧。

（一）归化法

归化和异化是一对翻译术语，由美国翻译理论学家劳伦斯韦努蒂（Lawrence Venuti）于 1995 年在《译者的隐身》中提出。 归化是要把源语本土化，采取目标读者所习惯的语言表达方式来传达原文的内容，翻译要求向目的读者靠拢，译者必须像本国作者那样说话，译文必须变成地道的本国语言。 异化法则是"译者尽可能不去打扰作者，让读者向作者靠拢"。 在翻译上要尽量采取相应原作的源语表达方式，来传达原文的内容，保持外来文化的语言特点，吸纳外语表达方式，以便保存和反映异域民族特征和语言风格特色，把读者带入外国情境。

要使英文广告口号在中国市场吸引消费者的关注，按照汉语语言习惯对广告口号的英文原文进行汉化翻译，使之具备用汉语创作的口号一样的生动优美，不仅有助于消费者更好地理解广告口号，同时能够使中国消费者获得更美好的感受，对品牌好感度剧增。 因此，广告口号的翻译采用归化法的例子比比皆是。

比如，戴比尔斯钻石珠宝的广告口号"A Diamond is Forever"，被翻译成"钻石恒久远，一颗永留传"，堪称口号翻译的经典之作。 口号原文简洁有力，而中文译文则不仅表达了原文的意思，还以对句的形式，选取恰当的字词，针对钻石买家的心理需求，将产品的物理特性与浪漫隽永的情感渲染合二为一，读起来温情脉脉、荡气回肠，打动了消费者的心，获得了极好的传播效果。

又比如，麦斯威尔咖啡的广告口号"Good to the Last Drop"，被翻译成"滴滴香浓，意犹未尽"。 这一广告口号的原文如果直译过来，就是"好到最后一滴"，与"滴滴香浓，意犹未尽"相比，显得过于直白无趣，不能给消费者以产品美味的诱惑，也无法体现消费者品尝咖啡后的感受，无法对消费者造成引诱和冲击。 我们甚至可以说，译文口号甚至比原文更出色。

还有通用电器的"梦想启动未来"，译自"Imagination at Work"，通过归化法使简单的英文口号被赋予了更深刻的内涵和更动感的形式，以鼓舞中国消费者。

（二）直译法

直译和意译是一对翻译术语，相比归化和异化，直译和意译更强调语言层面的形式处理。 直译法既保持原文内容，又保持原文形式；意译法则保持原文内容，不保持原文形式。

在广告口号翻译过程中，基本保持原句句法和修辞特点，保留原文的风格，按陈述句直译。 这样的例子很多，可以让品牌的口号在国际市场上保持统一，保留商品或品牌的原有形象。

比如，百事可乐的口号"The Choice of A New Generation"，翻译为"新一代的选择"，保留了口号原文的直截了当，把定位信息准确地表达出来。 飞利浦电器的"Let's Make Things Better"直译为"让我们做得更好"就足够了。 可见，直译法通常适用于简单准确的广告口号翻译。

（三）修辞法

在广告口号翻译中，常用的修辞方法有对偶、拟人、比喻、夸张等，具有较高的艺术性，充分、巧妙地综合运用了汉语词类、词义和句式。

比如"Intel Inside，Intel Pentium"，经过翻译，成为"给电脑一颗奔腾的芯"，运用拟人法，比原文更加形象生动，还运用同音字，一语双关。

飞利浦电动剃须刀的"Sense and Simplicity"，英文口号已经押了头韵，形式简短朴素，而意义明确突出，中文翻译为"精于心，简于形"，不仅保留了简短朴素的句式，还押了头韵和尾韵，并进一步点明意涵指向，非常精练优美。

（四）套译法

套译法是指"活用成语、名句或谚语"的一种翻译方法。 广告口号的翻译套用谚语、诗歌，仿照消费大众在生活中熟悉的语言形式和表达方式，可以减少翻译过程中原文在意义、结构、风格和形象方面的损失，而且易引起强烈的共鸣。

比如，丰田汽车的英文广告口号是"Where there is a way，there is a toyota"，借用了英语谚语"Where there is a will，there is a way"的形式，而在中国翻译成"车到山前必有路，有路必有丰田车"。 也利用了"车到山前必有路，船到桥头自然直"这句中国谚语，在内容上与产品功能使用相符，在理念上与消费者对谚语的原有理解相吻合。 同时，与英文口号的谚语套用有十分相似的异曲同工之妙。 后半句的"有路必有丰田车"也与英文口号一样在最后嵌入品牌名，和前半句谚语连接，又显得十分霸气。 无论英文口号还是中文翻译，都是运用谚语的典范。

又如，F.B.吉德里希轮胎公司的口号"He laughs best who run longest"，套用了英国谚语"He laughs best who laughs last"，而中文译为"谁跑到最后，谁

笑得最好",也采用了对句的形式,仿照谚语的表达,是不错的翻译之作。

广告口号的翻译可以说是广告口号的跨语言再创作。译者可以综合运用归化、异化、直译、意译等多种翻译技巧,发挥想象力和创造力,挖掘广告口号中的文化内涵,根据目标语言国家的语言文化特征和消费者特征,灵活翻译。既能清晰地传达原文的有效信息,又能够使目标语言国家的消费者感到翻译过来的广告口号也很优秀,甚至感觉不到这是再创作,而是原本就用他们的语言进行的优秀写作,达到有效、高质的传播效果。

？

思考题

1.广告口号与广告标题的区别。

2.广告口号的写作原则。

3.广告口号的写作技巧。

实　训

1.收集5~10个媒体新近发布的广告作品中的广告口号,从类型、信息内容、表现形式等方面进行分析,并比较一下哪些口号更优秀,理由是什么?

2.案例分析:广告口号与广告标题的区别

奥利奥(Oreo)诞生于1912年,是卡夫食品集团在美国最畅销的夹心饼干,该品牌已经成为全球巧克力味夹心饼干的代名词,于1996年进入中国市场。2012年奥利奥100周年庆推出"Celebrate the kids inside(做回孩子多快乐)"广告口号,发布系列平面创意作品,2013年的传播口号是"扭开亲子一刻",2014年启动全新品牌概念"满是心奇分享",2015年推出了"玩转奥利奥　秀出新趣味"广告活动,一路延续好玩有趣的路线。

(1)请评析上文提到的奥利奥广告口号。

(2)请收集两则奥利奥100周年庆平面广告,并分析其广告口号与广告标题的区别。

3.阅读下面的材料,思考"中国梦　梦相印"这个广告口号与"心相印"品牌调性是否相符?在分析"心相印"品牌理念的基础上,为"心相印"撰写一个体现其理念主张的广告口号。

"心相印"是恒安集团的纸巾品牌,多年来以温馨、浪漫的主题调性,不断创新,竭诚提高服务质量,用心关爱身边的每一个人,利用领先技术,成就卓越品质,为广大消费者提供卫生、优质的生活用纸。在以往的广告中强调值得信赖的高品质及温馨浪漫的感受,为消费者带来随时相伴的至纯关爱,守护消费者的健康快乐生活。

"心相印"纸巾连续十四年市场占有率第一,被誉为"国纸"。作为纸巾行业的领导者和最成功的中国民族品牌之一,为了与时代接轨,"国纸"心相印力助"中国梦",在2015年提出了"中国梦·梦相印"的广告主题。心相印认为,每个人都有属于自己的梦想,它承载着希望,让人充满动力。每个梦想都是独一无二的个体,但它都充满了正能量——向往美好生活和未来,梦想和梦想的结合,才能共谱美好生活和复兴民族的宏伟蓝图。"中国梦·梦相印"以华夏人民的梦想凝聚于心,梦与梦的相印,以心构造中国富强发展的蓝图。每个人的梦想构成了华夏民族伟大复兴的中国梦,而"中国梦"的实现又和每个人的梦想息息相关、心心相印。

4.在身边寻找一个你感兴趣的品牌,收集其近年的广告资料,分析其商品特征、品牌理念和目标消费群,在原有广告口号的基础上为其撰写新的广告口号。

（1）首先研究其重头产品的物理属性,撰写一个与竞争对手有明显区别的、有竞争力的产品广告口号。

（2）再研究其品牌理念与主张,与目标消费群的价值观相契合,撰写一个品牌广告口号。

（3）撰写多个广告口号方案后,与同学一起讨论:

①口号是否符合广告写作的各项原则;

②口号是否表现了商品的特性;

③口号是否体现了品牌的单一理念主张;

④口号是否能够被目标消费群所认可;

⑤口号是否容易理解、记忆和传播。

▼

第6章

平面广告文案的写作

本章要点:

1.重点把握平面广告媒体文案写作的具体要求与写作技法。

2.掌握平面广告文案与文学创作在语言运用上的不同。

3.不同类型平面广告文案创作时的侧重点。

学习目标:

在了解不同类型平面广告文案种类的基础上,明确平面广告文案的特点以及不同类型平面媒体对广告文案写作的要求,并掌握不同平面广告文案写作的具体技法。

建议课时:8学时

平面广告文案是平面广告作品中的文字部分。通常情况下,平面广告由文案与画面组成,画面吸引注意力,文案传达关键点。平面广告文案的写作要求因传播媒介的特性不同而有多种标准。

第一节　报纸广告文案的写作

报纸是印刷媒介的主流，自报纸产生之日起，广告就与之相伴。发展至今，报纸已经成为重要的广告媒体。

以报纸为载体，在报纸上发布的广告文案就是报纸广告文案，它以文字为主要诉求符号将广告内容诉诸公众视觉。与广播和电视广告相比，报纸广告更加注重文字和广告受众之间的交流，因此文案在报纸广告中的作用是非常重要的。报纸广告文案写作既要符合报纸的媒体特征，又要达到广告效果；既要展现丰富的语言内涵吸引受众，又要与报纸版面、广告图片配合，更好地实现宣传产品信息的目的。

与广播和电视广告相比，报纸广告制作简单、费用低廉、发布方便，是目前最广泛最普遍的广告形式，是大小企业的首选。因此，写好报纸广告文案是广告人员必须具备的基本能力。

一、报纸广告文案的特点

总结报纸广告文案的写作，可以看出它有以下几方面的特点。

（一）发展成熟

报纸是现代广告中历史最为悠久的大众传播媒介，最早的有意识的广告文案写作也是从报纸广告开始的，所以现代报纸广告文案的发展最为充分，也最为成熟。

（二）信任度高

报纸广告依靠报纸所具有的新闻性、权威性，无形中提高了读者对报纸广告的信任度。这一点对于大版形象广告是很有作用的，可以收到较好的效果。

（三）信息量大，覆盖面广

报纸广告的版面大，有条件将企业或产品的信息更多地传达给公众。在制作关于企业形象宣传、新产品上市等内容的广告时，可以更详细地介绍企业或产品，避免了广播电视广告容量小的不足。

同时，报纸的发行量大，有的可达上百万份，阅读人数则至少有几百万，因此信息的覆盖面很大。而且报纸广告可以被长期保存，可以被相互传阅，还可以被认真仔细地阅读，因此可以使广告信息得到更好的渗透，产生更好的效果。

（四）写作难度大

报纸广告文案的写作难度比较大，因为报纸广告文案直接以文字面对受众，而且这些文字又承担着吸引受众、说服受众的任务。报纸广告能否有效，主要看广告文案的写作水平。

（五）结构完整

报纸广告文案有比较完整的结构，应包括标题、正文、附文、广告口号等。由于报纸广告文案具有版面灵活、即时传播等特点，除了结构最为完整以外，所有广告文案的表现方法和表现形式在报纸广告文案中都可以使用。

（六）文图互补

报纸广告文案往往与图片配合使用，以达到相互补充的效果。图文并茂，既展示了产品的形象，又增强了视觉效果，美化了报纸版面。这也是报纸广告的一大优势。

（七）文案可长可短

报纸广告文案有长有短。分类广告由于版面很小，所以文案都很短，一般在十几个字到几十个字之间。形象广告因为要较全面地反映企业或产品的优势，树立品牌形象，所以可制作较长的文案，有的甚至几千字到上万字之多。而一般产品广告，又可根据广告目的和版面大小，灵活安排文案，长短随需要而定。例如，"三勒浆"的报纸广告文案：

别让疲劳弯您腰

三勒浆抗疲劳

每天，您的腰杆也许这样变化

清晨——笔直

中午——打瞌睡

下午——不由自主弯曲

晚上——依靠床来支撑

工作过于紧张，让您缺乏充沛精力，腰杆由直到曲。疲劳的困扰由来已久，如今，三勒浆为您轻松解决。每天一支三勒浆，迎接工作挑战，随时随地挺直腰杆。抗疲劳，当然三勒浆！

这则保健药品的广告文案，运用长度适中的文案简洁地描述了人体疲劳的显著特征，突出了"三勒浆"抗疲劳的功效。

二、报纸广告文案的分类

报纸广告按照形式，可以分为三类：系列广告、独立广告和报纸软文广告。报纸广告的种类决定了报纸广告文案的分类和写作要求。

（一）报纸系列广告文案

报纸系列广告是指在一定时期内相继在报纸上发布的，创意风格、主题设置、表现形式类似，但具体图片或文案又明显变化的报纸广告。报纸系列广告一般是出于两个目的：一是广告主为了在同一时段推出不同产品或者同一产品的不同类型；二是为了增强读者对广告的关注度，使读者对广告产生一种集群印象，增强广告在受众心中的影响力（图6-1）。

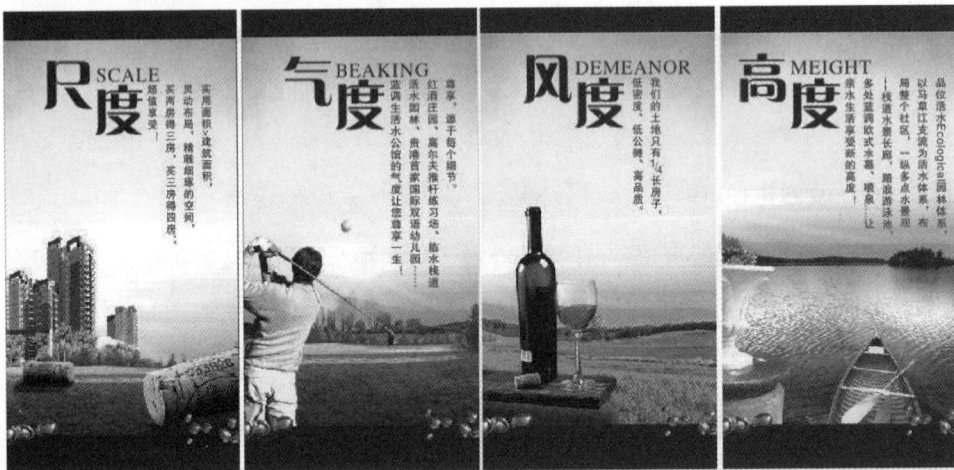

图6-1　某房地产商的系列报纸广告

图6-1的四则广告从创意角度来看如出一辙，但每一则广告在大的框架下又都有独立的主题和侧重点，从不同的层面展示了该楼盘的特点。这种系列广告给受众在视觉上产生巨大的冲击，同时能让读者更多地了解该楼盘的优点。在同样的创作风格和结构安排上，展现不同的特色，使四则广告构成一个完整的有机体又各自横向独立。

报纸系列广告讲究既要统一创意，同时每一支广告又要横向独立，这就对广告文案的创作提出了两个基本要求：第一，整体统一且相互关联；第二，个体多样且各异。因此在广告文案创作中要坚持"求同存异"的原则。在此基础上，要具体做到：

首先，广告文案要有一个明确的主题，也就是确定系列广告的路线。这是报纸系列广告文案创作的基础。

其次，标题和提示语要有明显的系列广告特征。

再次,广告文案语言风格要一致。 所谓语言风格实际上就是整篇文案的语言或感情基调。 如果系列广告的风格是诙谐幽默,则各分支广告文案中就不应出现严肃或者凝重的词语。 如果系列广告的风格是和谐静美,那广告正文中就不能出现暴力或者粗俗的文字。

最后,单支广告的独立性要靠广告内容展现。 一般产品报纸广告可以从产品的不同品牌、不同种类、不同功能等方面展开叙述。 企业形象型广告可以从企业理念、企业发展业绩、企业承诺等方面展开。 如果是故事性的报纸广告文案,每支广告可以设立一个独立的故事场景,但彼此之间要与广告标的物相关联。

(二)报纸独立广告文案

报纸独立广告就是除系列广告之外的其他报纸广告的总称。 独立广告是报纸广告最常见的形式。 结合报纸版式的特点,报纸独立广告大致可以分为以下几种:报花、报眼、半通栏、单通栏、双通栏、半版、整版、跨版。 报纸独立广告的类型决定了它们各自独特的广告文案写作要求。

1.报花广告

报花只是一个非常小的版面,除了可刊登企业名称、商品名称、电话之类的内容之外,不可能再容纳其他更多信息。 因此报花广告只要将主要内容用简明的方式表现出来就行。 其文案是很简单的,有的只写品牌和企业名称及咨询电话,有的只写品牌名称和销售地点及电话,有的只写一句广告口号和企业地址及电话,有的只写一句促销口号和商家名称及电话。 在报花广告中,商品名称和联系电话是不可少的,促销口号则根据具体情况而定。 现在多采用二维码的形式,包含的信息更多,也更加方便。

2.报眼广告

报眼位于报纸第一版右上角位置,十分抢眼也十分重要。 如果放置新闻内容,那么是要将重要的消息放在这里发布的。 作为广告版面使用时,其权威性、新闻效果、时效性仍然很强。

报眼广告文案在字数上可比报花广告多,但因为版面不大,不适宜放置图片,所以报眼广告以文案为主,它占据着核心地位。 写作报眼广告要注意以下几点:

(1)要体现具有新闻价值的信息内容。

(2)文案语言风格要体现理性的、科学的、严谨的倾向。

(3)广告标题和正文应倾向于新闻形式。

（4）选择醒目的标题，标题以新闻式、承诺式、实证式为佳。

（5）使用短文案，少用感性诉求方式，特别不能用散文体、诗歌体、故事体等形式，以免冲淡报眼位置本身所具有的说服力和可信性。

3. 半通栏广告

半通栏广告即十六分之一版，也就是基本栏的一半。 因为版面小，应该用醒目的标题和图片、特殊的文案和编排来吸引受众。 由于文字和内容少，所以半通栏中的标题很重要，它是吸引读者的主要因素，因而一定要写一个好的标题。

4. 单通栏广告

单通栏广告即八分之一版广告。 在目前报纸广告的版面运用中，单通栏广告是最为常见的一种。 因为这样的版面运用，其篇幅大小处于人们感觉中的正常状况，有一定的版面说服力。

5. 双通栏广告

双通栏广告即四分之一版广告。 这样的版面给广告文案写作提供了较大创作空间，只要符合报纸广告表现的语言风格、表现形式、表现结构，都可以在这里使用。

6. 半版广告

一般将半版、整版、跨版等一并称为大版面。 利用版面的实力以及编排营造气势，是半版广告的重要立足点。 在这个前提下，广告文案的写作应特别注意：

（1）可以利用大画面来表现广告内容。 虽然是大版面，但不一定要用很多文字。

（2）既适合感性诉求，也适合理性诉求。 感性诉求时，要用大标题、少正文文案、重点性附文方式，营造品牌形象和气势上的吸引力；理性诉求时，一般是对大企业的介绍，或对某产品或服务的全方位的体现。

7. 整版广告

整版的版面空间以宏大的气势给人以一种内在的震慑力，广告主的实力和气魄得到了展现。 整版的版面同时也给予广告表现最大的创意空间和表现空间。广告的整版版面有以下三种用法：

（1）第一种用法是在整版的版面上运用介绍性的文字来对产品系列或企业的各个方面作全面的介绍。 这种用法以广告文案为主，配上少量画面作陪衬，甚至可以没有画面。 这种形式，对于刚刚进入市场的产品是合适的。 但如果已经在市场上有一定的品牌形象，产品已进入成长和成熟期，这就不是一种恰当的表现形式。因为，这时候的主要诉求期望是加强品牌记忆，应该运用第二种方式。

（2）第二种用法是以大创意、大气魄、大画面、大标题、大字体和少量文字来进行感性诉求。在目前的整版广告中，这样的广告表现越来越多，因为处在成长期的企业、产品、服务或者重大事件的推广（如企业成立、商店开张、周年志喜），都可以运用这种方式来体现。运用这种方式特别要注意的是，广告文案应起到画龙点睛作用，并且要与广告画面风格相协调。

（3）第三种用法是利用报纸的新闻性和权威性，采用报告文学的形式来提升企业的形象。这种形式是以广告文案为主，并且为了体现企业的大气魄，一般都用整版表现。这种方式是我国特殊的广告现象。

8. 跨版广告

跨版广告就是将一个广告作品刊登在两个或两个以上的版面上。一般有全页跨版、半页跨版、大四分之一跨版等几种形式。跨版能体现广告主的大气魄、厚底子，是财力雄厚的企业乐于采用的形式。

（三）报纸软文广告文案

报纸软文广告就是用新闻稿形式写成的广告。软文广告的内容大部分是企业新产品上市、企业大型展会或者活动等。软文广告的目的和商业广告的目的是一致的，就是对产品、服务或者企业形象进行大力推广。

三、报纸广告文案的写作技巧

报纸广告文案的大部分写作技巧也同样适用于其他平面媒体的文案写作。一般来讲，报纸广告文案要特别注意标题和正文的写作。

（一）报纸广告文案的标题

现在可阅读的媒体很多，一个人一天要接触大量的文字读物，加上工作压力的加剧和生活节奏的加快，人们已经没有很悠闲的心境来欣赏一篇广告，即使看新闻也是先浏览标题，碰到自己感兴趣的标题才可能继续看正文，对待广告就更是如此。因此，报纸广告要引起读者注意，就必须有好的标题，用标题来吸引读者。制作报纸广告的标题要从以下几个方面考虑：

1. 突出新闻价值

读者对新闻是比较感兴趣的，广告中使用具有新闻价值的标题，能够唤起读者的注意力。例如，"海尔热水器再领 21 世纪热水器发展新潮流——海尔健康热水器通过国家级技术鉴定"这个标题很有新闻价值,完全可以作为新闻消息的标题使用。

2. 彰显利益的承诺

把产品给消费者带来的利益点放在标题中,或是以一个与消费者利益相关联的问题作为标题,使消费者感觉到这个广告与自己有关,其中正是自己需要的产品或服务,甚至使消费者有"踏破铁鞋无觅处"的感觉,迫不及待地要阅读正文。例如,"给你百分之百的自信"(某除臭剂),"为了你的双手在明天更娇嫩,别忘了在今晚抹一点达尔"(某护肤霜)。

3. 强调产品卖点

在标题中强调产品的卖点,用卖点打动消费者。注意这个卖点一定是有销售力和说服力的,具体可以是产品性能的优越、价格的低廉、使用的安全方便、服务的周到细心等。例如,"买上海桑塔纳轿车,一年内不限里程免费保修"(桑塔纳轿车),把轿车售后服务承诺作为卖点,让消费者吃了一颗定心丸。再如"一个月的误差不会超过一秒"(手表),强调了手表的走时准确。

4. 引起读者兴趣

兴趣是最大的动力。只有对产品或服务感兴趣,才可能有购买欲望,才可能产生购买动机。"为美国人抹眼泪已经有 50 年了",这个标题使人产生兴趣。谁为美国人抹眼泪已经有 50 年了?读者自然会往下读,才知道原来是克里纳斯纸品公司生产的餐巾纸。类似这样的标题是很能引起读者兴趣的,如"你会使别的垂钓者瞠目结舌"(詹姆士·海顿父子渔具),"用照片叙述你一生的故事"(美国摄影家协会)。

5. 激发读者好奇心

1998 年法国世界杯足球赛前夕,TCL 彩电在《羊城晚报》上刊出了一则广告,标题为"98 世界杯第 33 支参赛队"。球迷都知道 1998 年世界杯足球赛共有 32 支参赛队伍,怎么又突然冒出一个第 33 支参赛队,自然会感到好奇。读者的好奇心被激起了,必然会阅读正文,去探个究竟。

(二)报纸广告文案正文的形式

报纸的跳读性很强,浏览性也很强,所以必须增强广告正文的可读性和趣味性,这样才能使读者有兴趣将广告读完。可读性是对文字的要求,趣味性则是对内容的要求,趣味性要求将文案写得生动形象、灵活多样。为了增强可读性和趣味性，报纸广告正文可以采取以下形式展开写作。

1. 故事体

在大量报纸广告中，直白地宣传产品的广告比比皆是。这样的广告文案既没有可读性，也没有趣味性。这也是读者反感广告的原因之一。采用故事体，在讲故事的过程中介绍产品信息，让读者在阅读的愉悦中了解产品。

2. 传说体

传说体广告是利用民间故事的形式来撰写广告文案。传说在民间有广泛的群众基础，上千年的口口相传，使老百姓对民间传说有特别的感情。如果将产品信息融入民间传说之中，将能更好地传播广告内容，更有效地影响公众。

3. 比较体

因为报纸有版面的优势，广告正文可以写得长一些，所以比较体也很适合报纸广告写作。比较可以是与同类产品的比较，也可以是新旧产品的比较，还可以是消费者使用产品前后情况的对比。

4. 反复体

在广告正文中重复意思相同的句子，形成反复和强调，给读者更深的印象。

5. 新闻体

报纸本身就是传播新闻的媒体，刊登新闻消息是报纸的分内之事。如果广告也用新闻形式写作，那么它的可信性就会大大加强。

在写作新闻体报纸广告文案时，一定要遵循新闻特点和规律，那就是新闻报道的内容必须是真实的，也要具备新闻的五要素，即事件中的时间、地点、人物，什么原因导致事件发生，结果又如何。

（三）报纸广告文案的附文

报纸广告文案的附文除了要写清楚厂商地址、电话、电报挂号、传真、网址、电子邮箱等联系方式外，还要热情主动地号召、催促、鼓励消费者赶快购买产品或服务。就如同送客时再亲切地说上几句叮嘱的话一样，给读者留下美好印象。诸如"凡需要以上产品的用户，请您认准××商标"，"我们还竭诚为您代办邮购业务，邮购地址：××××，联系人：×××"，"我们期待着您的光临"，"希望我们能真诚合作，实现共同发展，互惠双赢"等。

第二节　杂志广告文案的写作

一、杂志广告文案的特点

杂志在印刷媒体中有"印刷媒体中的王者"之称，因此，"在大图片、少文字、小文字"的现代杂志版面视觉设计趋向中，设计者已经有意识地将文字的间接诉求转化为视觉形式的直接诉求表现，用视觉语言（照片、图片、画面，用色彩的浓淡，不同的形式架构）表现有形的成分。广告文案中的广告标题和广告正文等只是画龙点睛，点出视觉语言表现不到的或表现的核心因素。因此，杂志广告文案比报纸广告文案更为简洁，更为独到。[①]

杂志广告媒体自身的特点决定了杂志广告文案的独特性，其表现在以下几个方面。

（一）广告对象集中、精确

不同的杂志有着固定的受众群体，诉求对象非常明确。因而面对特定的诉求对象，在写作杂志广告文案时就要面对特定的对象说话，制订针对他们的语言风格。这种语言风格要符合读者的文化水平、欣赏兴趣、美学爱好和语言习惯，并且为他们所熟悉和欣赏。比如戴尔电脑针对家用电脑市场推出的这则广告：

> 海量存储，妈妈的影集
>
> 高速数据传输，爸爸的影音工作室
>
> 千兆以太网卡，我的在线课堂
>
> 幸福家庭各得其所，就在戴尔

这则戴尔电脑广告的妙处就在于让一个小学生来说话，运用排比句式，在列出产品优点的同时，也告知人们戴尔电脑给每一个家庭成员带来的好处和利益，加上儿童真实可信的话语，增加了广告的亲切感。

（二）广告语言个性化

语言表达是广告创意和信息内容的体现。语言风格的个性化，是指杂志广告文案的语言要体现出广告信息的个性化特征，并与目标受众的个性心理相吻合，使人感到新鲜、独特、不落俗套，读之令人耳目一新，这样才能使杂志的目标受

---

① 胡晓芸.广告文案写作［M］.杭州：浙江大学出版社，2000：231.

众乐于接受，并深受影响。

比如海澜之家的一则杂志广告文案：

> 每个人都有率真的一面
>
> 不愿意伪装,不愿意勉强
>
> 我,要做最真实的自己
>
> 披上一件夹克
>
> 简洁、硬朗
>
> 一个率真的我
>
> 立刻出现在你面前

此广告是海澜之家发布的男士夹克的广告，在"率真、自我！"两个醒目的红色字下出现的正文，只有简短的几十个字。借一个男士，亦是一个消费者的口气说话，表达想做真实的自我的决心，然后引出海澜之家的夹克，让男士们看到，那样的一款夹克，可以展现一个率真的自我。再结合身穿此款服饰的模特图片，广告的效果立刻显现出来。

（三）诉求方式专业化

杂志广告的目标受众群体均有一定的专业素养和文化水平，因而，那些专业性强的商品广告最好是刊登在专业杂志上，采用专业化的语言风格。这样容易为专业目标受众所理解，不仅可以节省很多文字，而且有利于广告的有的放矢，增强广告效果。

下面是《中国广告》杂志上的一则广告文案：

> 广告标题:137 米宽静电写真创作广告作品
>
> 广告正文:两年以上颜色的保质/大小幅面都不局限/每平方英寸 400
>
> pi/达到是您意想不到的色彩/令您满意的价格/让客户高兴的效果
>
> 广告口号:用心自己选择

《中国广告》杂志的受众是广告领域的研究者、教学者、广告公司或企业等单位的广告工作者，这些特定的受众，对广告专业的专门化问题有一定的研究和了解，因此在该杂志上进行广告文案创作，就可以较少顾虑受众的专业化程度，大胆采用具有专业化倾向的语言和诉求方式。

（四）文字和画面相得益彰

由于杂志的印刷精美，图文并茂，杂志广告文案写作也可以充分考虑与图形、画面的配合，相得益彰。文案的形象性、说明性较强，能够达到良好的效果（图6-2）。

（五）独居版面，效果显著

杂志广告可以独居整个版面，不需要与其他非广告信息混在一起，能让读者细细品味；辅以引人注目的标题、口号，更能增强广告效果（图6-3）。

图6-2 Boss男士护肤霜广告

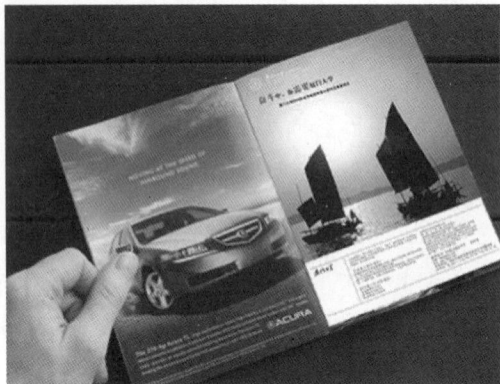

图6-3 讴歌汽车广告

二、杂志广告的不同版式及其对文案的要求

一般来说，杂志广告可以分为以下几种版式：全页、半页、1/4页、跨版、多页专辑、指定版面（如封面、封底、封二、目录）。版式不同，文案的写作也有所不同。

（一）内页版面对广告文案的写作要求

杂志的全页、半页、1/4页、跨版广告，一般都安排在杂志的全页中某个固定的页码或插页，可以统称为内页版式。内页的各种版式广告应该充分考虑如何使自己从相邻的广告单元中脱颖而出，吸引众人的眼光。图6-4、图6-5是两种典型的内页版面杂志广告，依次是跨版广告和全页广告。

图6-4 跨版杂志广告

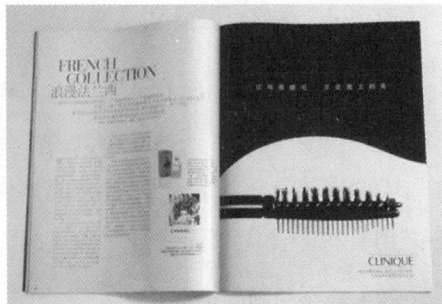

图6-5 全页杂志广告

这类广告的文案写作应注意以下几点：

1. 着重突出画面的视觉冲击力, 文案以点睛之笔升华主题

借助于杂志媒体特有的制作精美、重读率高、时效性强等特点, 内页各规格广告应充分发挥画面的艺术表现力, 信息内容可几乎全部通过画面来体现。文案则少而精, 只起画龙点睛的作用, 使广告给人以含蓄、深邃之美感。

2. 图文结合, 充分发挥图文并茂的视觉效果

即以色彩鲜明、形象逼真的画面塑造品牌形象; 文案以言简意赅的语言对画面信息作关键性的解释、提示或说明, 并成为画面的重要组成部分 (文在图中)。两者相辅相成, 相得益彰。

3. 大标题、详文案、杰出的创意、不同诉求形式

杂志广告除了图文配合外, 对有些信息内容也可以全凭文案进行传播。如招生、招聘、求职等广告, 应以醒目的大标题吸引受众注意, 再以较为详细的文案满足目标受众的求详求实、急于实践的心理。诉求形式不限, 以符合杂志媒体特点和杂志特定受众群体文化素养为标准。如图 6-6 这一则招聘广告, 就很好地达到了宣传效果。

图 6-6 青岛越洋出入境有限公司招聘广告

4. 小版面分类广告标题要引人注目

分类的小广告, 除了品牌名称或企业形象标识及随文外, 别无其他, 文案的写作十分简单, 比较容易把握。

（二）特殊页面的广告文案写作要求

像封面、封底、封二、目录对页等这类特殊版式页面，一般都是属于指定版面，可以称之为特殊页面版式。

封面和封底的印刷广告，因其位置显著，注意值最高，效果也最好，因而对广告的版面设计和文案写作有特殊要求。

封面的广告应以精美的画面吸引受众，画面信息应与杂志的专业性有一定的内在联系，并具有审美价值，使人于情感愉悦中接受信息。文案只能以品牌或广告名称以及简洁凝练的广告语形式出现。

封底与封面同样重要，应以图形为主，文案为辅。文案的语言不仅要考虑杂志的特定受众，而且要考虑特定受众以外无意注意的其他受众，淡化专业性，更接近于大众化。

封面和封底这两种版式的广告在杂志广告中处于最重要的位置，在文案的处理上有不同于其他版面的地方。一般来说，封面广告基本以图形为主，强化视觉冲击力，文案最多只能表现品牌名称或是用简明扼要的广告口号来突显品牌形象。封底广告的要求与封面大致相同，但是可以根据需要适当增加一定的说明文案，值得注意的是，说明的文案应考虑在目标受众明确的前提下尽量通俗化（图6-7、图6-8）。

图6-7　封面广告

图6-8　封底广告

封二、目录对页和封三的印刷广告，受众注意力仅次于封面和封底，而高于内页，也是很重要的版面形式。广告多以图文并茂形式加以表现，广告文案的作用更为重要。适于平面广告的各种文体、表现形式和表现手段，均可针对特定目标受众运用于文案写作。封二、目录对页等，虽然处于杂志的内页，但是因其独特的位置而具有较高的注目率。由于翻阅杂志的读者大多数都是目标受众，具有一定的文化素养和专业知识，因此，封二、封三、目录对页的广告文案可以占据较多的位置，以多种表现手法来进行广告诉求。

三、杂志广告文案的写作技巧

（一）广告风格要与读者阶层一致

目前我国杂志可分为三种类型，即专业性杂志、综合性杂志和休闲性杂志。专业性杂志读者的知识水平和文化素养较高，在这类杂志上做广告，语言要典雅、庄重，具有一定的专业性，切忌庸俗、花哨、低俗。综合性杂志涉及面较广，读者成分复杂，在这类杂志上做广告要考虑让不同层次的读者读懂文案，并善于把握不同读者的共同利益点。休闲性杂志的阅读面较广，或以热门话题吸引人，或以独特风格吸引人，在这类杂志上做广告，语言要平易近人、通俗易懂。

（二）广告要有详细具体的内容

由于杂志媒体与报纸相比，具有更高的精读率和传阅率，所以杂志广告在内容上应比报纸广告更加详尽具体，但要注意讲求实效，少说废话。比如下面这则刊登在《读者》杂志上的力士美容洁面乳广告：

展现生动美丽的一面

谁会喜欢木头娃娃那种硬绷绷、毫无生气的感觉呢？

人人都渴望拥有一张生动娇柔的面孔。全新的力士美容洁面乳，蕴含天然成分，配方纯净温和，为您缔造娇颜，让你真正拥有生动娇柔的面容。

力士美容洁面乳，真正彻底洁净，而无须担心碱性成分刺激面部的娇嫩肌肤，并能有效促进皮肤的新陈代谢，使皮肤润泽而富有弹性。

均衡型：含天然芦荟精华，纯净温和，能有效去除分泌过剩的油脂。保持皮肤爽洁舒适，柔软细润。

保湿型：含天然小麦胚芽油，营养滋润，保证面部皮肤特有的水分不流失。使皮肤幼滑娇嫩，富有弹性。

全新力士美容洁面乳，给你面部前所未有的轻柔呵护！并展现生动美丽的一面，使你更有自信！

文案首先介绍了力士美容洁面乳的功能，然后又详细介绍了产品的两种类型，最后向消费者承诺产品可以"展现生动美丽的一面"。文案内容详尽具体，切中了消费者的"要害"。

（三）理性诉求和感性诉求并用

因为杂志广告版面空间大，可以刊登文字比较长的广告，这样就有可能进行详细的诉求。可以是单一的理性诉求，也可以是单一的感性诉求，还可以是二者结合的诉求。例如，姗拉娜青春修复露在《读者》杂志上所做的就是一则典型的理性诉求的杂志广告：

哇！小痘痘不见了

预防青春痘——姗拉娜青春修复露

姗拉娜青春修复露含优良的抗脂溢杀菌去粉刺活性物，温和不刺激，可调节皮脂的过剩分泌，加快皮肤的修复，避免青春痘的复发与产生，从而达到治本的效果。

姗拉娜青春修复露含强力的保湿因子和高效的渗透剂，具有重建表皮、促进修复、避免脱水的效果，可舒缓皮肤的刺激感。

姗拉娜青春修复露最适合于以下皮肤的护理，对于有产生青春痘、粉刺倾向的皮肤；对于已产生青春痘、粉刺的高度油性皮肤。

去除青春痘，护理油性皮肤——姗拉娜止痘系列产品，给您提供正确的选择。

（四）以图为主，图文并茂

杂志广告印刷精美，所以应该充分发挥图片的作用，尽量用图说话。在以图片为主的杂志广告中，文字只起到解释和补充画面的作用，或起到点明主题的作用，让读者能看懂画面的主题。对印刷效果特别惹人注目的广告，文字的撰写更要简洁、清晰、醒目，与画面的格调相一致。具体来说，图文并茂的杂志广告应注意以下几点：

（1）以图为主的杂志广告文案，要简明扼要、提纲挈领、点到为止，文字尽量少，把吸引受众的任务交给视觉冲击力强的画面。

（2）要用最少的文字表现最丰富的内容。

（3）将广告文案在版面中的编排效果体现得更加充分，用大标题字体来吸引受众目光。

（4）广告文案的主要任务是解释画面中的产品内容、特点、附加价值，文案与画面之间要有内在对应。

（5）诉求形式要根据杂志特定受众的价值观和阅读习惯进行选择。 如体育杂志、时尚杂志、青年杂志上的广告，要迎合这些读者的兴趣，而不能用很学术化的方式进行诉求。 而对于专业杂志，因为读者是专业人员，所以用专业术语表现，反而会产生亲近感。

第三节　直邮广告文案的写作

直邮广告是指所有通过国家邮政或者快递公司等渠道直接送给选定对象的广告方式。 直邮广告简称为 DM 广告，DM 是英文 Direct Mail advertising 的缩写。

直邮是一种高效而经济的销售和促销媒体。 因此它被零售业、商业和各类工业公司广泛运用于慈善、服务机构、文化活动讯息传递以及个人相关信息的传递。 从商业广告设计角度来看，直邮广告是一种独立的广告物。 因为 DM 不像海报、杂志、报纸或电视广告会受到媒体背景的限制，影响广告的宣传效果。 例如，一般报纸、杂志广告设计必须严格遵守媒体的规格与印刷手法，更甚至于受纸张的限制。 而 DM 则在尺寸、色彩、纸材等方面均可以自由选择。 所以对于商业广告来说，DM 不仅是广告也是媒体，是集广告与媒体于一身的广告物。

一、直邮广告的分类

直邮广告不受版面、印刷、纸张、媒体、规格的限制，版面大小、印刷、纸张都可以自由设计选用。 因此，其种类形式多种多样、灵活多变。 以下是直邮广告常见的一些主要种类。

（一）广告信函

这是一种以书信体方式传播商品和服务信息的直邮广告。 广告商会将销售内容印刷在写有广告主信息的信纸上，同时在信件的抬头标识出顾客的姓名和称谓，装进信封直接送达收信人。 广告信函是直邮广告中最为常见的一种形式。 它的形式相当多，既有"单面、单色、

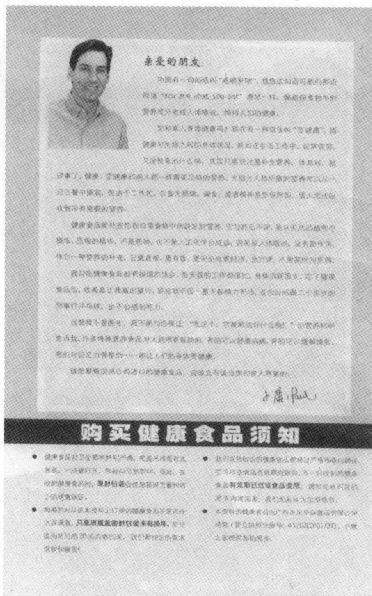

图6-9　广告信函

图 6-10 宣传单（一）

单张"的单页信函，也有一张纸两面印刷，用两色或者多色并配有插图的多页信函。其主要的特征是一定要出现顾客的姓名和称谓，外观形式上就是一封信件。如图 6-9 即是一封典型的广告信函。

（二）广告宣传单（册）

广告宣传单（册）又称为散页广告传单，一般连同信函一起放进信封，内容主要有企业宣传、广告分类说明、广告活动推介等。这种形式既经济又实惠，是商家乐于运用的广告方式。产品宣传单（册）在设计上以文字编排为主，并配以产品图片及图形说明，主要针对具体产品的宣传，要求印刷质量高、形式精美，可当作资料收集。内容多时可装订成册，其主要尺寸有34开、24开和16开等。具体包括以下几种。

1. 宣传单

这是除广告信函以外的一种商品宣传单，它多以单页纸形式出现，而且正反面均印有商品和服务的内容，考究一些的宣传单还采用多色套印（图 6-10、图 6-11）。

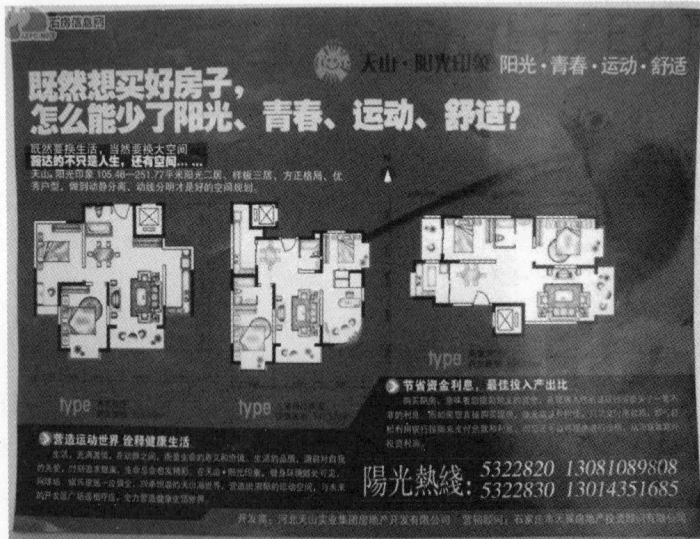

图 6-11 宣传单（二）

2.产品说明书

说明书以记载有关商品的详细资料、充分叙述所推销产品的内容为主，有时配有插图。说明书又可以分为小型说明书、折叠式说明书及大型折叠式说明书三种。 小型说明书常与广告信函同时使用，这时可在广告信函上写一些合乎时宜的问候语，而在说明书中介绍商品的详细情况，双管齐下，效果倍增。 折叠式产品说明书是可以保存的印刷物，其设计风格要独特、高雅，在版面编排构成上具有连续性、可读性。 其规格一般较大，形式上有对折、三折、四折等，纸质厚，篇幅较大，能充分叙述所推销商品的内容。 大型折叠式说明书则更大，通常在 480 cm × 635 cm 以上，有时可用作海报（图6-12、图6-13）。

图 6-12　产品说明书（一）

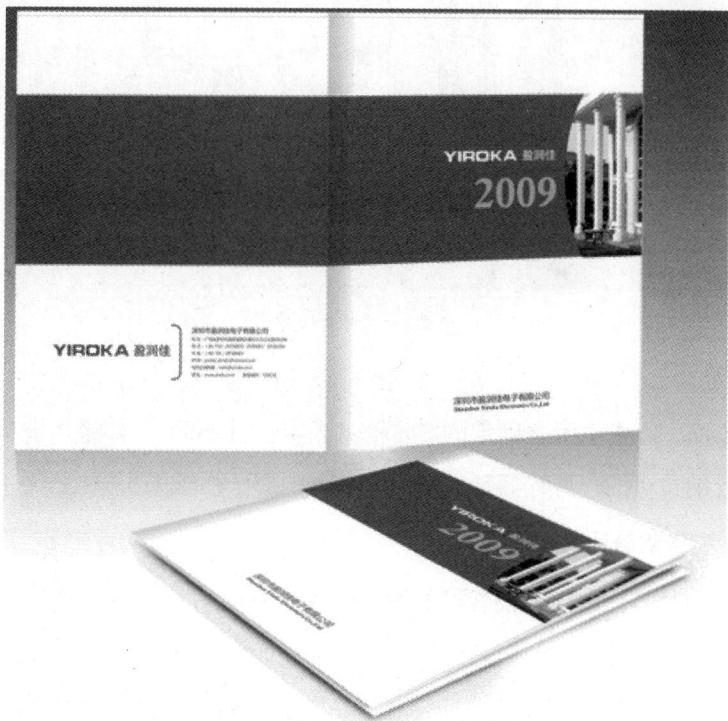

图 6-13　产品说明书（二）

3. 产品目录

产品目录是商品的参考书，内容详尽，一般都印有产品图形、价格等。 收信人收到这种广告，犹如置身商品前或工厂中，一目了然。 一旦选择了中意的商品，便可在填妥广告主随产品目录一并提供的邮购单之后寄出，从而在约定期限内收到邮购公司寄来的产品。 产品目录的出现，极大地方便了边远山区或购物不便地区的消费者，同时也为广告主更大范围地开拓市场提供了一个难得的契机（图6-14）。

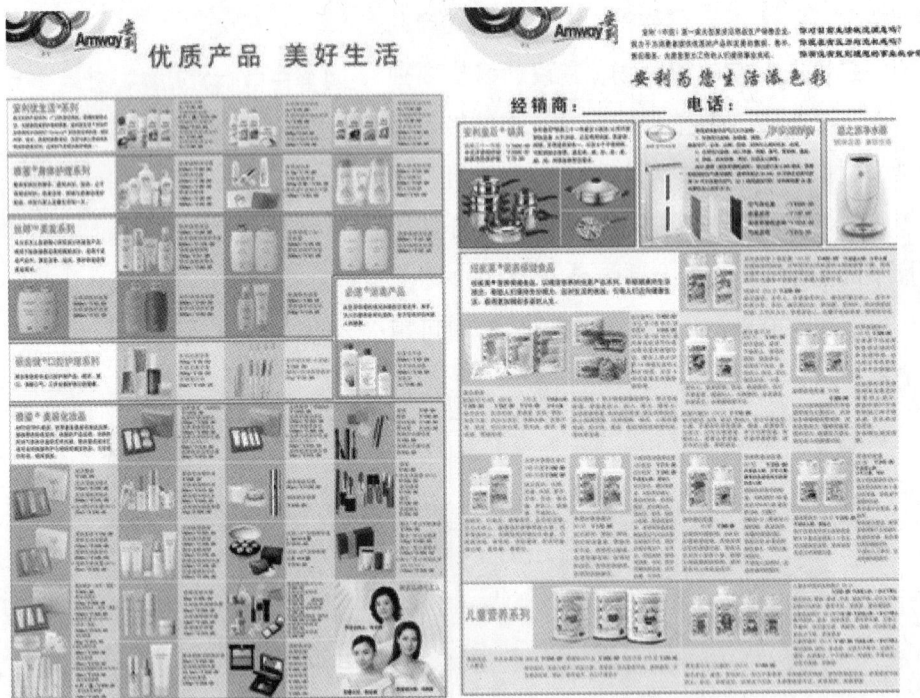

图 6-14　产品目录

4. 册子

产品不同，广告主为之确定的广告信息内容也就不同。 如果用宣传单、说明书等无法容纳负责的广告内容时，则需要多页的册子形式的 DM（图6-15）。

（三）广告明信片

广告明信片是针对零售消费群所设计的以邮政明信片作为载体传播广告信息的促销广告，其内容包括简短的广告语、折扣券、礼品单等。 另外，也包括专门为推介企事业单位形象所设计的明信片，它们大多设计精致、印刷精美、内容简洁（图6-16）。

图 6-15　多页的册子

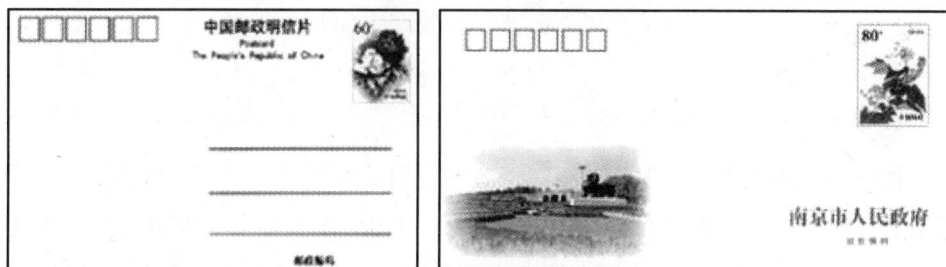

图 6-16　广告明信片

（四）信函附属品

信函附属品是为了让收信人关注广告信息而特地用金属、塑料、纸、布等材料所做的小道具，贴在印刷品或者是主体上，同印刷品一同封好寄给目标对象。事实证明，夹带信函附属品会使直邮信件的外观变得鼓鼓囊囊，能够极大地提高收信人的兴趣，增强收信人对内容的阅读欲望。信函附属品的形式多样，规格较小。一般有纽扣、钥匙链、高尔夫球、记事簿等。

（五）其他

1. 请柬

请柬是近年来兴起的一种直邮广告形式，即通过向目标对象发送请柬，邀其出席某种活动的形式传播广告信息。这是一种极富有人情味的联络方式，既能体现企业的理念，又能摆脱过于明显的商业味，因而受到各大企业的青睐（图 6-17）。

图6-17　请柬

2. 贺卡

作为个人或者企事业单位之间在年节假日时迎来送往、沟通和联络感情的重要形式，贺卡几乎与请柬被广告商同时看中，被用来作为直邮广告的载体。它是基于一种人性化的、柔和的、亲情式的情感诉求。其内容主要分为节庆型和问候型等。形式上有卡片式、POP式、吊式、半立体式等多种形式，具有浓郁的趣味性和装饰性（图6-18）。

图6-18　邮政贺卡

3.年历

年历被用来作为发布广告信息的载体，并非只在直邮广告中才有。 事实上，很多企业在年末岁首时，出于构建其企业文化和宣传企业形象的需要，往往通过向其客户赠送印刷有自己单位标志和主要产品、业务介绍及联络方式的年历，从而实现广告信息的最新告知。 年历非常强调实用性、装饰性、知识性、趣味性、广告性和商业性。 类别有日历、周历、月历、双月历、年历等（图6-19）。

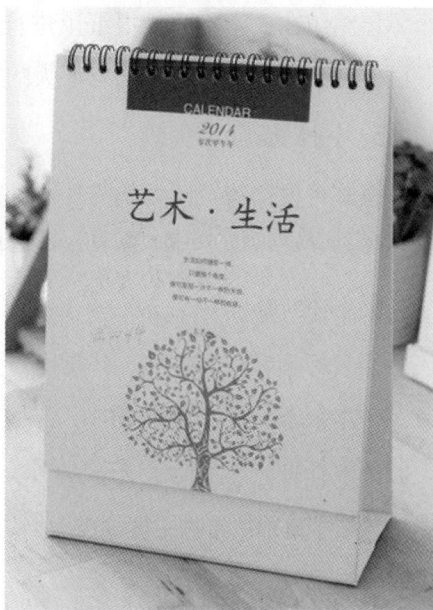

图6-19　年历

二、直邮广告的特点

与其他广告媒介相比，直邮广告有其自身的优缺点。

（一）直邮广告的主要优点

1.选择性

直邮使广告主能自主选择想要传播的目标顾客， 只寄给这些主要目标顾客——那些最有可能购买其产品或服务的人。 这样能使广告主节省成本，增加利润。

2.范围性

多数大众传媒受其读者、观众或听众的限制。 例如，不是所有观众在同一时间调到同一频道看广告，并非所有人在一则广告登载的那一天订阅报纸并看报，但事实上每个家庭都有邮箱。 通过直邮，广告主可对某一地区的家庭宣传达到100%的覆盖率， 可以毫不夸张地说，直邮可到达每一个你选择的人。

3.可变性

直邮的形式、风格和容量多样，广告主可根据自身需要自由选择，很少有限制。

4.可控性

直邮广告主对广告发行和质量可严格控制。 对大广告主如百货连锁店，事先印刷的直邮广告可以控制广告质量、效果及所有分店的广告量。 相反， 如果一个零售组织在 5 家不同的报纸上进行连锁广告运动，它很可能碰到在印刷质量、版面位置和读者反应等方面有很大的差别。

5. 个性化

直邮可根据特定读者的需要和理想，使表达更加个性化。同时，直邮的个性化还体现在私密性上，不易为竞争者所知晓，对手得知消息后已慢一步。

6. 排他性

当目标顾客打开邮箱，并拿出一张直邮广告时受竞争性的干扰是最小的。相反，一本杂志，有许多抢眼的广告和文章、插图，这些干扰减少了读者对某一则广告的专注性。

（二）直邮广告的主要缺点

1. 千人成本高

在所有主要传媒中，直邮广告的每千人成本最高。由于邮资不断提高，印刷费用上涨，特别是全彩页单张广告的制作、印刷和邮递准备的费用不可能少于100 元/千张，更多的情况是超出这个指标。

2. 缺乏内容支持

杂志广告拥有读者应归功于其前后的文章、故事和插图。相反，直邮广告是独立存在的，不能借助其他东西帮助抓住读者的兴趣。它还必须在可能于一天内同时到达的一堆其他直邮广告中更为出众。因此，直邮的构思、写作和制作需非常用心，要想成功，它必须以引人注目的版面设计和精良制作的形式表现出来。

3. 受众的抵触态度

许多消费者可能对他们认为的"信箱垃圾"存有反感，因此很自然地会把信箱中"多余的"直邮广告扔进垃圾筒，或至少对"飞来的"广告疑虑重重。如果要使用这种广告形式，这些因素要充分考虑到。

三、直邮广告文案的构成

直邮广告文案是直邮广告宣传品中语言文字部分，下面以广告信函为例，说明直邮广告文案的构成。

（一）信封

信封是直邮广告中收信人首先看见的，需要在信封的设计上费些功夫，但如何设计信封没有固定的方式，取决于直邮广告的目标和成本。其总的原则是应该设计得足以引起收信人的兴趣，愿意进一步拆读广告信函。

1. 收信人地址

广告信函的信封有横式和竖式两种。用横式信封时，将收件人地址写在信封的上方；用竖式信封时，将收件人地址写在信封的右侧。这部分内容包括邮政编码，省、市（县）、城区、街道、门牌号码，以及单位全称和业务部门名称。收信人地址要写得具体详细、准确工整。

2. 收信人姓名

收信人姓名一般写在中间位置，字体稍大。姓名后面接写称呼等，如"同志收""先生启"等。目前，很多企业的商业信函或邮政广告函件在信封上设置得比较简单，一般不专写收信人地址、姓名，而是在信封上切分出一块透明的塑料薄膜区域，然后将收信人的地址、姓名等打印在信件内文中，折叠后显露在这块区域，节省了不少时间和成本。

3. 寄信人地址及姓名

用横式信封时居下书写，用竖式信封时居左书写。根据邮政部门的规定，邮票一般贴在横式信封的右上角或贴在竖式信封的左上角。目前，很多广告信函还会在这一区域醒目地印刷广告主的 Logo 和广告标语，起到一种宣传作用。

（二）广告信文

广告信文是直邮广告信函中最重要的部分，以书信的形式发布商品或者服务信息的广告体式。按照一般的书信规范，广告信文中应包括开头、正文、结尾、署名和日期 5 个部分。这部分的写作应该有针对性，文案富有个性化，突出人情味，拉近企业、商家与消费者之间的距离，获得忠实的消费者。

广告信文的正文中会有一个对目标客户的问候，虽然寥寥数语，却能受到客户关注，使之有被尊重的感觉，能有效沟通感情，获得认可。

广告信文应以文字说明为主，具体的写作内容包括：

1. 开头

开头写收信人或者收信单位的称呼。称呼要单独占一行，顶格书写，称呼后用冒号。

2. 正文

正文是直邮广告信文的主要部分，主要叙述广告信息和商业业务往来联系的实质问题，通常包括以下内容：

（1）向收信人致以问候。 可以根据掌握的客户信息，借以年节假日或者目标对象的生日表达问候。 注意语气真诚，不必太客套、太恭敬，行文自然，能让收信人有意外惊喜之感。

（2）写信的事由。 如果是第一次发出直邮广告行文，应该在表示"骚扰"歉意的同时，着重说明本公司、企业的最新产品或服务信息对于目标对象的急需性、适用性和及时性。 可以用较为夸张的预期来赞誉自己的产品，以此来吸引收信人继续阅读。

如果不是第一次向目标对象发出直邮广告信函，应该提及彼此间已经发生过的售卖或者购买关系，表明对其购买过公司产品或服务的感谢，或者是对目标对象反馈单或是来信中提到的问题答复等；或者是询问其过去使用产品和服务的感受、意见或者是向其报告公司新出的产品、服务升级等。

（3）信中要传达的广告信息。 这是正文中要详细表达的内容，应该围绕创意设计中的主题，详细地介绍商品或服务的信息。 在行文方式方面，应该注意根据目标对象和产品特点，分别使用软销、硬销两种方式，或者二者交替使用。

其中，软销方式写成的广告信文，用语亲切自然，类似友人间的促膝交谈，娓娓叙来。 具体的行文注重主观感性诉求，遵循"情景描述→困难总结→方案提供→促使行动"的顺序。 凡是推销价高质优的高档产品，比较适用软销的行文方式。

硬销方式写成的广告信文，相对于软销方式，态度比较生硬，其实质上是用一种更个性化的形式做广告。 注重客观理性的诉求，直接向目标对象介绍产品和服务，内容丰富，数据翔实，有很强的说服力。 行文上遵循广告文案的"AIDA"写作模式，依照"请看→请阅读→请判断→请决定"的顺序来引导顾客行动，购买商品或服务。 凡是推销时尚、新颖或价格适中的产品，比较适用硬销的行文方式。

此部分信函还可以针对目标受众关心的问题，诸如产品比较、产品特色、购买方式、折扣优惠、售后服务等，以"自问自答"的方式来解释、说明产品和服务，从而加强广告信息的传播效果。

（4）强调消费者利益点，提出反馈要求。 可以直接阐明自己对产品和服务的想法，并借此强调对方购买产品或服务将要得到的优惠、折扣与精神享受，以突出消费者自身的利益点；或者询问对方是否有进一步洽谈意向，向其提出保持联系的希望、方式和要求等。 如果既要向对方询问，又要回答对方先前反馈的问题，则应该先答后问，以示尊重。

3. 结尾

结尾往往用简单的一两句话，写明希望对方答复的要求，如"特此函达，即希函复"。同时附上表示祝愿或致敬的话，如"敬祝健康"等。

4. 署名

署名即写信人签名，通常写在结尾后另起一行（或空一两行）的偏右下方位置。以单位名义发出的广告信函，署名时可以写单位名称或单位内具体部门名称，也可以署写信人的姓名。

5. 日期

写信日期一般写在署名的下一行或同一行偏右方位置。广告信函的日期很重要，不要遗漏。

（三）联系方式

直邮活动中，特别是直接邮寄信函或邀请书时，联系方式的重要性仅次于信函。邮件中应列明如何随时取得联络的有效方式。联系方式是促进目标客户与企业组织机构对话与互动的有效保障。

（四）宣传单（册）

宣传单（册）内容主要有企业宣传、产品分类说明、广告活动推介等。将这些信息及时送达目标客户，使目标客户对企业和广告主提供的服务项目有更深入的了解。

相较于信函广告侧重文字说明，宣传单（册）则重在以直观的产品展示为主，其版面的设计、安排尤为重要，很多目标客户就是在看了这些印刷精美、新颖的产品图片后才有购买意向的。

（五）附件

广告信函常见的附件有报价单、订购合同、发货通知单、产品质量检验书等，用以证实广告信文所写的各种论点，或作为进一步业务来往的确认手续。

四、直邮广告文案的写作技巧

一般平面广告的写作方式同样适用于直邮广告。但是直邮广告特别强调商品的特点或所提供服务的专业性，使目标受众对于诉求的内容产生关心和共鸣，以达到推销的目的。为此，直邮广告文案在其外观形式、内容设计和行文风格方面都有一些特殊的要求，文案人员在写作中尤其要注意。

（一）外观样式

1. 选择合适的纸张

直邮广告的纸张、规格大有讲究。一般图片类的选铜版纸，文字信息类的选新闻纸。直邮邮递的信函，纸张设计得可以小些，但是随报夹送的直邮广告，一般规格最好是报纸的一个整版面积，至少也要一个半版；如果是彩页类，纸张不宜太小，一般不能小于 B5 纸。一些二折、三折页不要夹带，因为读者拿报纸时很容易把它们抖掉。

2. 外观设计新颖别致

宣传材料的外观设计要新颖别致，制作精美，富有创意，让人爱不释手，确保其有吸引力和保存价值。直邮广告的外观形式多种多样，常见的有以下几种：

（1）目录：多页，装订有推销内容，通常是待售产品的特选。

（2）回邮信封：通常由一张已经印好、叠好和填好地址的纸张制成。

（3）塑料包装：透明塑胶外包装密封的全色包装。内容可以透过包装看到，以造成最大的影响。

（4）明信片：简单的双面卡片，一面印有推销信息，一面印有消费者地址。

（5）封套邮件：装有推销材料的信封放在里面，可以放入多份材料。

（6）弹性邮件：折叠并加压密封的邮件。拆开两边邮件就会展开，显示出信息。

（7）立体邮件：形状就像小盒子一样的邮件。

（二）内容设计

1. 醒目、有吸引力的封面语言和开头用语

直邮广告文案的封面语言和开头用语要设计得异常醒目、有吸引力，如果不醒目，也许还未拆封就被扔进了垃圾桶。因此，为了吸引收信人的注意，在信函的封面上附加信息或者邀请函的做法已经越来越受到业界重视。或在信封表面开一个小窗户，或在信封的背面印些警示性的文字，如："警告：这份资料可能使您震惊，并完全改变您的消费方式。如果您已作好行动准备，那就打开它吧！"看到这样的文案，顾客就有可能出于好奇打开它。

广告信函的第一句话决定一切，要能引起人们的好奇心，激发人们继续阅读。接下来，应该不断抛出诱饵。要用短词、短语、短小的段落，相互之间要紧凑简明。只说真正关键的东西，不要重复附带材料（如传单、手册）中的细

节，否则就会显得杂乱无章。整个信函的开头要开宗明义、言简意赅，如："我们特别从全国选出 500 位成功人士来做访问，而您正是其中一位。请回答下面的问题并接受我们的馈赠。"这样的开头就很有吸引力。好的标题和口号是文案成功的一半，它能吸引收信人继续阅读全文，促成广告效果最大化。

2. 正文要提供详尽的信息并反复申明购买利益

直邮广告的最终目的是为了推销产品，文案正文应尽可能多地提供有用的产品或服务信息，要把产品的特性凸显出来，如产品的尺寸、规格、售价、特色和竞争优势等；要客观如实地介绍产品利点，反复申明消费者的购买利益，尤其要突出能给消费者带来其他企业和同类产品所不能给予的利益；要对消费者作出应有的承诺等。如下面这则直邮广告文案：

> 阁下已被膺选为中国最具新闻影响力的名人之一
>
> 近代史上最具新闻影响力的 1991 年《新闻年鉴》
>
> 编辑工作投资数千万，汇集史实跨越大时代
>
> 是一部限量发行最具价值的新闻巨著
>
> 值得您典藏、考据并作为参考、研究的专业工具书
>
> 久闻阁下在业界一言九鼎，有举足轻重的影响力，尤其您最能掌握新闻脉动，决策明快重效率，所缔造的辉煌成果堪称各方表率！可喜可贺！众所周知，"新闻"，已成现代人不可或缺的资讯来源，往往新闻动态，就是热门新闻，而善于运用新闻资讯，掌握先机的人，更是成功人士。
>
> 广受各界所瞩目的 1991 年《新闻年鉴》乃台湾第一套汇集新闻史实详载新闻真相，并掌握时代动脉的新闻研究专业工具书，内容涵盖电视、广播、报纸杂志、广告、新闻、资讯、教育等项。每一类均详细由历史演进、十年演变、与现在的动态和未来发展做翔实的分析与记录，让您洞悉十年整体变化过程，再次成功地掌握未来。由于限量发行，弥足珍贵，您正是1991 年《新闻年鉴》所膺选的珍藏人士之一，相信必有助您专业研究并成为您掌握决策、研拟方针的重要参考专业工具，为方便您优先拥有，特以优惠价格回馈您的支持，只要您在×××× 年× 月底前预购，立即享有超低价 7 折优惠折扣，请把握难得良机。

3. 激发读者的行动意愿并提供多种反馈途径

直邮广告是促销色彩非常浓厚的广告形式，也是对广告文案写作人员挑战最

大的广告形式。 出色的直邮广告能够强烈地激发收件人做信函希望他做的事情，让他觉得不这么做确实是一个损失。 尤其是在信函结尾应该再次强调产品或服务的特色，并以赠品、有奖等方式配合，而不是以大家司空见惯的、形式化的句子作结尾。

直邮广告应该向收信人提供多种反馈途径，如电话订购、传真订购、电子邮件订购、手机短信订购及 800 免费咨询电话，或者鼓励读者使用含有订单的免邮资回邮信封等。 这些反馈途径应该被编排在信函或者产品目录的醒目位置，并加上一些鼓励行动的言辞。 通过这些多样化的反馈途径，直邮广告能够有效地获得收件人的反馈，可以比较直接地获取用户的相关信息，能够比较快速地调整今后的销售计划。

4.语言要通俗易懂,恰当使用长文案

直邮广告的文案应该通俗易通，要使用读者熟悉和口语化的语言，不要过多地使用专业术语，不要让收信者对阅读广告文案心生畏惧。 一般来说，直邮广告可长可短，短的可以只有一句话，几个字，长的可以达到十几页。 如一些贵重的大宗消费品的直邮广告，收信人就需要获得较多的信息来进行比较和判断。 广告主如果确实有丰富信息要提供给收信者，并且找到了具有吸引收信者的方式，就不要怕文案太长。 事实证明，在直邮广告中，文案提供的信息越具体、越细致，就越有可能达成销售或引发购买行动。

（三）行文风格

直邮广告文案的行文风格主要注意以下几个方面。

1.行文要有煽情性,多以感性诉求为主

近年来，直邮广告发展迅速，较之其他广告有着更为明显的文化氛围，发展方向正在从以往的以经济消费为中心，逐渐转移到以心理、道德、美学、情趣等精神消费为中心。 因此，写作直邮广告文案，在其行文上宜采用感性诉求方式，行文要有煽情性。 这种基于人情化的宣传策略，从感情上宠络潜在的消费群体，一步步地引导他们的情绪和欲求。 以情动人，鼓动消费者产生购买欲，这是直邮广告的精神实质。 在内容中，通常选择有感情倾向的文字或图片，以美好的情感来烘托主题，追求文学性的意境和情愫；在表现方式上可将主题进行艺术化处理，如利用信息内容选择适当的偶像、明星或谐趣模仿。 最终目的都是让收信人产生购买行为，实现广告目的。

2.行文要有亲和性,能克服收信者的反感情绪

直邮广告文案的目的是让对方心动、接受、购买,因此,从收信人的角度考虑问题就更容易提高成功率。直邮广告要像普通人写信那样体现出情趣味,避免使用平淡的商人语言。比如,在文案的开头使用尊称,如"尊敬的先生""亲爱的小姐"等。具体行文中只用第二人称"你(们)"和"您",可以直接面向目标对象的消费选择,使直邮广告文案有一种直接关心收信者的氛围。为了使行为具有亲和性,直邮广告在图形和文字的组合排列及色彩和色调的组合搭配中,还应尽量体现出圆满、温馨的情怀。

3.行文注意情趣性,诱导收信者读完全文

直邮广告文案应尽可能采用风趣幽默、吸引人的方式来传达产品信息。没有人喜欢阅读生硬的推销说辞和枯燥的产品介绍。这就要求文案的行文充满情趣性,版面上尽量做到图文并茂。一些以年轻人为受众的时尚读物、化妆品、数码产品、小家电等直邮广告,文案多采用卡通漫画的夸张表情与令人忍俊不禁的语言对白,形成了强有力的广告呈现方式,进而诱导收信人读完全文。据心理学家研究表明,通常版面中6个字左右的广告语诱导性较强。文案撰写人员为了增强直邮广告的趣味性和诱读性,可以把广告内容分段,形成连续的系列化形式,将广告语逐步渗透到读者的心里。

第四节 户外广告文案的写作

一、户外广告的含义和特点

在广告界,户外媒体长期以来被视为报纸、杂志、电视、广播四大传统媒体之外最重要的辅助性媒体。有人甚至将户外媒体称为第五大广告媒体。户外媒体也叫屋外(outdoor)媒体或OOH(out of home)媒体,通常是指广告牌、广告塔等。

所谓户外广告,是指在一定时期内,以众多不特定的人为对象,在户外的特定地方发布的广告。户外广告通常是非常有用的一种广告形式。

与传统媒体相比,户外广告的主要特点表现在以下几个方面:

(1)展露时间长。户外广告的发布时间一般以月、季、年为单位,无论春夏秋冬还是白天、黑夜,都可以持续地向公众发布同一信息。因而使广告的到达率、接触频次和记忆度都非常高。

（2）费用比较便宜。 从广告的千人成本来看，户外广告与电视、广播、报纸、杂志这几种大众媒体相比，费用相对是比较低的。

（3）具有半闯入性特点。 户外广告是介于闯入型广告（如电视广告）和选择型广告（如报纸、杂志广告）之间的一种类型。 它既不像电视广播广告那样容易招人反感，又不像报纸杂志广告那样容易被人忽略。

（4）具有地域性特点。 既可充当产品进军该地域市场的"桥头堡"，又可充当作为成熟期产品保持形象的"提示版"。

（5）无法承载过多信息。 户外广告主要发布于城市的商业区、交通要道的路旁，能否接触大量的流动人群，个人受众接触广告的时间比较短，因此户外广告无法承载过多过细的信息。

二、户外广告的分类

户外广告的分类一直以来没有统一的标准。 户外广告可分为平面和立体两大部类：平面的有路牌广告、招贴广告、墙体广告、海报、条幅等；立体广告分为霓虹灯、广告柱以及广告塔灯箱广告等。 户外广告的媒介类型指的是广告的展示地点和形式，其种类较多，下面分点进行介绍。

1. 高立柱广告牌

高立柱广告牌置于特设的支撑柱上，以立柱式 T 型或 P 型为多，广告装置设立于高速公路、主要交通干道等地方，面向密集的车流和人流。 普通使用的尺寸为 6 米高 ×18 米宽，主要以射灯作照明装备，其特点是美观，晚上照明效果极佳，并能清晰看到广告信息（图 6-20、图 6-21）。

图 6-20 高立柱广告牌（一）

图6-21　高立柱广告牌(二)

2.大型灯箱

置于建筑物外墙、楼顶等位置,白天是彩色广告牌,晚上亮灯则成为"内打灯"的灯箱广告。 灯箱广告照明效果较佳,但维修却比射灯广告牌困难,且所用灯管较易耗损(图6-22、图6-23)。

图6-22　大型灯箱广告(一)

3.公交候车亭广告

公交候车亭广告普遍指在公交车候车亭内建一长方体灯箱,在灯箱的正反两面添加画面,用以广告宣传,也称公交车站台灯箱广告。 矗立于人流中转站的候

图 6-23　大型灯箱广告（二）

车亭广告，能使人在等待中感受一种视觉上的愉悦，集观赏性、细读性于一体，其广告效果独领风骚。 与车身广告的互动性更凸显公交广告动静相宜的综合优势（图 6-24）。

图 6-24　公交候车亭广告

4.车身广告

车身广告又称车体广告，近 10 年高速发展。 公交车是中国城市里最重要的文通工具，与人们日常生活息息相关，这就使公交车身成为一种渗透力极强的户外广告媒体。 公交车属于移动媒体，公交车身广告是固定户外广告的延伸，它具有固定户外广告的优点——广告画面冲击力大，广告影响持续不断，能有效地向特定地区特定阶层进行广告诉求的特点。 同时，公交车身广告流动性使车身广告的受众层面更为广泛，广告到达率更高，凭借自身的特点，公交车身媒体日益成为众多品牌投放广告的媒体形式之一（图6-25）。

图6-25　车身广告

5.条幅广告

条幅广告是一种户外新型的广告形式，原来主要是为庆祝采用条幅做信息展示，现在条幅也很广泛地应用到了广告行业。在现在的广告制作中，广告条幅有着很好的使用情况，非常灵活方便（图6-26、图6-27）。

图6-26　条幅广告(一)

图 6-27　条幅广告（二）

6. 墙体广告

墙体广告就是利用公路两旁的墙面，用彩色防水涂料颜料绘制成各式各样的宣传内容，或用喷绘布或喷绘膜制成广告图案。 前者叫墙体手绘，后者叫墙体喷绘，近似于广告塔、路牌广告。 相对于其他广告形式，其成本低、分布广、时效持久、制作快捷、视觉效果好、利于企业开拓中低端市场，深受广大企业的青睐，是最适合拓展农村市场的广告宣传形式（图6-28、图6-29）。

图 6-28　墙体广告（一）

图 6-29　墙体广告(二)

7. 各种新型媒介

户外广告形式多样化，各种新型媒介也在不断产生，包括电子屏、场地广告、电梯间广告等。 而广告的无孔不入还体现在楼宇内遍布了各式各样的电梯轿厢内的广告框图、候梯厅的液晶电视等，这便是所谓的电梯广告（图 6-30 ）。

图 6-30　电梯广告

三、户外广告文案的构成

户外广告文案是指户外广告作品中为传达广告信息而使用的全部语言符号（包括有声语言和文字），它包括广告标题、广告口号和广告上其他的所有文字。广告文案是户外广告重要的组成部分，承载着企业的信息与期盼，是企业与消费者沟通的桥梁。

（一）户外广告文案中的标题

户外广告受众是通过户外广告的标题来了解企业及其产品的总体形象的。标题是表现广告主题的短句，在广告文案中起着画龙点睛的作用。从形式上可分为引题、正题、副题等。但主要还是正标题与副标题。户外广告文案中的正标题主要的功能在于吸引受众视线，表达广告主题并引导广告正文。副标题的功能在于补充和延续正标题，说明或强调主标题的意义。户外广告文案标题的字数不宜过长，最好不要超过 7 个汉字。如中国联通公司为 CDMA 做的一则广告，广告标题为"联通新时空 CDMA"，简单明了，出现在巨大的户外看板上非常醒目。

（二）户外广告文案的口号

广告口号与广告标题不尽相同，但有着千丝万缕的联系。它的主要功能在于表达企业的目标、主张、政策或商品的内容、特点、功能等。作为"广告内容的标志"，它必须易读易记，具有强化商品印象的功能。

户外广告文案中的广告口号必须适合于反复诉求，具有一定的想象力，指向明确，有一定的口号性和警示性，并且要有一定的感染力，还应有一定的现代感与流行性。同时，广告口号应该是富有魅力、有韵味，是完整的句子或是对句，顺口，易于记忆。例如，"孔府家酒，叫人想家""威力洗衣机，献给母亲的爱"，以及南方黑芝麻糊的"一股浓香，一缕温暖"等广告口号都赋予了产品特殊的情感意义，使产品人格化而具有亲切感人的形象。"出手不凡钻石表""总统用的是派克"则不仅体现了品牌不同凡响的质量，更满足了消费者自我形象的需要。"四十年风尘岁月，中华在我心中""力神咖啡，中国自己的速溶咖啡"，则唤起了人们的爱国之心。

在户外广告中，有时候广告口号可以替代广告标题。

（三）户外广告文案的广告正文

在户外广告文案中，对广告中的诉求内容作详细说明的文字称为广告正文。广告正文承担着具体介绍产品特性、功效等任务，是广告标语的重要诠释，与标题起着互相辅助的作用。

户外广告文案的正文一般不能过长，否则容易造成受众的逆反心理。所以户外广告文案中的正文力求以尽量少的词语传递尽可能多的信息，简明扼要就成了广告正文的关键。大型户外广告由于其位置的特点，受众观看的局限性，长文案的广告传播效果不佳，一般不宜采用。小型户外广告、户外看版、墙体公益广告则多采用长文案。例如，华夏葡萄园的户外广告文案堪称经典：

> 标题：专属你的风格
>
> 正文：不是贝多芬的悠扬顿挫
>
> 不是达利的《记忆的永恒》
>
> 但时间真的开始融化了
>
> 一杯酒能让时间这么眷顾？
>
> 或许吧
>
> 因为我醉了

此文案短小简悍，如同一首诗歌，令人不由细细品味。

（四）户外广告文案的广告附文

户外广告文案的广告附文是广告中传达购买产品或接受服务的方法等基本信息，促进或者方便诉求对象采取行动的文字。主要是指广告文案中企业名称、厂址、商家、电话、传真、网址、邮政编码、经营代理项目、联系人等文字，主要是告之受众信息。特别是电话号码，是户外广告文案中最常用的广告附文。通过广告标题、广告口号、广告正文影响目标受众，使之产生消费欲望之后，可以按图索骥，产生消费行动。因此对这一部分内容的写作，应特别注意。

四、各类户外广告文案的写作技巧

（一）大型户外广告牌的文案写作技巧

大型户外广告牌主要有设立在公共场合的大型造型霓虹灯、巨型喷绘广告牌、电子显示屏广告牌，设立在城市各主要路口以及高速公路上的 T 形立柱广告牌等。大型户外广告牌具有面积大、体量大、气势大、发布时间比较长等特点。另外，此类广告的文案对于行驶中汽车里的受众，停留其眼里也就十几秒钟。在这么短的时间里，如何引起受众的注意是此类广告最见功夫的地方。

这一类型的户外广告文案写作，多以表现企业或产品最突出的特点或优势为主，将最突出的广告信息进行表现。该类户外广告的文案写作表达要直接一些，文案的字数要控制到最少，以 9 字以内为宜。 一般多采用标识加广告口号的形式，其广告牌背景色多以企业的标准色为主。

（二）公交候车亭小型户外广告牌的文案写作技巧

这类广告具有受众集中、受众在这里停留的时间比较长，具有半强制性传播的特点。 所以广告文案多采用介绍型的长文案，与报纸等平面媒体的文案写作有很多相同之处。

（三）路旗、条幅等户外广告的文案写作技巧

这类户外广告的文案写作一般多采取口号式的广告文案。 由于其设置时间短，多为产品促销类文案、恭贺类文案。

总之，户外广告文案写作有其独特的地方，只有了解不同户外媒体的特点、受众的特点，才能写出恰当，具有传播效果的广告文案。

思考题

1.平面广告的文案包括哪些主要类型？

2.报纸广告有什么特点？ 报纸广告文案的写作有什么技巧？

3.撰写报纸广告文案和杂志广告文案有什么异同？

4.分析一则优秀的报纸广告文案、一则失败的报纸广告文案。

5.分析一则优秀的杂志广告文案、一则失败的杂志广告文案。

6.直邮广告有哪些种类？ 选取一种报纸或杂志，观察随其递送到户的直邮广告种类，分析其特点和得失。

7.户外广告的特点有哪些？ 撰写户外广告文案时通常需要注意哪些问题？

实 训

1.收集一个通过邮政渠道发行的直邮广告案例，分析其广告效用。

2.试为某品牌空调拟一则杂志广告文案，一则户外广告文案。

（1）广告定位：静音、新款、质优、价低。

（2）广告文案诉求创意：深化"静音、新款、质优、价低"的主题理念，在文案创作上要有层次感，用感性语气进行诉求，把主题理念理性化、细微化。

（3）版式设计：要求形象具备统一性，图案选择有新意，与诉求文字结合巧妙。

3.根据下面所提供的材料，写一则报纸广告文案，要求广告标题、广告口号、正文、附文格式完整，字数不少于200字。

　　某房地产公司欲在城西的溪山下、小泉边构筑多层、小高层及商住两用的住宅群，面积约为100亩；该地块紧挨大学城，交通较为便利，路对面有一所省级重点中学。该公司已为本城市建筑多处住宅小区，环境设计幽雅，设计理念先进。

第7章

广播广告文案的写作

本章要点：

1.广播广告的概念、类型与表现形式。

2.广播广告文案的写作技巧。

3.广播广告脚本写作中应注意的问题。

学习目标：

通过本章的学习，一方面使学生对广播广告文案的内涵、特征有基本的了解；另一方面，使学生对广播广告文案的表现形式、写作技巧有清晰的认识，为写作广播广告文案打下基础。

建议课时：4 学时

广播是重要的广告媒体之一，在广告活动中有着举足轻重的作用和不可取代的地位。通过学习使学生了解广播广告文案的基本知识与理论，掌握广播广告文案写作的技巧与方法，能够较好地完成广播广告文案的写作。

第一节　广播广告概述

广播广告是利用广播媒介来传播商品或服务信息的广告形式，它借助于广播这一特殊的声音信息载体，充分发挥其声音特性和独有的造型功能，通过调动并刺激听众的听觉系统，塑造品牌形象，达到推销商品或服务的目的。

一、广播广告的类型

广播广告可以根据不同的划分标准划分为不同的类型。根据播出时间的长短，可以分为专题广告、60 秒广告、30 秒广告、15 秒广告等；根据广播广告内容的不同，可分为分类广告、公益广告、特约广告等；根据广告主购买方式的不同，可分为插播广告、联播广告等；根据呈现状态的不同，可分为录播和直播。现主要介绍录播和直播两种类型。

（一）录播

录播即在播出前已将广播广告录制完成，在指定的时间、节目中播出。这类广告在人物语言、音响、音效三方面都能十分自然、贴切地融合，声音具有较强的感染力、表现力。为了降低成本，保证播出质量，几乎所有的广播广告都采用此方式播出。

（二）直播

所谓直播就是采用现场直播的方式，由节目主持人或专家口播广告。此类广告一般没有音响，以人物语言为主，可适当安排一些背景音乐。这种方式具有一定的优势，它的广告信息与节目浑然一体，可以较好地与听众互动，有针对性地解决问题。目前直播使用得最广泛的就是以专家座谈的方式，播报医疗保健品的广播广告。

二、广播广告的构成要素

（一）人物语言

人物语言是广播广告最重要的表现手段，一般采用口头语言表达，极少运用书面语，它保留了语言简短、句式简单、用词浅显、逻辑严密、语句通顺的特色。一般用播音员播读或者人物对话形式表达，有时也表现为旁白，加上音色、音调、力度、节奏等声音的表情特征，可以产生意想不到的效果。如不同的音色给人不同的心理感受；音调的高低可以表现人物的情绪；力度的大小可以表现强调；节奏的快慢可以反映人物的性格等。

（二）音响

1. 音响的定义

广播广告中的音响，也称音效，是指运用专门的器具和技法，模拟和再现现实生活、自然界中除了人物语言和音乐以外的一切声音。一般包括环境音响，如风声、雨声、汽笛、喇叭声等；也包括人或者动物的声音，如脚步声、咳嗽声、哭声、笑声、喘息声等；也包括无声，因为无声也是一种音响效果。

2. 音响在广告中的作用

（1）交代环境及叙事。环境包括时间、地点、在场的人物。在广播广告文案写作的实践中，尽量不用人物语言来交代环境，而用现场音响来表现，这样更具真实感和感染力。

（2）增强表现力、感染力。音响的表现力和感染力的完成需要与听众的生活经验相结合，需要经由听众的联想才能实现。

在广播广告文案写作中必须注意：在一则广播广告中音响的使用不能过多、过滥，防止干扰广告主题的噪声出现。一般来说，音响出现的时间不要超过整条广告时间的三分之一，否则就会喧宾夺主。

（三）音乐

音乐是人类共通的语言，它虽然不像语言和音响那样能表达特定的内容，但有极强的表现力和感染力，能够极大地影响人的情感、态度和行为。

作为以声音传递信息的广播广告，音乐是其十分重要的构成要素，是广播广告的主要表现手段之一。它能增强受众的记忆，在受众的脑海中留存的时间一般比文字更持久。

广播广告中的音乐包括背景音乐和广告歌。背景音乐可以专门创作，也可以采用音乐资料，一般在广播广告的开头，起到环境烘托、诱使听众注意的效果。广告歌则是通过歌词把广告信息转化为听众喜闻乐见的形式，可以增强广告的效果。广告歌词要直奔主题、浅显易懂、短小精悍，让人一听就明白。曲调要新颖独特，营造出广告要求的意境、情趣和气氛，又要简单通俗，容易传颂。广播广告的音乐还可以表现广告主题、塑造形象、渲染气氛、暗示产品的出产地、显示时代特征。

广播广告不一定同时具有以上三要素，但三者之间具有互补互助的作用。当它们中的两个或以上同时出现时，一定要注意在节奏、气氛上的配合，以达到最佳的广告效果。

第二节　广播广告文案的表现形式

广播广告文案的表现形式主要是由广告内容决定的，常见的主要有以下六种。

一、直陈式

以直接陈述的方式写作的广告文案，是广播广告中最常见的，也是最基本的表现形式。就是把广告要传达的信息，由播音员直截了当地传达给听众。它传达信息简明直接，时效性强，而且价格低廉。但易流于平淡、枯燥，一般会配上背景音乐，有时会加上音响，以加强广告的感染力。

直陈式广播广告文案对语言的要求极高，一方面要运用诉求准确、主题突出、清晰有力、有感染力的语言文字，另一方面还可通过充分发挥语言的感染力和播音员的播音技巧，以及利用音乐和音响的配合来弥补广播媒体自身的不足。例如，由湖北广播电台制作的香格里拉青稞干红葡萄酒广告：

> 音效：清脆开瓶盖声，倒酒声，香格里拉音乐。
> 男：青稞美酒，香格里拉芳纯，渗透大地。来自天籁，来自世外桃源。
> 一瓶浪漫香醇，霎时动人心魂，天之美露，香格里拉！

这则广告荣获了第十九次全国广播广告创优评奖活动商业广告类二等奖。它以直接陈述的方式将用青稞酿造、纯天然、无污染的来自雪域高原香格里拉的葡萄美酒的特点表述得清清楚楚，配上香格里拉独有的音乐，使受众对此"天之美露"怎能不产生美好的遐想呢！

二、对话式

由两名或两名以上的演员或播音员采用对话方式传递广告信息，展现产品或服务的特色。它是以一种聊天的方式表现，轻松自然，还可很自然地将产品核心信息进行多次重复，形成象征性的买卖关系、同伴关系、邻居关系、同事关系等。同时可以营造各种特定的气氛和场景。主要有两种模式：一种是介绍说明式，一种是问题解决式。此类广告文案在对话的写作上要写出新意和特色，使广告喜闻乐听。例如，湖北广播电台的"统一绿茶"广播广告文案：

音效:森林鸟鸣,小河流水声,悠扬的音乐响起。

男:每一个清新的早晨,

女:每一个宁静的黄昏,

男:每一声鸟叫,

女:每一声虫鸣,

男:潺潺流水,小桥人家。

女:亲近自然,统一绿茶。

男:统一绿茶,亲近自然。

女:我们拥有统一绿茶,我们享受健康的每一天。

茶是我国著名的解百毒、益健康、助长寿的保健饮品,这则广告通过对话方式,用排比句式巧妙地传达了亲近自然的统一绿茶给听众带来的健康生活理念。

三、小品式

用戏剧小品的形式,通过人物语言、音乐、音响营造一个特定的情境,把广告所要传达的信息用一定的故事情节来表现。此类广告有一定的故事情节和戏剧冲突,生动有趣、引人入胜。此类广告多以生活片段的方式呈现,也有以神话传说为题材的。例如下面这则首届广播广告创优评奖活动公益广告类获奖作品:

县太爷(得意忘形状):"本老爷我为官清正,爱民如子,我这吃的用的玩的摆的,无一不是老百姓送来的,本老爷属鼠,这不就送来了金鼠了嘛,夫人属牛,今天过寿,又该有金牛送上门的了吧?"

(牛叫声渐入,压混器皿破碎声,混乱不堪)

县太爷(气急败坏,歇斯底里状):"哎哟,我的翡翠白菜哟,完蛋了,我的……哎哟,这该死的老黄牛,我可是要的是金牛啊,啊,我要亲手抓住他,我要他知道知道本老爷的厉害……"

(斗牛士音乐起,伴随嘈杂声、追赶声、老爷呼救声、掉入水潭声)

丫鬟(十万火急带哭腔):"夫人,不好了,老爷追牛掉进了荷花池……"

男声(正义状):"欲海难填终害己,回头是岸做好官。"

这则公益广告描述了县太爷收受贿赂的过程。用啼笑皆非的场面,展现了在这个特定环境中产生的故事情节和戏剧冲突,语言幽默,使一个贪得无厌的县太爷形象跃然纸上,然后用"欲海难填终害己,回头是岸做好官"的广告口号起到画龙点睛的效果。

四、歌曲式

将广告所要诉求的信息写进歌词，用歌曲的方式来表现。歌曲可量身定做，也可旧曲新词。它引人好感，容易传唱，便于记忆，歌曲风格对树立品牌形象具有决定性作用。也可少量穿插人物语言以补充内容，突出重要信息。

广告歌曲的目的在于用目标受众爱听的歌曲向他们打招呼，用歌曲的个性来展示品牌的个性，因此它一般不要求听众完全理解歌词所表达的内容，重点往往在最后独白的部分。歌曲形式的广播广告文案，由演员演唱，在广播里播出，会收到很好效果。例如，《我的奥运我的爱》广播广告文案：

> （音乐压混）
>
> 男：同一个世界，同一个梦想。
>
> 2008 北京奥运会分赛区——（分角色）：青岛、上海、香港、天津、秦皇岛、沈阳，心向北京，共迎奥运。
>
> （出原创歌曲）：我的奥运我的爱，是你让我们共同成败。输赢并非是本意，友谊才是最后节拍。我的奥运我的爱，是你让我看到了未来。共识风雨虽过去，畅想拥有过的你的爱。

五、诗歌式

诗歌是中国最古老的文学形式之一，对仗工整、富有韵律、含蓄深邃，很受人们喜爱。利用诗歌体裁创作广播广告文案，也很受消费者的喜爱。现在广告中多用人们喜闻乐见的自由体诗歌形式创作广播广告文案。例如，台湾统一企业在"父亲节"所推出的题为《爸爸的脚步》的广播广告文案：

> 爸爸的脚步，永不停止
>
> 曾经，我们携手走过千万步
>
> 逛过庙会，赶过集会
>
> 走过沙滩，涉过溪水
>
> 爸爸的脚步，陪我走过好长的路……
>
> 一面走，一面数
>
> 左脚是童话，右脚是盘古
>
> 前脚是龟兔，后脚是苏武
>
> 爸爸的脚步，是我的故事书

一面走,一面数

左脚一、三、五,右脚二、四、六

前脚是加减,后脚是乘除

爸爸的脚步,是我的算术

爸爸的脚步,是我的前途

为了孩子,为了家

爸爸的脚步,永不停止……

今天,让我们陪爸爸走一段路

赠送《健康养生特辑》。即使不能亲身随侍,也请打个电话,写封信,表达对爸爸深深的感恩之情。

台湾统一企业在"父亲节"大打温情牌,用一首长长的抒情诗表达了父爱如山的情感,在父亲节来临之际让听众朋友抽空"陪爸爸走一段路",并向父亲赠送《健康养生特辑》。 这种反哺之情,必然引起广大听众的共鸣。

六、传统曲艺式

即利用中国的传统曲艺形式来传递广告信息。 它们文艺性强,又为老百姓所喜闻乐见,容易为听众所接受。

(一)戏曲式

中国的戏曲源远流长,且门类众多,除了有国粹京剧之外,还有昆剧、越剧、黄梅戏等各个地方剧种。 戏曲往往具有较强的地方特色和针对性,运用戏曲唱腔、念白、配乐等形式传递广告信息的广播广告文案,只适合特定的群体欣赏。 采用这种方式要考虑到产品的特色,选择与目标受众最为契合的剧种和戏段。 文案人员创作剧本,要掌握一定的戏剧知识。 应尽量少用唱腔,多用对白。 更不能选择难度太大的唱腔或听众不熟悉的旋律,避免出现听众听不懂的现象。 具体的广告信息最好采用念而不采用唱,因为后者容易使人产生误听,并拉长广告时间。 例如,同仁堂的广播广告文案:

(京剧配乐)

女:(念白)哎,下一场可是重头戏。

男:(念白)嗯,该咱们上场了。

男:(念白)老太太! 怎么全烧了?! 不就是药面粗了点吗,又不影响药效,值三百多两银子呢!

女:(念白)小三子呀,咱同仁堂金字招牌至今不倒,靠的就是信誉!
还记得祖训吗?

男:(念白)不省人工,不减物力。(背景音乐停)

男2:(念白)不省人工,不减物力。同修仁德,济世养生!

(锣鼓乐声)

旁白:精工制药遵祖训,古韵今声写同仁。

同仁堂是北京的老字号药店,在全国都享有较高的知名度。以京剧作为表现形式,一来切合同仁堂的地理位置,二来切合同仁堂经营中医中药的民族特色。广告以念白为主体,将广告信息充分传递出去。一句"同修仁德,济世养生"不仅道出了同仁堂的企业理念,更表现了同仁堂深厚的历史文化底蕴。背景音乐始终采用京剧配乐,营造出一份独特的民族文化氛围,与同仁堂的企业形象颇为契合。

(二)快板式

快板是一种汉族说唱艺术,属于中国曲艺韵诵类曲种。早年称作"数来宝",也称为"顺口溜",其表演方式简单,有单口、对口、群口三种表演方式。唱词押韵自由,一段唱词可以自由转韵,表演时演员用竹板击打节拍。

快板式广告节奏明快,语言讲究合辙押韵,说起来特别顺口,容易记忆。文案要写唱词,唱词句式灵活,一般为七字句,也可在此基础上适当变化,增字减字。例如,厦门广播电台的"向阳坊年糕"广播广告文案:

(音效:敲锣打鼓,过年音乐)

女:中国年就送中国礼,向阳坊年糕是好礼!

男:送长辈,年年高寿。

女:送朋友,年年高升。

男:送孩子,年年高中。

女:送自己,年年高兴。

男:中国情,

女:中国心。

男:中国年,

女:中国礼。

男:向阳坊年糕就是吉祥好礼。

合:吉祥好礼送谁都有理。

合：向阳坊年糕珍品年糕！

这则广告以对口快板形式，由男、女两人各说一句，交替演唱。把要向听众传递的广告信息用简短、精练的文字连缀在一起，文案虽然没有一个贯穿始终的中心事件，但广告紧紧围绕新年送向阳坊年糕作为馈赠佳品就是送吉祥的广告主题，一目了然。

（三）相声式

相声是表演艺术，也是语言艺术。尽管近年来，相声面临着发展的瓶颈，但人们对相声这种形式仍然是熟悉和喜欢的。相声以机智幽默为生命，运用相声进行广播广告宣传，能让人们在轻松欢乐的气氛中接受广告信息。相声独有的说、学、逗、唱，地道的老北京腔，都会赋予广告鲜明的特色，给人留下不同一般的印象。

在撰写此类文案时要善于抖包袱，设伏笔，以增强文案的吸引力。在其中插入一些语气词，能使文案变得生动活泼，富有感染力。例如，黑劲风牌电吹风广播广告文案：

（音效：掌声）

甲：问您一个问题，您喜欢"吹"吗？

乙：您才喜欢呢。

甲：算您说对了。我的名次就是"吹"出来的。我能横着吹、竖着吹、正着吹、反着吹，能把直的吹成弯的，能把丑的吹成美的，能把老头儿吹成小伙子，能把老太太吹成大姑娘。

乙：呵，都吹玄了。

甲：我从广东开吹，吹过了大江南北，吹遍了长城内外；我不但在国内吹，我还要吹出亚洲，吹向世界。

乙：呵！你这么吹，人们烦不烦呐？

甲：不但不烦，还特别喜欢我。尤其是大姑娘、小媳妇抓住我就不撒手呀。

乙：好嘛，还是个大众情人，请问您尊姓大名？

甲：我呀，黑劲风牌电吹风！

乙：嘿，绝了。

（音效：掌声）

这则电吹风广告抓住了"吹"字的多义性做文章，巧妙地形成了语义双关。在中国人一般的价值观中，"吹"是说大话、不诚实的表现，带有否定的意味。

而甲却出人意料地说自己就是喜欢"吹"，造成一种悬念，也就是相声中的包袱。结果这里的"吹"对应的是电"吹"风，是该产品独有的特点。因此最后当包袱抖开，甲把产品名说出来之后，听众立即恍然大悟。整个广告文案以相声为载体，风趣幽默，在说笑中把广告信息传递了出去。

（四）评书式

评书是一种古老的传统口头讲说表演艺术形式，又称说书、讲书。一人演说，通过叙述情节、描写景象、模拟人物、评议事理等艺术手段，敷演历史及现代故事。

评书式广告一般由评书演员播讲与广告信息有关的各种人物和故事情节。评书用普通话播讲，使用口头语言说演，在语言运用上以第三人称的叙述和介绍为主。例如，"号码百事通"的广播广告文案，就是采用了评书的方式：

> 男播：这边厢张飞、曹军交战，那厢关羽大军扎寨野外。报……东线无粮草，西线无粮草，赤兔马饿倒了，一连三道恶讯传来，眼见这爱马是倒地不起呀！关羽大将大喊一声"速取锦囊"。锦囊内是："中国电信 114 号码百事通。"原来呀，全新的 114 号码百事通能迅速帮您找到所需要的信息，只要拨打 114，一个号码百事皆通。

此则广告用评书方式，化用三国故事，模拟人物、环境，具有很强的戏剧性，通俗易懂，有很强的亲和力，容易引发受众的认同感。

第三节　广播广告文案的写作技巧

一、遣词用句节奏自然、重复有度

广播广告文案写作时，在字的运用上要适当地押韵，声调要平仄结合；词的运用上要多用发音响亮的词；注意句子的长短、句式的整散，原则上多用短句，适当注意句子的对称和排比；声音的运用上，要注意与品牌形象、定位相吻合，当一则广告中出现多个人物时，人物的声音要有明显的区别。

广播广告是时间媒介，因此对主要信息如主题、品牌、口号等要有意识地用重复来强调，加强对听众的影响，使其加深印象，增强记忆。如一个刚刚进入市场的产品的广告，主要的诉求目的是对新产品的认知及新品牌概念的建立。这时候的广播广告文案就要有意识地反复强调产品的名称或产品的利益点，以便能给受众以深刻的印象。

二、主题简明单一

广播一般被当成背景媒体，且没有视觉参与，因此广告文案一定要简明单一，用极其单一的诉求和极富冲击力的创意，将主题钻入听众大脑，使其牢牢记住。

由于受时间的限制，语言也要简短明快，切忌冗长复杂。但语速也不能过快，该舒缓从容时也应舒缓从容。

三、运用声音营造情境、激发想象

声音只是单一地依靠听觉来传播，广播也只能依靠听觉来调动听众的想象力。广播广告通过声音符号传播的信息是不完整的、模糊的，无法通过画面产生直观的视觉刺激，但却更能使人产生丰富的联想。因此，广播广告文案要运用形象化、幽默风趣的文字充分营造立体化情境，激发听众的想象。

营造特定情境，可以在以下三方面下工夫：

（1）适当运用修辞方式，使文案的语言生动、活泼、形象感强。

（2）注意感叹词的运用和语气的不同处理。

（3）与音乐、音效相结合，使人声、音乐、音效三者形成一种通感效果。

广播广告中的人声、音乐和音响三种要素，并非简单相加，而是高度融合，共同塑造品牌形象，传播广告信息。例如，《辽宁本溪水洞游记》广播广告文案：

> （出本溪水洞赞歌——压混）
>
> 滴水叮咚奏仙乐，云雾缭绕舞彩带，
>
> 若在人间寻仙境，请到本溪水洞来。
>
> 裴晓云这优美动听的歌声，把我们带入了人间仙境——我省著名的游览胜地本溪水洞。我们在银河码头上登上游船。
>
> （歌曲隐没，出实况汽船声）
>
> 导游员解释说："我们九曲银河洞的自然情况啊，分为五宫、三峡、九曲、二门等70多个景……现在游船进入银河宫……现在游船进入芙蓉城……将近50分钟，我们饱览了九曲银河的70多个景点。这里微风拂面，四季如春，泛舟其中，真有梦幻仙境之感。
>
> 游船返回码头，我才如梦初醒。啊，真是"钟乳奇峰景万千，轻舟碧水诗画间，此景只应仙界有，人间独此一洞天"。
>
> （歌曲突出，结束）

这则广播广告文案，以游记形式采用纪实手法写了一篇抒情散文，描述了人间仙境——本溪水洞的奇异风景，如梦如幻，令人神往。 不仅形式新颖独特，语言优美，而且音响丰富，三要素配合默契、自然，浑然天成，不露痕迹。 听众犹如身临其境，感受其间，广告非常具有诱惑力，很容易唤起听众到此一游的迫切愿望。 可谓广播广告文案中，语言、音乐、音响三要素最佳组合的成功范例。

四、使用口语化语言增强感染力

广播是诉诸人的听觉的媒体，因此广播广告文案所使用的语言极少采用书面语，一般要求用口头语言，是经过加工和提炼的口头语言，它保留了口头语言句子短、句式结构简单，用词浅显的特色，同时逻辑严密，语句通顺。 另外，还要注意以下几点。

（1）多用口语词语少用书面语，除非特殊需要，尽量不用文言词语。 根据需要可适当运用一些方言增强亲和力。

（2）单音字改为双音词。 双音词匀称，念起来顺畅，听起来自然。 避免使用谐音词和多义词，以免产生歧义。

（3）多用短句。 长句听众难于理解，也不太自然。 句子长时可用排比、对偶等进行消解，还可增强节奏感和韵律感。 倒装句也要尽可能避免。

（4）多用语气词。 语气词的使用能使人物语言有适当的停顿和感情色彩，显得真切自然。

五、重视人物语言的提炼

广播广告文案中的人物语言有塑造形象、传情达意、叙事状物的功能，是广播广告最重要的表现元素，广告的信息主要靠人物语言得以传递。 因此，人物语言在广播广告文案中起着举足轻重的作用，是决定成败的关键。 一则广播广告中可以没有音响和音乐，但不能没有人物语言。

六、注重广告文案开头的锤炼

广播广告稍纵即逝，如果广告能在一开头就能抓住听众，这则广告就成功了一半。 因此好的广播广告文案就需要在开头上下足工夫，以吸引听众。

七、运用幽默吸引听众

幽默是一种富有娱乐性和思想性的艺术，在广播广告文案中设计一些合理适度的幽默成分，有助于形成轻松活泼、无压力的诉求氛围和引人入胜的兴致，对吸引听众的注意力是极有帮助的。

第四节　广播广告脚本

广播广告作品是通过广播播出的，是凭借声音这个介质推广的，所以为了给广播广告制作提供指南，必须要事先创作广播广告脚本。

广播广告脚本包括客户名称、广告主或产品名称、媒介、描述（广告长度及类型）、播出时间、脚本主题、脚本陈述等要素。例如，中国移动的这个广告脚本：

> 客户：中国移动
>
> 产品：移动心机
>
> 描述：30秒，合成
>
> 风格：喜庆
>
> 角色：男女声各一
>
> 配乐：湖北民歌龙船调
>
> 背景音乐：正月里是新年哪，咿呦喂，妹娃子去拜年哪，呵喂。
>
> 女：这拜年，妹娃子我可要送点有心意的礼物，送什么呢？
>
> 男：送中国移动定制的心机吧！设计独特、品质保证，更有"轻松存话费免费得手机"的优惠活动，预存300～540元话费可免费获赠时尚手机。
>
> 女：真有这么好！那就送移动心机了。
>
> 背景音乐：正月里是新年哪，咿呦喂，妹娃子去拜年哪，呵喂。
>
> 女：妹娃子要过河，哪个来推我嘛？
>
> 答：我来推你嘛?!
>
> （风格转换）
>
> 女："懂我心的手机是心机"，更多详情请拨打10086咨询。

？ 思考题

1.简述广播广告的表现形式。

2.举例说明广播广告营造特定情境应在哪些方面下工夫？

实　训

1.自拟题目，尝试写一则快板式广播广告文案。

2.以"戒烟"为主题，写一则公益广播广告文案。

▼

第8章

电视广告文案的写作

本章要点：

1.电视广告的概念、基本特征与构成要素。

2.电视广告文案的类型、表现形式及写作技巧。

3.电视广告脚本及故事版的写作。

学习目标：

通过本章的学习,使学生了解电视广告的内涵、基本特征;掌握电视广告文案的类型、表现形式、写作技巧,为写作电视广告文案打下基础,学会写作电视广告脚本。

建议课时:8 学时

电视作为四大广告媒体之一,通常被认为是最理想的广告媒介。通过学习使学生了解电视广告文案的基本知识与理论,掌握电视广告文案的表现方式、写作技巧与方法,并能熟练地进行各类电视广告文案的写作。

第一节　电视广告概述

电视作为最理想的广告媒介，集视听于一体，直观、形象、生动、丰富。不仅能建立与提升品牌知名度，而且能改变消费者对品牌的认知，建立品牌偏好，与广播、平面广告相比，具有更大的优越性。

一、电视广告的基本特征

（一）声画结合

电视媒介最大限度地适应了人在获取信息时的生理特点，充分调动了人类获取信息的主要渠道——眼和耳，使人眼耳并用，并超越了读写障碍，成为一种最大众化的媒体。

一般而言，语言是一个社会约定俗成的表达观念的符号，可分为语言文字、声音语言、画面语言。电视是三种语言的结合，电视语言的核心是声音和画面。因此电视广告文案的写作要充分发挥其声画结合、视听综合的优势，要注重对活动画面进行设计，用具有画面表现力的画面语言对之进行描述，使声画有机结合，并相互补充和强化，从而获得理想的传播效果。

（二）时间媒介

电视是一种时间媒介，它按照时间的进程来安排节目，所有的信息都放在时间的流程中，离开了时间要素，信息的传递将无法达成。因此，电视媒介信息内容出现的次序、时间和频率不同，所传达的意义也将具有极大的差异，给人的感觉和印象也将大相径庭。

因而对于严格受时间限制的电视广告来说，其有声语言的表达，应使用正常的朗读速度，即每分钟 180 个字左右，30 秒电视广告最多容纳 70 个字；其画面语言的表达，最好 5 秒钟不超过三幅画面。

（三）感染力强

电视作为一种感性媒介，能综合运用语言与非语言形式的各种传播符号，以视听结合的方式刺激调动人的各种感觉器官，将产品进行动态而直观的展示，使人感觉真实强烈，有极强的诉求力、表现力和感染力，尤其适合进行情感诉求。

当然，电视广告媒介也并非十全十美。它时间短，一般只有 30 秒，容纳信息量极其有限，不能反复观看和保存，制作和播放费用高，电视频道越来越多等，同时其也面临着户外、直邮、网络等媒介的强烈冲击。

二、电视广告的构成要素

（一）声音

电视广告的声音是指人们在电视广告中听到的人声、音响和音乐等。

1. 人声

人声包括人物语言和由人发出的非语言声音，如笑声、哭声、喘气声、咳嗽声等。 人物语言表意直接准确，不容易形成歧义，通过电视广告中人物语言的表达最易与受众沟通，也能很准确地被受众所理解；非语言声音，也能传递重要的情感、情绪、人物状态等信息，能传达画面及人物语言难以准确传达甚至无法传达的许多信息。 因而电视广告文案的人物语言的撰写不仅要合乎人物的身份，还应该对人声的音色、音高、节奏、力度加以适当的限制和说明。

2. 音乐

电视广告加入音乐元素，能提升其关注度和吸引力，从而提高其传播效果及艺术品位。 生动活泼、旋律优美的广告音乐能够给受众以深刻的印象。 因而电视广告创意人员常常选用畅销音乐、创新歌曲、大众音乐、电子音乐作为广告音乐，吸引受众的注意，加大对其听觉的刺激。 广告音乐能进行气氛的烘托和情绪的营造，尤其能调动受众的情感；有的广告音乐甚至能被受众传唱，达到意想不到的广告效果。

借助歌曲的影响力，将产品与歌曲相结合，能迅速提升产品知名度。 一首好的歌曲，对于推动一个产品的作用是难以估量的。 事实上，许多知名大品牌都曾借助广告歌的形式，让消费者理解、记住自己的品牌。 例如，奥林巴斯选取知名度很高的《Hey Juliet》作为广告歌，依云矿泉水选取人们耳熟能详的《We will rock you》作为广告歌。 又如西南航空公司用扎西达娃作词、美郎多吉作曲、亚东演唱的《向往神鹰》作为广告歌：

> 在每一天太阳升起的地方，
> 银色的神鹰来到了古老的村庄。
> 雪域之外的人们来自四面八方，
> 仙女般的空中小姐翩翩而降。
> 祖先们一生也没有走完的路，
> 啊，神鹰啊，神鹰啊

转眼就改变了大地的模样哦模样。

哦,迷迷茫茫的山,

哦,遥遥远远的路,

哦,是谁在天地间自由的飞翔,

啊,神鹰啊,

你把我的思念带向远方哦远方。

心儿伴随着神鹰,飞向远方。

想看看城市灯火和蓝色的海洋,

当那梦想成真,走进宽敞的机舱,

俯看天外世界,止不住热泪盈眶。

父辈们朝圣的脚步,还在回响。

啊,神鹰啊,神鹰啊,

我已经告别昨天,找到了生命的亮光。

哦,摇摇滚滚的风,

哦,飘飘洒洒的雨,

哦,蓝天的儿子又回到了故乡。

啊,神鹰啊,

你使我实现了童年的梦想哦梦想。

　　此广告歌的第一段主要是以童年的视角来表达出自己对"神鹰"的看法和感想,希望它能帮助自己实现远大的梦想;第二段梦想成真的表述,抒发自己找到了"生命的亮光"的豪情及实现了童年的梦想的骄傲情怀,表达了对故乡西藏无限热爱的感情。

　　创新歌曲的关注度和知名度虽然较低,但是由于其是为电视广告量身定制的,所以在信息传达方面有独到的优势,如"5·12"汶川大地震后成都形象广告片的广告歌《I Love the city》:

I love this city,I love this city. 微笑的模样。

温柔中坚强,手放我心上。

I love this city. 起舞的模样。

如清澈阳光,轻吻你的窗。

I love you, I love my city. 就像你永远爱我一样。

I know you are the rainbow of my heart.

就像你永远爱我一样。

I love this city. 安静的模样。

无论在何方,守望她梦想。

I love this city. 骄傲的模样。

用阳光做翅膀,彩虹的方向。

I love you, I love my city. 就像你永远爱我一样。

I know you are the rainbow of my heart.

就像你永远爱我一样。

这首广告歌由成都本土歌手张靓颖用一种平实的方式演绎,让无数到过成都的人忆起了那座城市里的人和事,让没有去过的人有了前往的冲动,让在外的成都人想回归故土。 广告歌通过描写成都微笑、起舞、安静、骄傲四种不同模样,表现了一座自信的城市、一座勇敢的城市、一座伟大的城市,从而展现了不屈不挠的成都精神。 这首歌曲通过该电视广告片的推广而被人们熟知与传唱。

3.音响

与广播广告一样,音响包括自然音效、生活音效等。 一般来说,电视广告音响是作为次要的表现要素存在的,它可以交代环境、背景,节约有限的人物语言的时间,还可以使情节或故事得以延续,使电视广告显得真实自然。 有些音响还有暗示、象征的作用,音响与其他元素结合使广告更具感染力和冲击力。 在广告中运用专门的工具和技法,模拟或再现实际生活中的各种声响,如马嘶声、火车开动的声音、复杂场景的嘈杂声以及商品生产和使用时发生的各种声音。 奔驰汽车的电视广告《聆听夏天的声音》,片中没有展示汽车的外形,画面主要是声音的起伏所构成的图案。 通篇以声音为主,包括关门声、启动声、发动机声、鸟声、蛙鸣、钟声、笑声等,只在广告的最后通过字幕"Hear the summer in a Mercedes-Bens convertible",点明了广告的主题。

(二)画面

奥格威曾说:"我现在明白电视是用画面来讲故事的。 所以画面比声音更重要。 语言和画面必须互相配合、互相扶持。 语言的唯一功能是解释画面所表现的东西。"

画面是构成电视广告的主要要素,是呈现在电视屏幕上的活动影像,是由连续出现的人物、景物、文字等的形状和色彩构成的视觉形象。 电视广告以画面作为重要的叙述和表现手段,其画面具有很强的动态性;电视广告通过人物、商品或景物的运动，镜头的运动，蒙太奇的运用，使画面具有动感，让图像运动起来；通过有创意、新颖别致的情节，提升电视广告的感染力。

（三）时间

电视是时间媒介，所有的画面和声音必须在时间流程中展开，视觉和听觉两要素也是通过时间来构成变化和节奏的。 时间是电视广告的结构力量，电视广告信息完全按照时间的轴线进行组织。 电视广告运用时间来结构和传递信息有三层含义：其一，镜头出现的顺序不同，其内在的意义也会发生改变；其二，镜头的时间长度不同，给人留下的印象也不同；其三，时间决定了广告所包含的信息量的多少。

目前电视广告制作的常规时长有 5 秒、10 秒、15 秒、30 秒、60 秒等，也有以专题片形式制作的电视广告。 因而我们在进行广告文案创作时，不仅要依据广告策略定位，而且要依据广告制作的时长选择广告信息内容和表现形式。

三、电视广告文案的解说词

电视广告文案的解说词，包括画外音、人物语言、字幕、广告歌词等，是电视广告文案的重要组成部分。

（一）画外音

电视广告的画外音就是指来自广告画面以外的配音。 其一是广告人物的内心独白和主客观性的叙述——旁白。 其二是配音人员在广告画面外插入的内容，为第三人称的介绍、议论和评说等。

（二）人物语言

电视广告人物语言指的是具体场景中人物的对话或独白。 以广告画面中人物的语言作为传播广告主要信息的手段，在进行电视广告文案撰写时常常使用形象、生动、幽默的语言，发挥电视广告以情动人的优势，使其具有极强的感染力。

（三）字幕

电视广告的字幕指在电视广告画面上显示的文字，它可以出现在单色的衬底上，也可以叠印在画面上。 电视广告的字幕一般对画面起说明、补充、强调的作用，但有时也可运用字幕作为电视广告表现的主体内容，辅之以单纯的音乐或音响，在有声语言充斥电视广告的今天，能起到此时无声胜有声的作用。 字幕的写作与人物语言或画外音不一样，要体现书面语言和文学语言的特征，并符合单色画面构图的原则，必须简洁、工整、均衡。

（四）广告歌词

电视广告歌曲分为直接型和间接型两种。 直接型广告歌曲直接传递产品或企业的信息，间接型则同一般的歌曲相似，甚至就是选用某一流行歌曲的一部分。写电视广告歌曲不要求很高的技巧，只要能朗朗上口、浅显易懂、易学易记即可。 广告歌词要能体现创意的精髓或对主体信息进行强调，为广告的诉求重点服务，要能对企业的形象建立和传播起作用。

第二节 电视广告文案的表现形式

电视广告的表现形式多种多样，各有其特点和效果。 作为广告文案写作者，应该详细了解它们，在实践中能根据广告目的和受众特点选择恰当的表现形式，并进行文案创作。 以下是几种常见的表现形式。

一、故事型

电视广告文案故事型的表现形式，又称戏剧式文案。 它充分利用电视广告适合感性诉求的优势，讲叙与品牌或产品密切相关的故事，通过情节的展开，使产品的特性、品牌个性得以充分地展现。 故事型电视广告一般有开端、高潮、结局几个部门，通过情节的冲突，渲染某种情绪，抒发某种情感，引起消费者的共鸣。 故事型的电视广告一般时长在 30 秒钟以上，有吸引受众的动人情节，不仅可以娱乐大众，而且可以赋予商品或品牌某种个性，从而引起受众产生共鸣。

二、问题解决型

问题解决型电视广告文案是先假设一个消费者生活中经常出现的问题，而广告产品或者服务的出现使问题迎刃而解。 在广告中产品充当了解决问题的角色，广告文案大多用三段式解决问题：出现问题——使用产品——解决问题。 这是一种简单直接、广泛而有效的形式。 洗涤用品、化妆品、生活日用品常常使用这种方式来做广告。 还有一种做法是，假设某一后果非常严重的问题可能发生，而广告产品或服务能预防该类问题的发生，如保健品、汽车安全装置、保险服务等常使用这种方法。

但是如果广告产品的特性不鲜明，或者假设的问题或者后果消费者并不认可，则根本无法实现诉求的目的，有时甚至可能起到相反的作用。 在构思问题解决型的电视广告时，要充分挖掘产品特点，善于发现生活细节，同时通过用新

颖、独到的方式把问题解决过程戏剧化。例如,海飞丝去屑洗发水电视广告文案:

> (一对男女青年合撑一把伞,亲昵地走在小雨中。)
>
> 男:第一次约会,碰到下雨,本来是很浪漫的,(懊丧地)可是……我的头皮屑……(女子作不悦状)(欣喜地)还好,我看到了"海飞丝"广告。
>
> 画外音(配合画面):洗发水比较试验,一星期后,没有用海飞丝的一边还有头皮屑,用海飞丝的一边,就看不见头皮屑。
>
> P&G,世界一流产品,美化您的生活!

广告通过男女青年约会中,男青年头上讨厌的头皮屑出现破坏了气氛这一个细节描写,表现了头皮屑带来的烦恼,而海飞丝去屑洗发水的出现使得这一问题迎刃而解。

三、生活片段型

生活片段型电视广告文案主要描写消费者日常生活中的小片段或小插曲,电视广告片的切入点不是产品或者服务,而是目标消费者。通过广告诉求使消费者觉得产品或者服务已经成为其生活中不可或缺的一部分。这种类型的广告尤其适合用于树立品牌形象,但是由于其表现切入点不是商品,会运用很多与商品无关的画面,可能导致传达的信息模糊,所以电视广告场景的配搭、人物的对话、产品或服务的出现时机都要恰到好处。例如,强生抛弃型隐形眼镜的电视广告《水蒸气篇》:

> 在一个极富情调的餐厅里,一对情侣正在进行浪漫的烛光晚餐,戴眼镜的女孩十分腼腆害羞。正在两人低声细语时,女孩的眼镜被新上的铁板烧熏得雾气蒙蒙,十分尴尬。男孩善解人意地说:"你今天很美,拿掉它,会方便些。"女孩忸怩着不肯,终于说:"那样我会看不清的。"男孩说道:"试试抛弃型隐形眼镜,眼睛会健康又舒服。"
>
> 接着,是一连串的产品特写镜头,伴着旁白:"新的强生抛弃型隐形眼镜,每个月更换一副全新的镜片,减少镜片变旧变脏而刺激眼睛的机会,令人更加轻松潇洒。"
>
> 镜头再回到那个餐厅里,已是再次约会,女孩果然使用了抛弃型隐形眼镜,形象美丽而轻松,令男孩惊叹。女孩得意地问道:"嗨,没事吧?"
>
> 再推出一组产品镜头,旁白为:"强生抛弃型隐形眼镜,让眼睛更亮,

看得更清。"

这则广告片抓住了强生抛弃型隐形眼镜是一种更换方便，且令眼睛更健康、舒适的新一代隐形眼镜的特点，从女孩儿吃铁板烧时眼镜被熏得雾蒙蒙的生活片段着手，既理性地传达了产品概念，有效促进了目标受众对产品的功效认知，又设身处地地与目标消费人群的特殊需求动机相契合，简洁明了，令人信服。

四、证言型

证言型电视广告一般借助消费者使用某商品后对商品的评价来说服潜在消费者，可以由消费者以自己的亲身经历证明产品或者服务的优点，并向其他消费者推荐。证言型电视广告一般是名人或者权威人士做产品或服务的代言人，一方面可利用名人的知名度引起消费者对产品的关注，另一方面也可以利用名人和权威人士的公信力来证明产品的功效是真实的。现在的电视广告也越来越多地用普通人来代言广告，以拉近品牌与消费者之间的距离。证言型电视广告必须用真实的效果来说明，不能弄虚作假，不然其说服力会大打折扣，且有虚假广告的嫌疑。例如，美国马里兰州萨里斯堡市帕都食品公司的董事长弗兰克·帕都为"帕都肉鸡"代言的电视广告文案：

> 人们问起我的肉鸡时，总是提出两个问题。第一个问题是："帕都，你的肉鸡怎么会有这么好的金黄皮色，简直令人难以置信。你可不是把肉鸡染成这样的吧？"实事求是地说，我们的肉鸡皮色绝对没有什么人造的东西。如果你也有鸡，喂以优质黄玉米、紫苜蓿、玉米麸、金盏草等，你的肉鸡也会是金黄色的。对鸡进行染色是不行的。

> 另一个问题是："帕都，你的肉鸡怎么这样肥嫩多汁。你可不是把肉鸡注射荷尔蒙吧？"问这种问题真使我有点恼火。我怎么会干这种事呢！鸡吃得像我一样好，生活得像我一样好，难道还会长不好而要采取人工方法吗？

在这则电视广告中，弗兰克·帕都为自己的产品代言。为了有效地推销自己的产品，利用自己是知名人士这一有利条件，就一些人对肉鸡质量抱有怀疑的心理，进行正面的驳斥、解释，产生了良好的促销效果。

五、示范型

示范型电视广告通过现场各种真实的、有说服力的示范行为，切实地证明商品的功能和优点。这种手法特别适合特性突出，且易于直观地用画面表现的产品。 使用这种广告形式，必须挖掘产品的特点并找到展示特点的方式。 通常展示的是应用中的产品，在广告中常用动画、图表、比较等手法来说明一些复杂的道理。 例如，三星智能手机的电视广告《一生的承诺篇》：

画面：操作者一只手拿着纸质笔记本，（字幕）我们结婚了。另一只手拿出结婚请柬，夫妻一人一只手共同握着羽毛笔在请柬上签名。

画面：（logo 及字幕）Sooner Scribble App

画面：换成手机屏幕，操作者的一只手握着手机，另一只手进行操作。

（随着操作者一边的操作步骤，出现字幕、旁白）

有 Sooner Scribble App

你就可以在 GALAXY Note 上面利用 S pen 尽情写写画画

在文件上加入备忘还可以将文件上载到云端储存空间

让你在任何时间、地点以及不同的装置都可以随心存取编辑和分享文件

字幕：To be continued

这则电视广告通过演示手机操作的步骤及字幕说明向观众展示了手机的特征、功能、使用方法等，自然可以吸引广大消费者的眼球。

六、幽默型

幽默是吸引受众关注的一种电视广告的表现形式。 通过幽默、诙谐的方式拉近产品或服务与消费者之间的距离，能够令受众得到新奇愉快的视听经验，让其在娱乐的同时对品牌产生好感，对产品留下深刻印象，从而增强广告传播效果。 例如，曾获威尼斯国际电影节银狮奖的 TOP COUNTRY 香水的电视广告：海上，一艘满载货物的大船顺风顺水，很快到达了目的地——巨大的骷髅头状的山洞，水手们搬着一箱箱货物摸索进洞，个个神色紧张。 这时一个肥硕无比的女妖出现了，她无视水手们的惊慌落逃，只是望着散落一地的 TOP COUNTRY 香水，心满意足地说了一声："他是我的了。"笛声悠扬，白马王子在海边召唤心爱的美人鱼姑娘，俊男美女四目含情。 忽然，王子从远远飘来的风中嗅到了一股奇香。此时此刻，女妖正在洞中大肆涂抹香水，身旁弃置的香水瓶堆积如山。 王子不顾一切地向前奔去，美人鱼千娇百媚，谁知王子竟从美人鱼身上一跃而过，绝尘而去，全不顾美人鱼一脸的不解和失望。 王子酣然睡去，一脸陶醉；女妖酣然睡

去，一脸幸福。① 原来王子睡到了女妖的怀中。 丑陋的女妖与漂亮的美人鱼简直不可同日而语，但完美的爱情并非颠扑不灭，小小的 TOP COUNTRY 香水就可以创造女妖战胜美女的神话。 这则广告运用幽默、夸张的对比、精巧的构思营造出 TOP COUNTRY 香水魅力无法抵挡的品牌形象，令人过目不忘。

又如"健将"男士内裤《泰山篇》的电视广告用幽默的表现手法将品牌活力、动感的真谛表现得淋漓尽致。 广告场景把受众拉回到原始森林，在鸟叫、原始人的语言、鳄鱼击水、神秘的音乐声里，聪明的泰山带着女子荡秋千过河，不小心被扯去了遮羞布，紧接着小猩猩条件反射般地用手遮住眼睛，在众女子的惊呼声中，身穿着健将内裤的泰山顺理成章地亮相，这时广告口号（旁白）"我强，我穿健将"出现。②

进行广告文案创作时切记，幽默不是广告的主题，不能为了幽默而幽默。 幽默的目的是更有效地吸引受众，更有效地传播广告内容，不能舍本逐末。

七、动画型

动画型的广告形式节奏快，表现时空宽广而又自由，尤其在表现抽象的、内在的、难于用语言来表达的产品时，可以发挥无限的想象力，产生独特的效果。它能把幻想与现实紧紧地交织在一起，利用浪漫手法通过具体的动画形象来表现商品特性，传达劳务信息。 当电视广告要传达的商品或品牌信息无法通过实景表现，或电视广告针对的目标市场是青少年、儿童时，利用动画型广告效果较好。因而一般来说，用动画形式来进行电视广告表现形时，要注意扬长避短，充分发挥动画型可爱、活泼、轻松的优势，同时注意增强广告的戏剧性，塑造鲜明的人物个性，使得广告具有独特的感染力。 如让动物享用商品，然后发生赞美声；让汽车、自行车在空中飞翔，让牙刷、牙膏、手表、跳舞等。 例如，纳爱斯伢牙乐儿童营养牙膏针对的是儿童用户，其电视广告就采用了动画的形式，文案如下：

牙牙长得壮要营养,营养在哪里呢? 伢牙乐,有营养,鲜果的 VC 加 VE,伢牙乐,有营养,牙牙健康白又壮! 纳爱斯伢牙乐儿童营养牙膏!

这则广告用了活泼可爱的卡通牙齿及小孩儿的形象，他们随着广告歌曲玩乐、嬉戏，极易引起目标受众的喜爱。

---

① 聂艳梅,林永强.电视广告创意——打造更具实效的电视广告[M].北京:中国市场出版社,2009:154.
② 中国广告杂志社.2006—2007 中国影视广告年鉴[M].上海:东方出版中心,2007:287.

第三节　电视广告文案的写作技巧

电视广告的文案写作技巧是进行电视广告创作的关键,在电视广告文案的写作过程中必须做到以下三个方面。

一、注重声画配合,发挥画面优势

(一)电视广告中声画关系的表现形式

(1)声画同步。 指声音(包括配音)完全同步地解释画面,声音和画面形象保持同步进行的自然关系。 声音的进程与画面内容的变化完全对应,声源一般出现在画面内。

(2)声画并行。 声音和画面并列独立发展,相互呼应,声音从与画面不同的角度揭示主题,可用于表现人物的情绪状态和渲染环境等。

(3)声画对立。 声音与画面的形象和情绪完全相反,声音与画面上的行为、视觉形象与声音形象在内容上是矛盾关系,通过这种声画对立,表达幽默或讽刺效果。

注意,在电视广告中的声画配合意味着广告词本身可以不连贯,它不需要句句相连、一气呵成。 声画配合用来表现一个完整的主题,完成特定的信息及情感传达就可以了,并不需要画面和声音自身的完整。

(二)发挥画面优势

发挥画面优势,就是要用画面讲故事。 电视既有画面,又有声音。 吸引观众的首先是画面,如果广告画面枯燥乏味,其吸引力就会受到影响。 所以电视画面一般都是选用俊男靓女,或者是色彩艳丽的风光等。 例如,荣获第十届时报世界华文广告最佳应用奖的韦恩咖啡《周公篇》,运用中国人熟悉的《梦周公》典故,表达了喝特浓咖啡能提神的产品功能,让消费者在处于相关情境、时间与地点时,能自然联想起韦恩咖啡。 其文案如下:

镜头一:晚上汽车在隧道里行使。

镜头二:司机难以抑制困倦,就用拳头击打坐副驾驶位置上那位留着白须穿着华装的白胡子老头"周公"。

镜头三:司机瞌睡得把头趴在了方向盘上。

镜头四:司机击打"周公"。

镜头五:司机还是瞌睡,又击打"周公"。

镜头六:司机拿出一听咖啡喝。

镜头七:汽车猛刹车,把"周公"甩了出去。

字幕:周公,再见。

镜头八(画面:咖啡产品包装,画外音):韦恩咖啡,特浓上市。

镜头九:汽车安全地行驶在隧道里。

这则电视广告所使用的画面对中国受众来说,一开始会觉得奇怪,司机竟然打老人,它很反传统,但是很有冲击力。短小、干脆利落,几乎没有语言文字的广告,利用画面的优势,取得了意想不到的效果。

二、注意时间限制

电视广告片的常规时段有 5 秒、10 秒、15 秒、30 秒、60 秒,但并不是只有这几种,实际上其长度从数秒至数分钟皆有。5 秒钟的电视广告片,目的是加深受众对广告品牌、产品或广告主的记忆,一般用简洁凝练的广告口号和有冲击力的画面像结合,来表现企业形象或品牌个性;如"常常欢笑,尝尝麦当劳","好空调,格力造","海尔,真诚到永远";10 秒和 15 秒的电视广告片要在短时间内突出企业形象或品牌个性,一般用名人代言、动画体或新闻体来宣传其独具特色的优势;30 秒的电视广告,可以从多角度表现产品的功能、特点,可以采用示范体、生活情境体及广告歌的形式,一般以不超过 12 个画面为好,画外音和人物语言一般不能超过 70 个字,这就要求语言简短、精练,否则无法正常表现创意;60 秒钟的电视广告片可以表现较为丰富的内容,可以是一则完整的小故事,以一定的情节渲染来吸引消费者;60 秒钟以上的电视广告内容更丰富,表达方式更加自如。例如,获得第 34 届时报华文广告金像奖的《大众银行·梦骑士篇》电视广告文案:

旁白:人为什么活着?为了思念?为了活下去?为了活更长?还是为了离开?

老年男子:去骑摩托车吧。

旁白:五个台湾人,平均年龄 81 岁,一个重听,一个得了癌症,三个有心脏病,每一个都有退化性关节炎,6 个月的准备,环岛 13 天,1 139 公里,从北到南,从黑夜到白天,只为了一个简单的理由:人为什么要活着?

字幕:梦,不平凡的平凡大众,大众银行。

《梦骑士篇》广告时长 3 分钟，创意来自一部名为《不老骑士》的台湾电影。它秉承了大众银行改编广告片的一贯风格，选取发生在普通但又不平凡的人身上的真实故事，这恰好契合了大众银行所要传达的理念与定位。贯穿始终的旁白仿佛是片中几位主角发自内心的声音，在同观众对话，时刻扣动着人们的心弦。剧本、镜头、音乐和台词，它们之间完美的组合最终谱写了这部寻梦之旅。

三、运用词频效应，挖掘记忆点

所谓"词频效应"是指在瞬间显示的情况下，高频字词的辨认率要高于低频字词的辨认率。消费者对高频字词的理解更为直接和容易，高频词能够更快地激活认知结构中的心理词典中的相应词条，同时消费者看到高频词时，就像看到熟人的面孔，会立刻产生亲切感，从而更容易诱发消费者的联觉和联想。

电视媒体上播放的广告转瞬即逝，而且时间长度很短，要清晰、明确地传达商品信息并使人产生记忆，我们可以从产品、品牌、主题与创意中找到最适合产品的核心记忆点，采用"词频效应"的方式来强化该记忆点。有了记忆点会让原本平淡的情节生动、立体起来，如果将记忆点与诉求重点相结合，则不但能给观众留下深刻印象，还会清晰地达到诉求目的。

广告信息要进入人的长时记忆系统之中，重复是主要的途径。要提高人们对广告信息的记忆效果，最重要的手段就是将广告信息不断加以重复。重复不仅可以加深对广告内容的记忆，还可以使广告受众增加对广告的亲切感。例如，乔治白服饰《左右人生篇》的广告文案：

人生，不是左，便是右。右一些，工作更成就；左一些，成功也时尚。

乔治白男装，左右人生。

该广告片通过对一位男士从容应对工作及其诙谐的生活方式等日常生活细节的关注，向受众表达其商务服饰的品牌内涵；通过词频效应"左"和"右"的关系，加深了受众对"左右人生，才会赢"的品牌理念。

第四节　电视广告脚本及故事版

电视广告脚本是现代广告文案写作的重要组成部分。脚本的写作并没有一个固定的模式，只要能将广告创意准确地表达出来，能与设计师、制作部门、导演和客户进行有效的沟通即可。脚本一般分为文学脚本和分镜头脚本，文学脚本是分镜头脚本的基础，分镜头脚本是对文学脚本的再创作，比文学脚本更具镜头感,有更多的镜头语言。文案人员可根据自己的习惯来选择写作何种脚本。

一、电视广告脚本的类型

(一)文学脚本

文学脚本即剧本型脚本,类似于电影的文学剧本,用文学化的语言将创意构思的场景、画面,有声有色、栩栩如生地描述出来,借由文学化的语言理解广告文案人员的构思、广告的调性和特色。如公益广告《谁是凶手》的文学脚本:

> 清晨,撒满阳光的房间,一中年男子走到玄关处,看见柜子上当天的报纸上赫然写着"十余野生动物一夜消失,谁是凶手?",他眉头微微一锁。这时墙上的时钟响起,时间指向8点,男子提起公文包匆匆出门。
>
> 一个高档轿车的仪表盘,时间显示着9点,男子将车停在一栋大厦楼下的停车场。下车时男子看了看驾驶座,靠背角落露出"精致鳄鱼皮"一行小字,他微笑。画外音:"这是我昨天刚刚入手的最新款鳄鱼皮套。"
>
> 一栋高级写字楼里,时钟显示着11点。大厅里每一个人都在各自忙碌,这时主人公的妻子发来一条彩信。镜头转换到妻子和一群衣着光鲜的太太们在富丽堂皇的商场里选购大衣的场景。画外音:"老婆说,她刚刚买到了一件很合意的貂皮大衣。"
>
> 办公室里,电脑屏幕右下角显示着15点。小企鹅闪动,男子收到老同学的消息。镜头转至一个拍卖现场,三声令下,"成交",老王起立微笑致意,掌声响起。画外音:"老王说,他又拍到了一件绝世珍品——南非犀牛角。"
>
> 一家高档五星酒店里,落地窗外夜色阑珊,时钟指向19点。男子与众人围着一桌丰盛的佳肴,满场欢声笑语,觥筹交错。画外音:"上司说,宴客一定少不了鱼翅燕窝。"镜头特写桌上精美瓷碗中的鱼翅。
>
> 暗淡灯光的家里,男子回到家脱下鞋正准备往里走,目光扫过早上没有看完的报纸,他突然怔在原地。一幕幕黑白场景"鳄鱼皮套,貂皮大衣,珍贵犀牛角,鱼翅燕窝"匆匆闪过,他的眼神渐渐暗淡下去。画外音:"原来,我们就是凶手!"

(二)分镜头脚本

分镜头脚本是运用蒙太奇的思维与技巧,将电视广告连续的、动态的画面进行镜头切分,并对声音信息进行文字说明。

蒙太奇是指影视作品创作过程中镜头的剪辑组合。在电视广告中，蒙太奇的运用简单来讲就是将镜头画面按事先构想的顺序连接起来，使得这些画格通过顺序本身而产生某种预期的效果。

分镜头脚本的写法，一般按镜号、景别、镜头运动、时间、画面、解说词、音乐、备注的顺序，列成表格，依次撰写。因此，写作电视广告脚本一定要掌握一些最基本的影视语言。例如，上述《谁是凶手》的文学脚本，改写为以下表格式的分镜头脚本：

广告名称：谁是凶手

广告客户：××保护野生动物公益组织

广告口号：没有买卖就没有杀害

时长：45 秒

文案创意说明：

以时间为线索，以主人公早上看到的一则缉拿杀害野生动物凶手的头版新闻作为开篇，设下伏笔。通过主人公一天中四个日常生活场景的展现，揭示了原来凶手就是自己、家人、身边每一个为了满足自己私欲而虐杀野生动物的贪婪之人。借此警示世人——没有买卖就没有杀害！

镜头	景别	画面内容	背景音乐	旁白 （画外音）	时长	备注
1	远景—中景	清晨，柔和的阳光从窗外照进房间	有生机、充满活力的轻音乐		1S	
2	特写	报纸的头版赫然写道"十余野生动物一夜消失，谁是凶手?"	悬疑、紧张的音乐		2S	
3	中景—特写	中年男子走在玄关处看着当天的报纸，看到标题的他，眉头微微一锁，正在此时家中的时钟响起	同上		3S	

续表

镜头	景别	画面内容	背景音乐	旁白（画外音）	时长	备注
4	特写—全景	墙上的时钟指向8点整，主人公提起公文包匆匆出门	闹钟声响起	男声"新的一天开始了"	2S	
5	近景	高档轿车内的仪表盘，时间显示着9点			1S	
6	中景	男人将车停在一栋大厦楼下的室外停车场，起身离开			2S	
7	近景	在离开的瞬间，男子看了看驾驶座，靠背角落露出"精致鳄鱼皮"一行小字，微笑		男声"这是我昨天刚刚入手的最新款鳄鱼皮套"	4S	
8	全景	一个高级写字楼里，大厅里每一个人都在各自忙碌，这时的时钟显示着11点	忙碌，紧张的音乐		2S	
9	特写—近景	办公桌上手机震动，来电显示着"老婆来电"	同上		1S	
10	中景	男人的妻子和一群衣着光鲜的太太们在貂皮专卖店里选购大衣，每个女人的脸上都洋溢着满足的微笑	轻松欢乐热闹的音乐	男声"老婆说，她刚刚买到了一件很合意的貂皮大衣"	4S	

续表

镜头	景别	画面内容	背景音乐	旁白 （画外音）	时长	备注
11	特写—近景	男人坐在办公室里看着文件，电脑屏幕右下角显示着15点。这时小企鹅开始不断闪动，老同学发来消息	轻松的音乐		3S	
12	特写—中景	拍卖现场一件犀牛角藏品静静地立在舞台中央，席下藏家众多，表情严肃。三声令下，"成交"，老王起立微笑致意，掌声响起	激励、紧张的音乐	男声"老王说，他又拍到了一件绝世珍品——南非犀牛角"	5S	
13	远景—特写	落地窗外华灯初上，城市的轮廓在夜色匆匆中隐约浮现，高档五星酒店里，时钟指向19点	喧闹的音乐		2S	
14	中景—特写	一桌丰盛的佳肴，满场欢声笑语，觥筹交错，装着鱼翅的精美瓷器在桌上分外惹眼	同上	"上司说，宴客一定少不了鱼翅燕窝"	4S	
15	中景	灯光暗淡的家里，男子回到家脱下鞋正准备往里走，目光扫过早上没有看完的报纸，他突然怔在原地	缓慢的音乐		3S	

续表

镜头	景别	画面内容	背景音乐	旁白（画外音）	时长	备注
16	近景	一幕幕场景在男人脑中浮现："轿车座椅上的鳄鱼皮套,妻子身上的貂皮大衣,锁在玻璃柜里的珍贵犀牛角,觥筹交错中的顶级鱼翅"	悲伤沉重的音乐响起		4S	黑白色画面
17	特写	男人的眼神渐渐暗淡下来 字幕:没有买卖就没有杀害 保护野生动物,拒绝购买野生动物制品	悲伤沉重的音乐响起	"原来,我们就是凶手"	4S	

当然,分镜头脚本也可采用非表格的形式,如澜沧江白酒《巷战片》的分镜头脚本:

镜头一:狭小的小巷内,手持双枪、身穿《狼毒花》服饰的于荣光从石板路上奔来。四五个土匪在高楼走廊上巡逻,一个土匪朝于荣光来的方向开了一枪,迅速逃走。

镜头二:一声爆炸,两个土匪从掩体后炸飞起来。于荣光连开两枪,高楼上两个土匪应声跌落下来,砸到粮草车上。三个土匪端着枪从楼里冲出来,杀气腾腾。

镜头三:于荣光目光如炬,面对扑上来的土匪,迅疾闪躲,然后使出两记连环腿,将围上来的土匪踢翻在地,其中一个被于荣光飞起一脚,踹到墙上摔下来。

镜头四:爬起来的一个土匪举起枪托朝于荣光砸来,于荣光迅速用手枪指着土匪的脑袋,喊道:"停! 吃饭。"(镜头拉开)于荣光接过制片扔过来的澜沧江白酒,一边给大家满酒,一边说:"彩云之南,真山真水。我喜欢在这里拍戏,我更喜欢这里的澜沧江白酒。"

镜头五：于荣光和剧组的工作人员举起碗里的澜沧江白酒，大家碰杯共饮，于荣光豪迈地说道："天地英雄气，美酒澜沧江。"

镜头六：出澜沧江系列白酒包装盒企业 logo

字幕(画外音)：天地英雄气，美酒澜沧江。①

主演电视连续剧《狼毒花》的于荣光，在剧中扮演无酒不欢的英雄，与澜沧江白酒的品牌形象十分吻合。广告的场景设置与该电视剧如出一辙，使受众产生联想和记忆。广告中伴随着火爆的枪战场面，于荣光与敌人英勇搏斗、枪法神准，将敌人一个个撂倒，受众还以为是影片情景重现，随着他抬手招呼大家吃饭，才知道是在拍戏。饭桌上摆着的正是澜沧江白酒，大家把酒言欢，豪迈之至。

二、电视广告脚本中的影视语言

（一）景别

摄像机距离主体不同的拍摄距离，形成了各种不同的景别，不同的景别不仅说明了取景范围的大小，而且表现出主体与背景及其他陪体之间关系的改变。

不同的景别在电视广告画面中有不同的用途：

1. 大全景

大全景是指远距离拍摄的画面。拍摄整个广告主体及周遭大环境的画面；在广告中运用大全景的镜头主要是用来交代环境、展示场面、烘托气氛，交代广告情节发生的背景，展示故事场景，烘托广告气氛。

2. 全景

全景是摄取人物全身或较小场景全貌的影视画面，全景镜头往往用来体现画面主体与环境的关系。在广告中，往往用来表现商品与环境、与人的关系。

3. 中景

中景是指画面以被拍摄对象为主，摄取人物小腿以上部分镜头。在广告中，中景镜头用得较多，主要是以环境为背景来突出商品，使商品成为画面的主体。

4. 近景

近景是用来拍摄物体局部画面，摄取人物胸部以上的影视画面，展示主体的局部。广告中的近景是用来表现商品的局部，使受众对产品有更充分的认识。

---

① 中国广告杂志社.2006—2007 中国影视广告作品年鉴[M].上海：东方出版中心,2007.

5. 特写

特写是摄像机在很近的距离内摄取对象，通常人物肩以上的头像为取景参照，突出强调人体的某个局部或相应的物件细节、景物细节等。在广告中，特写是侧重于对商品细节的描写。

例如，东方航空公司的电视广告脚本：

镜头一：(机场全景，上午9点左右，阳光灿烂)东方航空公司的一架飞机正慢慢着陆，镜头慢慢推近机身。

镜头二(特写)：东方飞机在镜头横穿过，东方航空公司的字样、标志出现，从右到左。(切)

镜头三(追拍)：飞机着陆(在飞机的右前方拍)。

镜头四(中景，机舱内)：旅客们陆续站起来，离开机舱。一位中年男士站起来，伸了一下腰，面带微笑地走向镜头。(切)

镜头五：机舱内旅客移动缓慢，男士低头看机舱外的人，在寻找……

镜头六：镜头透过机窗，推近出口处，一位年轻的女士带一小女孩在等人。

镜头七：男士手提旅行箱，兴奋地走向妻子、女儿(拥抱)，把女儿举起来……放下女儿，在口袋里找东西——送女儿的礼物。

镜头八：男士面部特写：找不到礼物后沮丧、烦躁的表情。他把小礼物丢在机舱里了！

镜头九：这时一位空姐手拿着男士落在机舱里的礼物走过来，送还给男士。

镜头十：男士惊喜的表情；女儿高兴的小脸，抬头看父亲；妻子喜悦的心情；空姐微笑地转回身……

镜头十一(飞机起飞，从左到右)：出现"东方航空公司"字样(特写)。

画外音(男声，中音，充满激情)："东方服务，无微不至！"

（二）镜头运动

镜头运动就是摄像机在拍摄的过程中以一定的方式移动，是指镜头的静止及运动方式，即固定画面及镜头的运动。固定画面指摄像机不作任何改变，即摄像机位置、焦距、镜头光轴不变时进行拍摄。

镜头运动方式包含：推，指被拍摄物不动，拍摄机器做向前运动拍摄；拉，指被拍摄物不动，拍摄机器做向后运动拍摄；摇，指摄影、摄像机位置不动，机身依托在三角架的底盘上下、左右、旋转运动；移，把摄影机放在运载工具上沿水平面在移动中拍摄对象；跟，跟踪拍摄；升，上升摄影、摄像等。

三、故事版

故事版（story board）是将广告文字脚本视觉化的产物，制作故事版能进一步将电视广告的创意视觉化，便于向广告主形象地说明广告创意，为电视广告的摄制提供依据。

故事版的种类、规格和表现手法各异，没有标准的规格与尺寸及固定的表现手法。因为绘制故事版的目的不是给广大电视观众看的，而只是给广告客户审查认可以及为制作人员提供摄制依据。虽然故事版的画法、格式没有严格规定，但广告创意的内容必须要交代得清清楚楚、明明白白，不能有丝毫的含糊。

现在，一些故事版已经开始采取动画的方式，串联成接近于电视广告的形式，以便提案时客户更容易理解。对于一些大的广告主，有的广告公司甚至会用摄像机先拍成一个电视广告样片，然后根据客户的意见进行修改和正式拍摄。

？

思考题

1.举例说明电视广告中景别的运用。

2.举例说明时间是电视广告的结构力量。

3.电视广告的构成要素有哪些？

实 训

1.以"My colorful world"为题，为 RIO 鸡尾酒写一则 60 秒电视广告脚本。

2.为"香飘飘"奶茶写一则 30 秒电视广告脚本，广告主题自拟。

3.以预防艾滋病为主题撰写一则电视公益广告文案。

第9章

网络广告文案的写作

本章要点：

1.网络广告的形式。

2.网络广告文案的表现形式。

3.网络广告文案的写作原则。

学习目标：

充分掌握网络广告文案的内涵；熟练掌握网络广告文案的写作方法与技巧。

建议课时：4 学时

中国互联网络信息中心 CNNIC 的最新统计数据显示，2014 年底我国网民共有 6.49 亿，人均每天上网时间 3.73 小时，合 224 分钟。CSM 收视调查数据则显示，2014 年我国城乡电视观众规模为 12.78 亿，人均每天看电视时间 157 分钟。特别是随着移动互联网的发展，从市场演进的趋势看，互联网用户规模将继续增长，人均上网时间也将持续增加。2014 年我国互联网广告收入规模超过 1 500 亿，而电视广告收入 1 200 多亿，前者超出后者的幅度很可观，甚至有报道说 2014 年互联网广告收入已超过电视和报纸广告收入之和。① 此外，互联网广告形态的多样化，互联网广告相对细分和精准的投放以及互联网用户更为年轻和相对高端的群体特质，都对互联网广告的发展起到积极的促进作用。

---

① 2014 年互联网广告营收规模超过 1 500 亿超电视广告收入［EB/OL］.（2015-5-7）［2015-6-18］http://www.chinairn.com/news/20150507/141729836.shtml.

第一节 网络广告概述

从某种意义上说，一部世界广告发展史，也是新的广告媒体被不断开发出来的历史。而互联网的出现，打开了一个全新的了解资讯和交流思想的窗口，使人们传播与沟通的方式发生了翻天覆地的变化。强大的互联网和庞大的受众群使网络广告成为继报纸、杂志、广播、电视之后又一重大的媒体广告形式。互联网是一个全新的广告媒体，广告主利用网站上的广告横幅、文本链接、多媒体的方法，刊登或发布广告，通过网络传递到互联网用户。

一、网络广告的定义

网络广告有广义与狭义之分。广义的网络广告包括企业在互联网上发布的一切形式的信息，如公益性信息、企业的商品信息以及企业自身的域名、网站、网页等；狭义的网络广告是指利用国际互联网这种载体发布的营利性的商业广告，是以互联网为传播媒介而发布的易于传播的具有声音、文字、图像、影像和动画等多媒体元素，可供上网者视听，并能进行交互式操作的商业信息传播形式。

二、网络广告的特点

目前网络广告的市场正在以惊人的速度增长，网络广告发挥的效用越来越重要，以致广告界甚至认为互联网络将超越路牌，成为传统四大媒体之后的第五大媒体。作为新时代的广告形式，它既具有传统媒介广告的所有优点，又具有其所无法比拟的优势。

（1）传播对象面广。网络广告的对象是与互联网相连的所有计算机终端客户，通过互联网将产品、服务等信息传送到世界各地，其世界性的广告覆盖范围使其他广告望尘莫及。

（2）表现手段丰富多彩。电子网络广告采用文字介绍、声音、影像、图像、颜色、音乐等集于一体的丰富表现手段，具有报纸、电视的各种优点，更加吸引受众。

（3）内容量大面广。网络广告能够容纳难以计量的内容和信息，它的信息面之广、量之大是报纸、电视无法比拟的。报纸广告的信息量受到版面篇幅限制，电视广告的信息量受到播出时间和播出费用的限制。

（4）多对多的传播过程。报纸广告基本是一对一的传播过程，电视传媒则是一对多的方式，而互联网广告则是多对多的传播。在互联网上有众多的信息提供者和信息接受者，他们既在互联网上发布广告信息，也从网上获取自己所需产品和服务的广告信息。

（5）具有互动性。传统媒体是单向传播，信息是从媒体向受众单向流动的，而互联网上的信息是双向流动的。广告主在网络上发布广告后，受众可以参与到网络广告活动中，不仅可以察看广告、参与其中，而且可以把自己的信息反馈给广告主。

网络广告的互动特性主要体现在两个方面：一是可以采用趣味、娱乐的方式吸引网民，自愿进一步了解更多和更为详细、生动的信息，从而使消费者能亲身"体验"产品、服务与品牌；二是不仅可以发布广告信息，也可以通过网民点击收集和统计客户的信息，了解用户的需要，并能在网上预订、交易与结算，大大增强网络广告的实效。受众不是被动地接受广告，而是主动地掌握和控制广告，并参与到广告的提供和传播之中。

三、网络广告的形式

网络广告的形式在某种程度上对网络广告的文案写作以及发挥网络广告的作用和影响起着重要的作用。如今网络广告的形式已经形成了众多的类别。

（一）横幅（旗帜）广告

横幅广告是网络广告最早采用的形式，也是目前最常见的形式，又称旗帜广告。它是横跨于网页上的矩形公告牌，当用户点击这些横幅的时候，通常可以链接到广告主的网页。尺寸通常是 480×60 像素，或 233×30 像素，可以使用静态图形，也可用 SWF 动画图像。除普通 GIF 格式外，新兴的 Rich Media Banner（丰富媒体 Banner）能赋予横幅更强的表现力和交互内容。

（二）BBS 广告

BBS 广告是指在网络虚拟社区的 BBS 上发布的广告，主要在留言板上端右侧出现，可以使访问者在填写留言时注意到广告信息。

（三）电子邮件广告

电子邮件广告是指通过互联网将广告发送到用户电子邮箱的网络广告形式，它针对性强，传播面广，信息量大，其形式类似于直邮广告。电子邮件广告可以直接发送，也可以通过搭载发送，如通过用户订阅的电子刊物、新闻邮件和免费软件以及软件升级等其他资料一起附带发送。也有的网站使用注册会员制，收集忠实读者（网上浏览者）群，将客户广告连同网站提供的每日更新的信息一起，准确送到该网站注册会员的电子信箱中。

（四）Web 站点

Web 站点既可以视为一条广告，也可以看成一个"门市"。顾客、潜在顾客和其他利益相关者可以在此找到更多有关企业及其产品和服务的信息。

（五）定向广告

定向广告指网络服务商利用网络追踪技术收集整理用户资料，并按年龄、性别、职业、爱好、收入、地域等不同标准对用户进行分类，记录储存用户对应的 IP 地址，而后利用网络广告配送技术，根据广告主的要求及商品、服务的性质，向不同类别的用户发送内容不同的"一对一"广告。

（六）互动游戏广告

互动游戏广告是网络、游戏和广告的组合。主要有两种：一种是在网页游戏中插入的广告；另一种是根据广告主的产品要求，为之量身定制一个属于自己产品的互动游戏广告。这种广告主要是利用消费者对游戏的喜爱，传播广告信息。

（七）按钮广告

按钮广告指在网页中以按钮的形式发布的广告，最常用的尺寸有四种：125×125、120×90、88×1、120×60 单位像素。按钮广告定位在网页中，尺寸偏小，表现手法较简单。

（八）壁纸广告

网络服务商在其网站中设计并提供各式各样的壁纸，让对此感兴趣的用户免费下载，同时在内容页面的背景上放入广告主的产品或服务信息。这就是壁纸广告。

（九）赞助式广告

赞助式广告包括内容赞助、节目赞助和节日赞助等。广告主可根据自己所感兴趣的网站内容或网站节目进行赞助。

（十）竞赛式广告

竞赛式广告指广告主与网站一起联合举办网上竞赛或网上推广活动，一般以文字为主，有时也配以相应的画面。

（十一）Flash 广告

Flash 广告，是用 Flash 软件制作的一种互联网广告，简单来说就是横幅设计。 网站上的广告目前有相当数量使用 Flash 制作，原因就在于 Flash 的表现方式比 GIF 动画要丰富许多。 网站 Flash 广告是网络广告中最为时尚、最流行的广告形式，包括：Flash 网络广告条、网站内 Flash 动画、用 Flash 制作的 banner、Flash 专题网页、Flash 网站导航页动画等。

（十二）在线分类广告

分类广告的网络版，但与传统媒体的分类广告相比，网络分类广告容量大，表现形式多样化、立体化，更大的优势体现在互联网的搜索功能和交互性上。

（十三）强制性广告

强制性广告指用户在浏览网页时，广告强制性地覆盖网页、部分覆盖网页或弹出窗口广告和悬浮广告。

（十四）巨型（幅）广告

巨型（幅）广告分为全屏广告和擎天柱广告，其特点是广告篇幅较大，信息量丰富，广告干扰度低，信息传达面广，能够表达一个整体的宣传概念。 并且广告视觉冲击范围大，互动效果强，能够产生更多收集用户信息的机会，性价比相对较高。

（十五）无线网络短信息广告

无线网络短信息广告指通过互联网向移动电话发送广告，类似于短信息，一般以文字广告为主，近来也发展到可传送卡通图形和图片广告。

（十六）文字链接广告

文字链接广告指通过网络技术的处理，将标题广告放置于网页，当点击该标题时，随之出现有详细的广告内容的网页。 为增加点击率，通常将此类广告标题设计得非常煽情。

（十七）聊天室广告

聊天室广告是以聊天室广播系统为载体发布的广告，比单一网站拥有更广泛的受众群。

（十八）弹出广告

弹出广告分为弹跳广告（也称插页式广告）和隐性弹出式广告。 弹跳广告指当用户打开网页，广告以窗口的形式自动跳出，如用户感兴趣可点击该广告查看详情，如不感兴趣则可关闭该窗口。 隐性弹出式广告通常隐藏于浏览网页背后，只有用户离开所浏览的网站时才会弹出该广告的窗口。 此类广告具有创意空间大、信息传递完整等特点。

（十九）时段广告

时段广告指网络服务商实行买断经营的方式，一定时间内在其网站的每一个网页上发布一个或几个广告主的广告。 在买断时间广告中，广告主可以在不同的页面，以不同的形式发布广告。 广告可以是各自独立的，也可以是连续的，甚至可以是一个完整的故事。

（二十）多种形式的组合广告

组合广告指网络服务商根据广告主的要求，为实现商品或服务的促销目的，将上述多种广告形式融合于一个广告战略中，通过形式多变的广告组合，最大限度地提升广告的冲击力，达到理想的广告宣传效果。

第二节　网络广告文案概述

网络已经成为广告重要的战场之一。 想要在当今时代使企业的产品得到更大化的推广，就不得不使用网络。 由于网络本身的媒体属性，造就其必须以文字、图片、视频等方式比较创意化地呈现给消费者。 基于这些原因，网络广告文案撰写的好坏给企业的网络推广有着关键性的影响，成为企业做网络广告时率先考虑的因素。

一、网络广告文案的概念与特征

网络广告文案主要是指符合网络用户心理需求，以互动性为核心，能够真正打动用户去购买产品的文字说明。

尽管网络广告的形象性决定了视频、音频和图像成为网络广告的主要组成元素，但作为文案的广告文字也是其不可或缺的组成部分，甚至能够成为整个网络广告的核心部分。 由于网络媒体自身的特点，网络广告文案也呈现出有别于其他媒体文案的特性。

（一）简洁性

网络媒体容纳了包括视频、音频、动画、图像、文字等几乎传统媒体所有的表现方式，因此网络广告的表现形式千姿百态，几乎任何一种或几种表现方式的组合便能成为一种网络广告样式。 同时，网民的浏览习惯比较专注于声音、视频和图片等直观形象的表达方式，对于文字这种抽象的书面表现方式则没有太大耐心，这就决定了网络广告文案必须简洁。

比如，耐克曾在国内各大门户网站的体育频道上发布过一则形象广告，被称为网络广告的经典范本。其广告文案不到 20 个字，却是这则广告的核心和灵魂。

流光汗水，耗尽力气。全为一个目标——练到赢！

假如只有形象的画面——代表了美国运动员刻苦勤奋形象的 NBA 著名篮球运动员科比·布莱恩特，大多数网民并不能领会到耐克所提倡的运动精神。而十几个字的广告文案，简单而醒目，充分表达了广告的主题思想，达到了宣传效果。

（二）分散性

传统的广告文案都是在同一个空间内表达的，包括广告的标题、正文、附文和广告口号等都是在同一空间内排列组合和表现的。而网络广告的文案则通常无法在同一个空间完成传统广告文案所有内容的完整表达，一是因为网络广告可供文案表达的空间有限，一个旗帜广告内不可能有太多的广告文案；二是网络空间的无限性决定了可以分批量呈现网络广告的文案，而不必挤压在一个空间内部。

（三）超链接性和与多层次性

超链接是网络的核心特点之一，是其他媒体所不具备的重要特色。网络广告正是利用了网络的这一特点而成为其重要优势。通过点击具有链接特性的文案，可以进入另一个网页了解详细情况。例如，点击广告主附在网络广告文案中的公司网址可以直接跳到公司的主页；或者是有些广告直接在后面附上"购买"两个字，当网民希望进入购买程序就可以跳入购买的界面。

多层次性则是由网络广告文案的超链接性延伸而来的一个特点。当文案无法在一个网页中展现全部内容时，通过点击当前第一级页面上的广告文案可以进入下面一层了解详细情况，由此逐层推进。这种广告通常出现在网页类网络广告中，特别是公司主页的设置当中。

二、网络广告文案的构成要素

传统广告文案的构成要素尽管不一定在每一则网络广告中都能得到体现，但是各种类别的网络广告文案在整体上仍然囊括了所有的要素。总之，网络广告文案的构成很不稳定，在不同类型的网络广告中有着很大的差别。

（一）标题

标题是网络广告中最主要的文字部分，以短小精悍的文字吸引读者注意，表达网络广告主题及产品特征，是广告的传神出彩之处，也是网络读图时代广告文案中最具有功效的一个部分。

为吸引网民的注意力，网络广告文案必须在标题上下足功夫，不然人们根本不会去关注正文，从而使整个网络广告功亏一篑。 只有人们注意到标题并对其发生兴趣，才会去读广告的正文。 人们浏览网络页面，视线往往从左上角开始，因此应把标题放在左上角的醒目位置，并运用视线引导，使受众视线自然地从标题向插图、正文转移。

（二）正文

广告正文具体阐述产品、推荐产品，力求取信于消费者、说服消费者，使消费者产生信任感，心悦诚服地采取购买行动。

广告正文是标题的延伸、丰富和发展，要中心突出、简明易懂、通俗客观，要明确消费者的利益点，给消费者以启迪和指导。 正文文字的编排要集中而适度，不可以破坏或干扰标题和插图的注目效果，一般安排在插图的一侧，标题的下方。 当然网络广告形式多种多样，具体的正文安排则要具体情况具体分析，因事而定。

（三）口号

广告口号通常朗朗上口、简单易记、强化企业形象、提示商品品牌，当人们听到这个广告口号时就能联想到产品与品牌。 优秀的广告口号，经过反复使用，被称为商品的语言商标，广泛流传。 例如，听到"Just do it！"就会想到耐克；听到"Nothing is impossible."就立刻能想到阿迪达斯。 网络广告同样离不开广告口号。

（四）附文

网络广告的附文部分一般包括公司的网址、地址、电话、邮编等，目的是进一步告诉网民公司的详细情况以及购买途径。

公司或厂家名称出现在广告画面上，可使消费者认出生产商品的公司或厂家，知晓商品的购买处，加深消费者对商品的了解和信任。

第三节　网络广告文案的写作技巧

优秀的网络广告文案往往能很好地把握网民的消费心理，促发其消费欲求，助企业网络营销一臂之力。 想要写出好的网络广告文案，就需要掌握相关的写作技巧。

一、网络广告文案写作原则

（一）标题鲜明

标题鲜明独特，访问者才可能有兴趣浏览整篇内容。 标题要出新，不是说故意将标题弄得很花哨，这样只能增加访问者不必要的负担，因为他得多分心思琢磨标题的含义是什么，而通常访问者是没有耐心去这样做的。

（二）语言富有号召力和亲和力

很多广告主运用网络广告并不满足于仅仅提升产品的知名度，传播品牌形象，还希望能够吸引受众进行更深的接触，因而将广告与企业主页相链接，这就要求提高点击率。 以此为目的的广告，在文案写作中就应注意设置悬念，不把信息说尽；或者设置参与性内容，引起访问者兴趣，拉近消费者与品牌的关系。 各娱乐性、综合性网站上发布的图标广告、旗帜广告以及其他广告形式，可采用设置悬念或诱导性、号召性语言与形式，引发访问者的点击与参与。 例如：

> 加入网站联盟
>
> 送你一个短信赢利网站
>
> http://用户名.sms.163.com
>
> 网易网站联盟　不用做网站　也可以

这则旗帜广告一共有四幅画面，每一幅画面都有一句完整的句子，但最后一幅画面的文字却没有讲完。 文字后面的是一幅图片——一堆闪闪发光的金币。这里文字的留空技巧，一则避免了使用"无本万利""发财"等用得多而滥的词语；二则形象生动；三则通过语言和画面之间突然的转换给受众留下深刻的印象；四则强调了诉求点——帮助受众做一个赢利网站。

另外，网络广告文案的语言还应让访问者在打开页面浏览的时候，觉得轻松愉悦。 因此，在进行网络广告文案的创作时，要感觉就像是和自己的一位老朋友聊天那样，自然亲切。 网络广告的浏览者众多，如果能在文案设计上让他感觉文案内容是为他专门编写的，就会让受众产生很强的认同感，吸引力也会大许多。

（三）文字力求生动简洁

网络广告要能吸引访问者的眼球，就要注意文案的措辞。 网络的绝大多数访问者都是年轻人，网络甚至在年轻人的推动下形成了独特的网络语言体系。 在进行网络广告文案创作的时候就不能不考虑到这一点。 例如，"留住你的精彩，飞舞你的精灵，PT.163.COM。"此文案意思较虚，意在引起人们的好奇心。 对偶不工整,但感情色彩浓郁,表现了对个性张扬的尊重,容易博得年轻人的好感。

此外,由于各网站对广告尺寸有一定限制,而且网络媒体也不适合长时间阅读,简洁、生动的网络广告文案才会有较高的注意率。 目前,网上可供选择的广告位置有限,大多数只有图标广告,最常用的尺寸是 15 cm×2 cm。 而访问者的眼睛很难一直盯着屏幕看,句子越短越好,一个句子十来个字比较合适,太长了就会让访问者视觉疲劳,没有耐心看下去。

(四)主旨明确

与其他传统媒体广告的受众相比,网络广告的受众更加缺乏耐心,而且同时还要考虑上网的费用。 如果诉求的重点不突出,语言拖沓,即使广告传达的信息是有价值的,也很难继续抓住受众的注意力。 因此网络广告文案的撰写要注意主旨明确,"立片言以居要",用精练简洁的语言传递完整全面的广告信息。 至于更详细的产品信息可以通过吸引受众点击后链接到企业的主页上来实现,如以下文案。

个案一:　　　　　　　个案二:

科学战痘方法,　　　　网大国际学院

只要青春不要痘,　　　引国际化课程,聘国际化师资,

用清热暗疮片。　　　　创国际化学院,育国际化人才。

第一则文案用"痘"与"斗"的谐音在"战痘"一词上形成了双关。 "战斗"表示治疗的决心,而"战痘"表示治疗的对象。 两相结合,妙趣横生。

第二则文案将"国际化"一词反复使用了四遍,意在强调学院的办学特点就是国际化。 并从课程、师资、办学目标等方面进行了条理化描述,诉求集中有力。

(五)讲究图文配合

和电视广告类似,网络广告也讲究图文的相互配合,而且由于动画形式比静态图形更吸引人,在网络广告中大量的信息可以通过动态影像来诉诸受众。 在这种情况下,文案无须再画蛇添足地将信息重复,而应该服务于动态影像,有重点地进行阐释和补充,实现图文结合的完美效果。 另外,在网络广告的文案写作上,还应充分考虑利用动画技术所产生的视觉效果,运用字体大小、位移的快慢变化,来增加信息传播的趣味性和表现力。

二、网络广告文案的表现形式

（一）标题的表现形式

面对海量的网络信息，消费者只会选择真正感兴趣的网络广告点击进去浏览。这时，一则醒目而吸引人的标题是至关重要且必不可少的。通常，标题的撰写可以采取以下几种形式来抓住受众的眼球。

1. 悬念式

网络广告的标题可以用设问等形式制造悬念，激起受众的兴趣和好奇心，从而去点击广告，希望从相关链接中寻找答案。例如，清华同方的真爱 × 电脑广告，其标题"瘦，这是我要的瘦身？"配以一仪态万方的窈窕淑女图片，让受众顿起兴趣，欲一探究竟，到底是什么的吸引力竟比该美女还大？点出链接后谜底揭开，原来是瘦身电脑！

2. 号召式

在标题中运用号召的语气可以使广告产生鼓动效果，从而提高广告的点击率。例如，迪士尼冰上世界首次来华演出的冰舞《美女与野兽》推出的免费情侣套票，广告标题为"数量有限，快来抢啊！昙花一现，免费看演出机不可失！"相信看到的人一定会"该出手时就出手的"。

3. 诱导式

诱导式的标题通常会明确指出产品为消费者提供的明显利益点，目标消费者在被这些利益点吸引后会主动点击广告。这种方式增强了广告信息传递的个人化，让每个接受广告信息的受众都感觉到这个产品是为其量身定做的，从而实现了传受双方之间的互动。例如，必胜客在搜狐上做的促销广告，标题"想拿60 000元好礼吗？就来必胜客"，看了真是让人禁不住怦然心动。

（二）正文的表现形式

1. 说明型

说明型以科学、客观的语言，表述、解释产品或企业的有关信息，重在说明事实。例如，××消毒碗柜的系列广告文案：

（一）

这是消毒？

这才是消毒！

传统的消毒方法只能杀灭小部分细菌,生命力强的病菌依然逍遥自在。××消毒碗柜,采用125度红外线高温消毒,彻底杀死病菌。

(二)

远红外线高温消毒,杀毒彻底

具有食物解冻、保温、加热功能

多层放物架,有效容量大

外观新潮,结构紧凑合理

臭氧消毒、保洁

保修一年,常年服务

采用说明型的表现形式切忌不要写成说明书,要写网络受众感兴趣的事实或让消费者感到惊异的事实,另外还要将专业化信息转化为网络受众能理解、能接受的信息。

2. 描写型

描写型重在用具体、形象的语言描绘产品及其带给人的享受;也有一些文案将描写和说明结合在一起,各取所长;也可以和记叙结合在一起。例如,魅力迷人的色彩唇膏广告文案:

方糖红:有二人份的茶水甜味,清淡情调的淡红色,柔软的甜味,适合20岁至中年的现代女性使用。

亮光红:像罗曼史中的女主角般迷人,有舒适的魅力,在荧光灯下显得特别美丽。

3. 论证型

论证型重在"以理服人",即依据一定的论据,采用一定的论证方式,来告诉消费者为什么要使用该产品,说服消费者购买。例如,×××减肥药广告文案:

《减肥药,当然期望安全又有效》

寻本说源,减肥更安全,更有效。

减肥,为了健康。为了美,无论什么目的,都希望既有效果又安全,这也许是肥胖人减肥时所关注的首要话题。其实……

有了×××,减肥更安全,更有效。令您更加放心地享有一份自然健康的美好姿态。

4.抒情型

抒情型通过某种感情的抒发，来感染和打动消费者，主要唤起消费者内心的共鸣和好感。例如，×××花园（房地产）的文案："除了家人，他可能是最亲近的人……"

5.记叙型

记叙型就是以叙述与产品或企业有关的事情的前后经过，来宣传企业形象。例如，广府人家食品私人有限公司的广告文案：

广府人家食品私人有限公司创办人 Holey 出生于广府人家家庭，从小由爷爷带大。从小爷爷就教做豆腐豆卜布拉肠粉，还有口感奇妙的扎仔粉。当 Holey 渐渐长大，变得叛逆，变得讨厌家人讨厌读书，于是独自远走香港打工四年，爷爷就在等待着 Holey 变乖变孝顺变得想家人的日子里，悄悄地离开了人世。而一年后依然叛逆的 Holey 独自在他乡发生了重大交通事故，就在医院抢救的时候，临死前灵魂出窍，走上了寻找死去的爷爷的黄泉路。当游走在有着很多幽魂的黄泉路上，带着对没好好珍惜过家人更没有好好完成过一个梦想就离开人世的极度痛苦往前走，但是却找不到爷爷，问所有的人都没有反应，更没有人回答，每个人都只是游走的孤魂。Holey 走得实在太累了，于是找个树根坐下来休息一下，脑海里不停翻滚着人世间一切的人与事，想着想着，心就如同被人撕裂般的痛苦，于是发誓如果给我再多一次活着的机会，一定会好好地珍惜家人珍惜一切，也一定会做好代表爷爷全部爱的豆腐豆卜和扎仔粉。想着想着，就累得睡着了。当醒来人却在医院的床上……经历了无法走路的四年。当 Holey 重新站起来，就出现在新加坡大巴窑一间不起眼的咖啡店，售卖爷爷以前教的现做手工猪肠粉。不久后还看到联合早报一篇文字讲述新加坡消失的美食，里面就有扎仔粉，这样有代表意义的美食却消失不见了五十年。于是 Holey 就下了坚定的决心要为爷爷，为广府人，为所有吃过扎仔粉的人找回历史上消失的扎仔粉，也为所有没吃过扎仔粉的人，让所有人都能品尝到传说中有着神奇口感的扎仔粉。经历七年的研究，回忆爷爷当年的讲述和查看以前的手写记录，走访了无数年长老人，做了无数试验，终于成功做出传说中的扎仔粉，于是成功创立广府人家食品私人有限公司。

三、网络广告文案写作步骤

优秀的网络广告文案写作者不仅要有良好的数据分析能力，还要有市场洞察能力，帮助分析自己企业的优势和劣势以及竞争对手的广告方式，才能够更好地设计自己的优秀网络广告文案。网络广告文案写作步骤主要分为五步。

（一）第一步：找到自己，给自己定个位

成功的文案首先要做足基础调研，把关于自己的所有问题都要弄清楚。要先消化产品与市场调查的资料，然后用 20～30 个字的文字将产品描述下来，这二三十个字要包括产品的特点、功能、目标消费群、精神享受四个方面的内容。

（二）第二步：分析自己，了解自己的能耐

要让消费者相信自己，就不能胡吹海侃，要实事求是地弄清楚自己究竟能做什么，想好对消费者的承诺。

紧接着你要问自己：我应该向我的消费者承诺什么？这一点很重要，若没有承诺，没有任何人会买你的东西，承诺越具体越好。"让你美丽"的承诺不如"消除你脸上的色斑"及"让皮肤变得洁白、有光泽"来得有力，"为你省钱"不如"让你省下 10 元钱"来得有力！不要写下连你自己都不能相信的承诺，你的承诺靠什么来保证在文案中要考虑清楚。

（三）第三步：告诉自己，应该怎样与别人沟通

胸有成竹，才能谈吐自如，撰写文案前先要定个基调，想好准备谈什么。有了这两点，就可以确定一个核心创意。这个核心创意一是很单纯，二是可延伸成系列广告的能力很强，三是很有原创性，可以震醒许多漠不关心、漠然视之的消费者。

例如，奥林蒸馏水确定的核心创意是"有渴望，就喝奥林"，围绕着人的种种"渴望"以及"口渴"的种种情景展开系列广告，轰动一时。而"红常青羊胎素"这一美容保健品所确定的大创意是"红常青，为女人除不平"，"不平"指脸上的"皱纹、斑斑痘痘"，又指心中的不平、怨言，展开的系列广告也颇引人注意。

（四）第四步：突出自己，如何引起人的注意

要在芸芸众生中脱颖而出，就得有与众不同的"噱头"，富有吸引力的标题是文案成功的关键。为写好一则广告，在动手写正文之前，请务必写 15 个以上的标题，然后从中选出一个满意的。

（五）第五步：表现自己，如何让人留下难以忘怀的记忆

要在短暂的交流过程中让人留下难以忘怀的记怀，就需要架构精彩的文案内容。优秀的网络广告文案是制作网络广告的基础，只有写好网络广告文案，才能更好地完成网络推广的任务。

在这一步骤，广告文案写作者要严格遵循网络广告文案的写作原则，根据广告目的和广告形式确定文案结构与表现形式，以广告目标消费者所喜爱的语言风格和词语来创作文案。

? 思考题

1.网络广告的分类。

2.网络广告文案的概念与特点。

3.网络广告文案的写作方法。

4.网络广告文案的写作有几个步骤？

实　训

1.请选择大学生所喜爱的一个品牌，为其写作一则或系列网络广告文案。

2.请以"爱，陪伴"为主题，为999感冒灵写一个网络广告文案。

第10章

软文广告文案的写作

本章要点：

1.软文与近似文体的区别。

2.软文广告文案的表现形式。

3.软文广告文案的写作原则。

4.软文广告文案的写作技巧。

学习目标：

了解软文广告的内涵，掌握软文广告文案的特点及分类；能熟悉运用相关技巧进行软文广告文案的写作。

建议课时：4 学时

报刊、杂志的软文广告以其成本低、效果好的优势，深受广大广告主的青睐。许多广告主如格兰仕、海尔、奥克斯、脑白金等企业建立了其完善程度不亚于销售网络的软文发布平台，随时根据自己的市场推广策略，遍地开花地发布软文广告，对促进销售及提高品牌知名度起到了至关重要的作用。

第一节　软文广告概述

一、软文广告产生的背景

软文广告是用作广告的软性文章的简称。 当初，一些媒体为了推动广告版面的销售，采取向购买了一定量广告版面的客户赠送广告的举措。 这种作为赠品的免费广告，不同于一般意义上的平面广告，而是具有新闻的性质，是今天软文广告的前身。 随着这种广告形式的发展和完善以及人们对它的逐步认可，如今的软文广告身价日高，有些报纸已经开始以版面大小来核算其费用。 可以说，软文广告是唯一经历了从免费到有偿转变的广告形式。

在我国，软文广告最早运用于保健品行业，三株、红桃 K 等都曾使用软文广告以极低的代价取得了攻城略地的效果，之后的脑白金更是将其功效发挥到了淋漓尽致的地步。 史玉柱策划"脑白金"广告时，就以软文广告启动市场，企图在产品没有亮相、消费者还未产生戒心时，就将"脑白金体"这一概念植入消费者的脑海，为日后"脑白金"的推广打下良好的概念基础。 或许是从软文广告中尝到了甜头，继"脑白金"之后，其产品"黄金搭档"再次使用了软文广告策略。还有许多知名品牌也是软文广告的忠实拥护者，如化妆品行业的"索芙特"、家电行业的"长虹"、通信行业的"诺基亚"等。 目前，软文广告已经在保健品、IT、房地产、家电等行业全面开花。 软文广告在各个行业流行的原因有以下几个方面：

1. 信息过剩与注意力的争夺是软文广告出现的大背景

信息传播过剩的时代，信息的海量堆积和渠道的无所不在使得信息对于人们而言不再稀缺，而变得日益易得。 相反，倒是人们的注意力选择却成了市场追逐的稀缺资源。 在这一大背景下，仅仅一般化地传播信息，已经很难在众多同质重复、等质等效的信息竞争中脱颖而出，显示出其被必选的价值来。

软文广告就在这一大背景下杀出重围，以其新闻式的标题以及翔实的资讯内容获得广告主的青睐和受众的喜爱，也因此成为广告主争夺受众眼球的利器。 软文广告的真正价值在于，它可以使用各类文体大篇幅地表达，即"说得多，才能说得清，才能卖得多"。 我们读一篇声情并茂的文章或一篇论证充分的文章，会与看几句简单文字的感觉一样吗？ 答案肯定是"不一样"。

2.软文广告与受众的沟通和互动效果得到广告主的首肯

20世纪70年代末至90年代初,是西方人所说的"消费者请注意"的年代。这段时期,整个市场以生产为导向,广告只要说出产品特性和特色,表明"我有多好"就能达到预期目标。 然而,到了90年代中后期,这样的广告已经不能引起消费者的兴趣了。 和以往相比,在买方市场的大环境下,引起消费者注意、与消费者进行沟通的难度大大提高。 要将销售信息传达给受众就不得不在传播技巧上多下工夫。

软文广告改变了广告的技巧。 它凭借集信息和娱乐为一体的文章改变了以往消费者被动接受广告信息的局面,极力吸引消费者主动了解产品、认识品牌。 在"消费者请注意"的营销时代,软文广告在一定程度上推进了品牌与消费者的互动,这就是它受广告主青睐而日渐红火的重要原因。

3.中国消费者含蓄内敛的传统观念促进了软文广告的出现

在我国,人们普遍对广告有一种抵触情绪。 这种情绪从根本上源自我国的农耕文化。 农业经济主导社会的发展,造就了大众自给自足的心态和稳重含蓄的集体审美取向。 同时,面对商业发展,既是出于鄙视,也是出于恐惧,人们将从商视为旁门左道,对商家的自卖自夸更是不屑一顾。 虽然时代的发展带来了观念的解放,但是历史文化所沉淀的审美意识却没有磨灭,人们依旧不喜欢外向直露的商家广告。 可是,广告不能不做,能改变的只能是广告的做法。 于是,广告人开始尝试改变传统广告过于直白的个性,希望有一种广告能"润物细无声",这样,软文广告便应运而生。

4.传媒的多样性给软文广告的发展提供了支持

众多的报纸品种(综合大报、机关报、群体报、行业报、企业报、晚报、文摘报、生活报和军报九大类)、众多的版面(如体育、财经、娱乐、要闻等)可以给广告主提供多样选择。 而我国杂志的种类也日益增多,另外,随着新媒体的进一步发展,电子报纸和电子杂志也应运而生,广告主可以根据其本身的广告目的与范围结合本产品的特点有针对性地选择适合自身产品特点的媒体方式。

二、软文广告的定义

何谓软文? 顾名思义,它是相对于硬性广告而言。 与硬广告相比,软文之所以叫软文,其精妙之处就在于一个"软"字,好似绵里藏针,收而不露,克敌于无形。 等到你发现这是一篇软文的时候,你已经冷不丁地掉入了被精心设计过的"软文广告"陷阱。 它追求的是一种春风化雨、润物无声的传播效果。

软文广告的定义有狭义与广义的两种。

狭义的软文广告指企业花钱在报纸或杂志等宣传载体上刊登的纯文字性广告。 这是早期的一种定义，也就是所谓的付费文字广告。

广义的软文广告指企业通过策划在报纸、杂志或网络等载体上刊登的可以提升企业品牌形象和知名度，或可以促进企业销售的一种宣传性、阐释性文章，包括特定的新闻报道、深度文章、付费短文广告、案例分析等。

可见，软文广告通常是由企业的市场策划人员或广告公司的文案人员来负责撰写；软文广告一般是以新闻报道式的口吻和文字的形式在媒体发布的宣传其产品、活动或企业形象等的文字类广告；软文广告一般以新闻稿的形式刊登，主要以文字为主；软文广告是广告形式隐性化的具体表现。

三、软文广告的特点

（一）诉求对象群体接受度高

在今天这样一个传播媒介高度发达的社会，现代企业、产品品牌、服务营销信息铺天盖地，广告越来越多。 特别是在所谓的"厚报的时代"，报纸、杂志等印刷媒介都在整版整版地出售广告版面，以至于出现了一些杂志中广告比正文多的情况。 在这种环境下，受众已经对那些一味标榜自己产品品质和企业业绩的硬广告熟视无睹，难以形成注意。 作为一种新的广告形式，软文广告以其深度报道而又能够查证的优势，逐步受到大众的关注。

例如，脑白金在营销上市之初，首先用电视广告狂轰滥炸。 当消费者被"脑白金"这个新东西弄得莫名其妙的时候，报纸上出现了大量的软文广告，如《两颗生物原子弹》《98'全球关注的人》《你会睡觉吗？》《美国睡的香，中国咋办？》《宇航员服用的"脑白金"》《女子四十，是花还是豆腐渣？》《一天不大便＝吸三包烟》《年龄与脑白金体》等。 运用软文广告反复强调什么是脑白金体以及脑白金对人体的重要作用，巧妙地弥补了电视广告的不足。

（二）对目标人群的渗透力较强

软文广告没有硬广告的那种"杀伤力"，但它对目标公众有着较强的渗透力。 一方面，软文广告所具有的科普性、知识性、新闻性使读者愿意接受这些消息，在不知不觉记住了该产品和品牌，读者就不会产生一种抵抗心理；另一方面，软文广告是渐进式的、润物细无声的，也就更容易被消费者接受。 事实也证明，好的软文广告可以发挥事半功倍、四两拨千斤的作用。

（三）信息量大，适合详尽的介绍与诱导

软文广告的真正价值在于，它可以使用各类文体进行大篇幅的表达。 电视广告费用高、即时性强、时间短，无法表达得尽善尽美，只适合做形象宣传，起品牌提示的作用。 但软文广告以报纸、杂志、小册子等作为载体，就可以言无不尽，正好弥补了电视广告的不足，费用少，又可以长久保存，让消费者反复阅读，因而受到企业的大力推崇。

（四）成本较低

软文广告有相当一部分是按照字数收费的，这与电视以秒为单位计费以及平面媒体以面积为单位计费相比就便宜很多。 虽然有些报纸已经开始以版面大小来核算软文广告的费用，但总体而言，软文广告的千人成本还是很低。

四、软文广告与近似文体的区别

（一）软文广告与软广告的区别

"软广告"是对"有偿新闻"和"广告新闻"等不规范新闻的形象称呼，因为这些新闻表面上是新闻，实质上却是广告，所以被称为"软广告"。 "有偿新闻"指的是渴望从新闻报道中获益的新闻当事者或关联者，向新闻媒体机构交付一定的费用，以换取其指定的新闻报道在媒体上发布，从而获取其所期望的收益。 这种报道，以新闻的形式出现，实际上是一种广告宣传。 "广告新闻"指的是广告客户将广告诉求的内容予以转换，纳入新闻消息或通讯、特写一类的新闻形式之中，在有意让受众误认为其为新闻或无法准确判定其为新闻抑或广告的情况下，在媒体上发布，以求获得以广告形式发布所不能获得的诉求效果。

明确"软广告"的含义之后，我们不难从四个方面看出"软文广告"与"软广告"的区别。

首先，从经营行为看，"软广告"是新闻操作的不规范行为。 如"有偿新闻"就是由媒体的非广告部门介入广告经营的行为，这类行为具有隐蔽性和欺骗性；而"软文广告"是属于广告经营的范畴的，同其他类型的广告一样，都是广告主付出一定的费用，在报纸等平面媒体上发布的广告，具有公开性、公正性。

其次，从形式上看，由于"软广告"的外壳是新闻报道，因而都有"某记者报道"的新闻标识；而"软文广告"则有明确的广告标识，如"广告""形象展示"等。 当然，市场上仍存在着软文广告的广告标识不规范的现象。

再次，从动机上看，"软广告"将广告变形为新闻，以此获取消费者的信

任，是一种误导；而"软文广告"强调的是广告的可读性，以此吸引消费者的注意，是一种引导。

最后，从作用上看，"软广告"将引起以下劣性连环反应：①新闻产品质量的劣化造成新闻产品本身价值的减损；②新闻产品价值的减损进而造成了其自身价格的减损；③新闻产品价格的减损又造成媒介影响力和接受率的降低；④媒介影响力的下降和接受率的降低又造成广告版面、时段价值与价值的减损。而"软文广告"则没有这些副作用。

（二）软文广告与新闻的区别

《中华人民共和国广告法》明确定义："本法所称广告，是指商品经营者或者服务提供者承担费用，通过一定媒介和形式直接或者间接地介绍自己所推销的商品或者所提供的服务的商业广告。"[①]

"新闻"在《现代汉语词典》中的定义为"报社、通讯社、广播电台、电视台等报道的消息。"[②]目前，权威理论普遍认为：新闻强调"新""真实客观""迅速传播""具有新闻价值"，是"时间的易碎品"；而广告却包含"明确的广告主""付费""非个体性传播""劝说的方式""以推销商品或服务为目的"等要素。

由此可见，新闻和广告是有明显区别的。新闻的立足点是公共利益的需求，广告的立足点是广告主自身利益的需求；新闻必须客观公正、平等告知，广告则是自我宣传、劝说诱导；新闻的取舍处理取决于新闻事实本身固有的新闻价值，广告只要广告主付费即可发布；新闻以满足人们多层次、多方面的信息需要为目的，广告以实现广告主推销自己的产品或服务的需要为目的；新闻是公益行为，广告是市场行为；新闻用语严谨，立论公允，要交代新闻来源，有五要素等，广告形式活泼多样，难免有夸大之语，通常篇幅较短，字体多变，图片较多等。

总之，新闻与广告只是在传播渠道上交会，它们完全属于两种不同性质的信息，按照两种不同的规则传播。可见，一则信息是新闻就不是广告，是广告就不是新闻，不可能二者皆是。作为广告的一种形式，软文广告是广告，不是新闻。

---

① 法律与国际编辑部. 中华人民共和国广告法[M]. 北京：人民出版社，2015.
② 中国社会科学院语言研究所词典编辑室. 现代汉语词典[M]. 北京：商务印书馆，2012.

第二节 软文广告文案的结构及表现形式

软文广告在写作上并不拘泥于形式，但是也有一定的规律和法则可循。 要想写出优秀的软文，就必须充分了解软文广告文案的结构及特点。

一、软文广告文案的结构

一篇软文广告通常由两大部分组成：标题和正文。

（一）标题

好的文章首先取决于题目的好与坏，题目是否新颖、有无创新、具不具备穿透力，这对能否引起读者的兴趣，达到心灵的共鸣非常重要。 如果一篇广告软文光看标题就让人打不起精神，其广告效果就根本无从谈起。

一个好的软文标题应具备以下几个要素：

1. 震撼力

顾名思义，就是说具有能在瞬间使读者产生心灵震撼的词或短语。 例如，《怪! 服务也有007》，题目开头用个"怪"字，在刹那间就引起消费者的注意。 类似的词还有很多，如"绝了""神了""妙""当心""警惕"等。

2. 诱惑力

在创作标题的时候，要抓住消费者的好奇心，采用反问的语气，直接提出问题，制造悬念。 例如，《1块钱电池也能领100元? 》《1角钱在五星可以买什么? 》这样的标题，能激起受众的好奇心。

3. 神秘感

人们往往容易对具有神秘色彩的事物产生兴趣，所以在开拓市场初期，可以运用这种神秘感的软文策略。 在相当长的一段时间里，可以起到倍增的效果，但随着产品的普及，神秘感也会慢慢地消退。

4. 数字化

数字直观明了，说服力非常强，如《空调满800送200》《12月要为消费者省1000万》等。 数字化的标题，直接传递广告核心信息，让受众一目了然。

（二）正文

有了好的软文标题，只能算成功了一半，要让读者更多地吸纳软文信息，真正达到提升企业形象或促销的目的，正文至关重要。 正文一般要表达三个方面的内容：

1. 诉求重点

即软文的核心内容。软文作为广告的一种形式，目的是提升品牌形象以及促进消费，因此在写作正文时要把此作为全文的重点去表达，并时刻围绕此核心点去创作。

2. 对诉求重点的深入分析

光反复表达出诉求的重点还不行，在写作时对软文描述的事件过程要以新闻的角度去深入分析，剖析现象后面的本质，让读者在阅读时能随着软文的不断递进，整个人进入到软文中，从而被深深打动。

3. 让潜在消费者行动起来

当然，最重要的是让潜在消费者在看完正文后可以变成真正的消费者。因此在写作时还应牢牢把握住消费者的心理，在"劝引"的过程中又要把握好度，让潜在消费者自愿变成消费者乃至忠实消费者，而不会因看完软文后识破是广告，反而产生厌烦的情绪。

（三）软文的五要素

在广告传播中有个五要素原则，你的广告对谁说、说什么、如何说、何时说、何地说，即5W（Whom，What，Who，When，Where）。作为广告的另一种表现形式，撰写软文同样要遵循广告传播五要素原则，而且五项要素缺一不可。

1. 对谁说

软文的目的就是要把你要所表达的信息传达给目标受众，因此对谁说就是锁定要传达的对象。

2. 说什么

就是把你要表达的概念、核心思想或信息准确地说出来。

3. 如何说

就是你准备通过何种表达方式将你的思想有效地传递给目标受众，让其在潜移默化中接受你的引导。"如何说"是软文写作五要素中最重要的一个环节，直接关系到软文质量的优劣。

4. 何地说

就是选择在什么样的媒体上投放。每一种媒体都有自己的定位，有自己的特定阅读群体。

5.何时说

即选择什么时候投放软文。虽然投放软文是一项长期不断的宣传策略，但事实上在投放时段上还是有一定的技巧性。

二、软文广告文案的表现形式

软文广告虽然千变万化，但是万变不离其宗，主要有以下几种表现形式。

（一）悬念式

悬念式又叫设问式。核心是提出一个问题，然后围绕这个问题自问自答。例如，"人类可以长生不老？""什么使她重获新生？""牛皮癣，真的可以治愈吗？"等，通过设问引起话题和关注是这种方式的优势。但是必须掌握火候，首先提出的问题要有吸引力，答案要符合常识，不能作茧自缚、漏洞百出。

（二）故事式

通过讲述一个完整的故事带出产品，使产品的"光环效应"和"神秘性"给消费者心理造成强暗示，使销售成为必然。例如，"1.2亿买不走的秘方""神奇的植物胰岛素""印第安人的秘密"等。讲故事不是目的，故事背后的产品线索是文章的关键。听故事是人类最古老的知识接受方式，所以故事的知识性、趣味性、合理性是软文成功的关键。

（三）情感式

情感一直是广告的一个重要媒介，软文的情感表达由于信息传达量大、针对性强，更可以让人心灵相通。例如，"老公，烟戒不了，洗洗肺吧""女人，你的名字是天使"等，情感式最大的特色就是容易打动人，容易走进消费者的内心。

（四）恐吓式

恐吓式软文属于反情感式诉求，情感诉说美好，恐吓直击软肋——"高血脂，瘫痪的前兆！""天啊，骨质增生害死人！""洗血洗出一桶油"。实际上恐吓形成的效果要比赞美和爱更具备记忆力，但是也往往会遭人诟病，所以一定要把握好度，不要过火。

（五）促销式

促销式软文常常跟进在上述几种软文见效时——"北京人抢购×××""×××，在香港卖疯了""一天断货三次，西单某厂家告急"等。这样的软文或是直接配合促销使用，或就是使用"买托"造成产品的供不应求，通过"攀比心理""影响力效应"多种因素来促使你产生购买欲。

（六）新闻式

新闻式软文就是为宣传寻找一个由头，以新闻事件的手法去写，让读者认为就仿佛是昨天刚刚发生的事件。这样的文体有对企业本身技术力量的体现，但是，文案要结合企业的自身条件，多与策划沟通，不要天马行空地写，否则，多数会造成负面影响。

第三节　软文广告文案写作原则

一、产品功能形象化

很早以前，广告大师就说过："不要卖牛排，要卖滋滋声。"说明只有赋予产品与生俱来的形象化特征，让消费者与文案产生互动，才有可能让产品轻松地完成"惊险的一跳"。所以，将产品功能形象化，是整个软文布局的战略指导思想。木竭胶囊上市时的软文广告《8000万人骨里插刀》，就形象地描绘了骨病人群的痛苦："骨病之痛苦，连患者亲友都不忍目睹，常见患病的人突然间倒吸几口冷气，牙缝间丝丝作响——骨刺又发作了！俗话说：得了骨病犹如骨里插刀……"这种丝丝入扣的形象描述，在消费者心里产生了强烈的共鸣，引发了他们的高度认同。其实，产品功能形象化一直是产品策划的核心，不仅在软文创作上是，在产品核心概念的提炼等多个环节中也是。像"洗肺""洗肠""洗血"等，都是策划者将产品功能形象化的例子。

二、写作语言通俗化

软文能卖货还在于其语言的通俗化，能照顾到大多数阅读者的理解能力。软文的阅读者是普通的消费者，通俗易懂的语言才是他们能轻松阅读并理解的。没有语言的通俗易懂，软文只能曲高和寡，没有回应，自然谈不上带动产品销售。为了通俗，尽量长话短说；尽量避免华丽辞藻的修饰；尽量用消费者熟悉的生活元素去说道理。有一篇番茄红素产品的软文，为了说明番茄红素在清除氧自由基方面强大的能力时这样描述："一个番茄红素分子在战斗中能敌过数千个敌人——氧自由基。"将艰深的道理浅显化，消费者不但能理解，而且深刻地记住了这种说法。

三、应用黄金分割法则

科学试验证明，人们无论是在审美方面，还是在接受信息方面，最容易接受符合黄金分割法则的图片和信息。因此，能卖货的软文在结构上也应该符合黄金分割法则。根据市场调查，市场上最能卖货的软文都是软广告和硬广告适当配合后的结果；而且，广告软文和硬平面广告的比例越接近黄金分割比例，软文越具有杀伤力。其次，软文中图片和文字的配比如果符合黄金分割法则，阅读时会更感轻松舒适，不容易让受众产生审美疲劳。另外，在文字内容的安排上，如果对产品机理描述的篇幅与病例叙述的比例也符合黄金分割法则的话，肯定比通篇说理或通篇说病例更有效果。

四、挖掘新闻点

寻找宣传亮点是许多企业颇为头疼的事情。不可否认，企业是一个理性的机构，没有漂亮的人格化特点，它不像影视明星那样有很多传奇可写，大多数企业是自成立之日起一步一步发展起来的。但是如果能用媒体的眼光看待企业的一切，就比较容易出现亮点。一般来说，从企业以下几个方面最容易挖掘到新闻点。

（一）产品

如果企业开发了非常有价值的新产品，这就是一个大大的新闻。为什么？因为产品是推动社会进步的物质基础。对企业开发的产品也要从这个角度来认识，从中找出具有新闻性的东西。采用纳米技术的家电产品为什么能引起媒体的广泛关注？就是因为这种技术是划时代的，这种产品以前没有。要经常看到产品中的"第一"，它能给什么人带来巨大的利益，它的与众不同之处在哪里。

（二）领军人物

每个企业的领军人物都有特点，不论是他的性格、业绩，还是经历，都有可能引人注目，这些就是亮点、新闻点。在领军人物身上做文章，就避免了"企业没有人格"这个不足，把重点转向了活生生的人的身上。在读者眼里，这样的文章往往可读性强，因而阅读率也就高。例如，史玉柱重出江湖引起媒体广泛的关注，他本人也成了不少人的偶像。这些人也许对脑白金并不感兴趣，但是通过对史玉柱的关注，他们也就会关注脑白金。软文操作人员要善于发掘企业领军人物的亮点，这也是媒体需要的极好素材。

（三）行业地位

有的企业处在比较受人瞩目的行业里，由于媒体对该行业的关注，因而这些企业也免不了被加以报道。 例如，在互联网热潮的时候，媒体争相报道了各种各样的网站；在备受关注的电子业里，华为、大唐、波导、TCL 等企业也自然成了媒体报道的焦点。 软文操作人员应该抓住媒体的这一特点，及时将一些行业内的动向、资料编成软文，提供给媒体，借以宣传自身的企业。 这样，在媒体报道方面，这个企业经常能够占据比较主动的位置。

（四）事件

有些企业本身并不引人注目，但是其发生的事件却很有新闻价值。 比如深处内地的某小型企业突然被某跨国公司兼并，因为媒体对跨国公司的关注使得这个小公司也备受关注。 比如苏宁、国美频繁的价格战，就是较大的新闻事件。 当这类事件发生时，企业应及时与媒体联系，借媒体之力，把企业要说的告诉大众。

（五）活动

有特点、有影响力的活动大都会引起媒体的关注和报道。 在这方面，一些广告公司、策划公司已经做得很深入了，企业对此也比较熟悉。 这里需要强调的是，在企业赞助或策划某活动时，要站在媒体的角度，充分挖掘活动的社会意义，为媒体报道和评论做资料上的准备。

（六）企业管理方法

一些成功企业的经营管理方法逐渐被人们所关注，因而很多媒体开始专门报道这类话题。 比如中央电视台的《经济半小时》节目常常会对企业做深入的报道。 因此，软文操作人员可以把有特点的企业文化、有成效的经营管理方法等加以总结，这都会成为很有价值的东西。

第四节　软文广告文案的写作技巧

"水无常形，兵无常势"，与市场营销策略一样，广告软文的撰写及投放策略要因形造势，在撰写时要考虑与推广策略、投放载体、投放频率、投放方式等因素结合起来，选择不同的撰写方法与策略。 软文广告的撰写方法多种多样，越有创意的撰写方法，越能收到不同凡响的效果。

一、软文广告文案的写作技巧

成功的软文，离不开对写作技巧的掌握和运用。 然而这些技巧却需要我们努力地去揣摩，平时不断地去实践，才能够灵活运用，并不断创新。

（一）制订软文广告计划

软文广告是广告目标软文化的具体表现，而广告又是品牌目标和销售目标广告化的产物，最终要达到的是建设形象与获取利润的目的，因此，软文广告也应遵循计划、组织、实施、修正的操作规律。软文广告计划是软文广告操作的基础。

（二）写一个好的标题

就整篇软文广告而言，标题就像"脸面"一样，能否吸引读者的目光就全靠它了。当然，仅仅吸引目光是不够的，标题还应让读者动心，并产生"让我瞧瞧"的欲望。题目具体该怎么写呢？概括起来就 8 个字：寻求卖点，锻造概念。

寻求卖点：写文章最终的目的是提高销量力，或更有远见的是树立品牌形象，那么如何结合产品变得极其重要。大体可从以下几个方面去寻求：消费人群、价格及市场定位、行业特点、自身的优势等。

锻造概念：任何概念都需要一套自圆其说的理论来支持，而且一定来源于某种理论或学说，即所谓的"机理"，否则是无本之木，无法取信于消费者。概念的开发过程就是市场和消费者的认识过程，发掘消费者尚未被满足的需要，并与竞争品牌区别开来。概念不是凭空编造的，而是知识的结晶、经验的聚合、想象力的硕果，如"金牌 365 服务体系"。

（三）善于运用新闻惯用词语

在软文的写作过程中，要善于运用新闻惯用的一些词语，以此增强正文的"新闻性"。

时间、地点词语：比如"近日""昨天""正当 ×× 的时候""×月×日"和"在我市""××商场""家住 ×× 街的 ××"等。这些时间以及地点的概念可以引导读者产生与该时间、该地点的相关联想，加深印象，淡化广告信息。

新闻源由词语：比如"据调查""据了解""笔者还了解到""在采访中了解到""据 ×× 说""笔者亲眼看到"等。这些词语让读者更能感到信息的真实与有据可查。当然，信息本身首先必须是真实的。

身份词语：一般而言，大多数企业在软文写作时喜欢用"××公司""××产品"如何，看不到也感觉不出写作者的身份，这就让读者在阅读的时候没办法把自己融到文章的角色中。读者阅读习惯上自我角色的"找不着北",将会导致读者无法在阅读中判定自己的立足点和视觉点,就会产生"第三只眼"看热闹的感觉。如果用"笔者""记者(有的媒体软文禁用)""我"等身份词语,会让读者与作者"合而为一",读者的视角、观点也会跟着作者的感觉走。

(四)巧妙融入广告信息

软文广告在创作过程中,"说什么"和"怎么说"是创作人员首先要考虑的两个重要因素。"说什么",是充分整合信息资源的重要环节。"怎么说"是如何表现广告信息。俗话说:"话有三说,巧说为妙",对于一篇软文而言,如果能把最重要的信息巧妙地融入文章内容,就会成为点睛之笔。

(五)采用新闻报道的版式

软文广告的编排设计要与新闻报道相同,因为软文广告能给人新闻感才能吸引读者读下去。

标题与正文的字体均应和发布媒体惯用的新闻字体一致,对字体的装饰(如底纹、阴影、立体等)也要和新闻的设计风格保持一致。字号也要和新闻稿件惯用的字号一样,同时严格把握行距和字距的疏密,这样才会从整体上让读者感到"像新闻"。

二、软文广告文案写作的注意事项

1. 不能与现行的法律、法规相抵

软文广告撰写者必须要熟悉广告的相关法律、法规,发布的广告要以不能与现行的法律、法规相抵触为前提,以免受到相关执法部门的查处,甚至引起官司缠身。研究相关法律条款,可以使你在创作软文时更加张弛有度。

2. 切忌宣传口径不统一

主张软文广告统一由企业总部市场部或企划部统一把关,以免二级代理公司或驻外机构在执行软文广告发布时宣传口径不一,直接影响广告效果。

3. 切忌诋毁其他竞品

撰写软文时尽量只说自己的好,不说别人的坏,更不能充当害群之马惹得同行群起而攻之,否则你将没有立足之地。

4. 不制造垃圾广告,不生产"鸡肋"

软文广告投放宁缺毋滥,撰写软文要言之有物,精心打造,不要千篇一

律——远看有模有样，近看都这么一回事。起不到宣传效果，达不到广告目的的软文广告就是"鸡肋"，甚至是"垃圾"。

思考题

1.软文广告出现的原因和背景？

2.软文广告文案的种类和特点？

3.软文广告文案的表现形式？

4.软文广告文案的结构？

5.写作软文广告文案需要注意哪些方面？

实　训

1.收集某一品牌的系列软文广告，分析其优劣，总结软文广告写作的经验教训。

2.请选择一款品牌手机，为其写一篇发表于本市报纸的软文广告。

参考文献

［1］胡晓芸.广告文案写作［M］.北京：高等教育出版社，2003.

［2］何辉.广告文案［M］.北京：北京大学出版社，2009.

［3］陈培爱.广告文案创作［M］.厦门：厦门大学出版社，2008.

［4］崔银河，崔燕.广告文案写作［M］.北京：中国传媒大学出版社，2012.

［5］郭有献.广告文案写作教程［M］.北京：中国人民大学出版社，2007.

［6］林刚，王新惠.新编广告文案写作［M］.北京：北京交通大学出版社，2010.

［7］冯章.新编广告文案写作与赏析［M］.北京：经济管理出版社，2009.

［8］张秀贤.广告标题创作与赏析［M］.北京：中央编译出版社，2010.

［9］大卫·奥格威.一个广告人的自白［M］.林桦，译.北京：中信出版社，2010.

［10］罗伯特·布莱.文案创作完全手册［M］.刘怡女，袁婧，译.北京：后浪出
版咨询（北京）有限责任公司、北京联合出版公司，2013.

［11］顾执.广告文案技法［M］.上海：中国大百科全书出版社上海分社，1995.

［12］梁文.软文营销实战之道［M］.北京：中国华侨出版社，2013.

［13］苏高.软文营销从入门到精通［M］.北京：人民邮电出版社，2015.

［14］郑建鹏.广告创意与文案［M］.北京：中国传媒大学出版社，2011.

［15］徐秋英.现代广告修辞［M］.北京：中国经济出版社，1998.

［16］张士勇.户外广告文案的写作［J］.写作高级版，2006（7）.

［17］田文军.品牌广告语翻译策略：归化、异化还是优化［J］.经济研究导刊，
2013（3）.

［18］王肖生，施国琴.直邮广告探析［J］.中国广告，2007（2）.

后 记

　　《广告文案写作理论与实务》终于定稿了，本书得以成书与出版要感谢重庆大学出版社的大力支持与编辑陈曦的帮助与指点，感谢四川师范大学的王红霞教授担任本书的编审，也要感谢参与编著的各位同仁。

　　《广告文案写作》是广告学及相关专业的专业课程，编者长期从事广告文案写作的教学工作，对该课程有不少的心得体会和教学经验，这本教材可以说是我们教学的心血之作和经验的结晶。

　　本书的分工如下：张冰负责拟定写作大纲，统一体例，负责全书统稿，进行文字的修改、润色，撰写第1章、第2章及后记；吕晖撰写第3章、第4章；徐春娟撰写第5章；刘砚议撰写第6章；陈卓撰写第7章、第8章，协助全书统稿；苏畅撰写第9章、第10章；同时传播学广告文化方向的硕士研究生黄莹、王婧杰、张琴三位同学参加了编撰资料的收集、整理工作。

　　在本书撰写过程中，我们参考了大量广告文案写作方面的书籍资料，从书籍、报纸、杂志及网站上引用了一些广告案例和图片，因为资料辗转引用，无法与作者取得联系，深感不安。在此除表达衷心的感谢之外，同时郑重声明引用资料只供学习研究使用，不作任何商业性用途。

　　由于学识、时间的限制，本书难免有不足之处，敬请同行赐教，读者指正。

张 冰

2015 年 7 月 28 日